"十四五"职业教育国家规划教材

国家卫生健康委员会"十四五"规划教材

全国中等卫生职业教育"十四五"规划教材

供药剂、制药技术应用专业用

药店零售与服务技术

第 2 版

主　编　石少婷

副主编　李小燕　秦晓婷

编　者（按姓氏笔画排序）

王　心（山东省莱阳卫生学校）

孔祥交（山东省济宁卫生学校）

石少婷（山东省莱阳卫生学校）

孙兆辉（山东省青岛第二卫生学校）

李小燕（广东省新兴中药学校）

李承蔚（广西科技大学附属卫生学校）

吴　洋（黑龙江护理高等专科学校）

陈元岭（秦皇岛市卫生学校）

祝　惠（山东立健药店连锁有限公司）

秦晓婷（山西省长治卫生学校）

人民卫生出版社

·北　京·

图书在版编目（CIP）数据

药店零售与服务技术 / 石少婷主编 . —2 版 . —北京：人民卫生出版社，2022.8（2025.10重印）

ISBN 978-7-117-33352-8

Ⅰ.①药… Ⅱ.①石… Ⅲ.①药品 —专业商店 —零售 —商业服务 Ⅳ.①F717.5

中国版本图书馆 CIP 数据核字（2022）第 128222 号

| 人卫智网 | www.ipmph.com | 医学教育、学术、考试、健康，购书智慧智能综合服务平台 |
| 人卫官网 | www.pmph.com | 人卫官方资讯发布平台 |

药店零售与服务技术

Yaodian Lingshou yu Fuwu Jishu

第 2 版

主　　编：石少婷

出版发行：人民卫生出版社（中继线 010-59780011）

地　　址：北京市朝阳区潘家园南里 19 号

邮　　编：100021

E - mail：pmph @ pmph.com

购书热线：010-59787592　010-59787584　010-65264830

印　　刷：鸿博睿特（天津）印刷科技有限公司

经　　销：新华书店

开　　本：850×1168　1/16　印张：20.5

字　　数：388 千字

版　　次：2015 年 5 月第 1 版　　2022 年 8 月第 2 版

印　　次：2025 年 10 月第 7 次印刷

标准书号：ISBN 978-7-117-33352-8

定　　价：59.00 元

打击盗版举报电话：010-59787491　E-mail：WQ @ pmph.com

质量问题联系电话：010-59787234　E-mail：zhiliang @ pmph.com

数字融合服务电话：4001118166　E-mail：zengzhi @ pmph.com

出版说明

为全面贯彻党的十九大和全国职业教育大会会议精神，落实《国家职业教育改革实施方案》《国务院办公厅关于加快医学教育创新发展的指导意见》等文件精神，更好地服务于现代卫生职业教育快速发展，满足卫生事业改革发展对医药卫生职业人才的需求，人民卫生出版社在全国卫生职业教育教学指导委员会的指导下，经过广泛的调研论证，全面启动了全国中等卫生职业教育药剂、制药技术应用专业第二轮规划教材的修订工作。

本轮教材围绕人才培养目标，遵循卫生职业教育教学规律，符合中等职业学校学生的认知特点，实现知识、能力和正确价值观培养的有机结合，体现中等卫生职业教育教学改革的先进理念，适应专业建设、课程建设、教学模式与方法改革创新等方面的需要，激发学生的学习兴趣和创新潜能。

本轮教材具有以下特点：

1. 坚持传承与创新，强化教材先进性　教材修订继续坚持"三基""五性""三特定"原则，基本知识与理论以"必需、够用"为度，强调基本技能的培养；同时适应中等卫生职业教育的需要，吸收行业发展的新知识、新技术、新方法，反映学科的新进展，对接职业标准和岗位要求，丰富实践教学内容，保证教材的先进性。

2. 坚持立德树人，突出课程思政　本套教材按照《习近平新时代中国特色社会主义思想进课程教材指南》要求，坚持立德树人、德技并修、育训结合，坚持正确价值导向，突出体现卫生职业教育领域课程思政的实践成果，培养学生的劳模精神、劳动精神、工匠精神，将中华优秀传统文化、革命文化、社会主义先进文化有机融入教材，发挥教材启智增慧的作用，引导学生刻苦学习、全面发展。

3. 依据教学标准，强调教学实用性　本套教材依据专业教学标准，以人才培养目标为导向，以职业技能培养为根本，设置了"学习目标""情境导入""知识链接""案例分析""思考题"等模块，更加符合中等职业学校学生的学习习惯，有利于学生建立对工作岗位的认识，体现中等卫生职业教育的特色，将专业精神、职业精神和工匠精神融入教材内容，充分体现教材的实用性。

4. 坚持理论与实践相结合，推进纸数融合建设　本套教材融传授知识、培养能力、提高素质为一体，重视培养学生的创新、获取信息及终身学习的能力，突出教材的实践性。在修订完善纸质教材内容的同时，同步建设了多样化的数字化教学资源，通过在纸质教材中添加二维码的方式，"无缝隙"地链接视频、微课、图片、PPT、自测题及文档等富媒体资源，激发学生的学习热情，满足学生自主性的学习要求。

众多教学经验丰富的专家教授以严谨负责的态度参与了本套教材的修订工作，各参编院校对编写工作的顺利开展给予了大力支持，在此对相关单位与各位编者表示诚挚的感谢！教材出版后，各位教师、学生在使用过程中，如发现问题请反馈给我们（renweiyaoxue@163.com），以便及时更正和修订完善。

人民卫生出版社

2022 年 4 月

前　言

全国中等卫生职业教育"十四五"规划教材《药店零售与服务技术》（第2版）由人民卫生出版社组织编写，供中等卫生职业教育药剂、制药技术应用专业使用。

本教材围绕岗位职业能力培养，基于典型工作任务、理论实践一体化设计，以行业规范、岗位标准、职业资格证书标准为依据，重点培养学生的职业能力与素养，突出"懂医懂药"的职业化特征，使教材充分体现职业性、实践性和开放性。

在教材编写过程中，以药店药品经营过程为主线序化教学项目，以工作任务为载体选取教学内容，以岗位技能需求为导向设计技能训练项目，将药品零售企业经营过程的实际项目直接引进教材，以真实工作任务及其工作过程为依据进行编写，为"岗课证"综合育人提供了教材依据。教材设零售药店、药店零售技术、药店药学服务技术三个模块，包含走进零售药店、零售药店商品管理、门店请货与药品验收、药品陈列、药品销售、药品盘点与门店核算、药学服务与健康管理、常见症状的药品推荐、常见疾病的药品推荐、常见疾病的用药指导、特殊人群的用药指导共十一个项目，力求做到理论知识适度、加强任务分析、体现岗位工作过程。同时结合岗位需求进行教学内容的精简、融合、重组和优化，既注重了教学内容前后的有序化，又淡化了学科界限，有利于校内、外教学的实施。

教材编写中，始终贯穿"安全合理用药，保障人民健康"的主线，在各教学项目的导学案例中，包含了家国情怀、法律意识、质量意识、职业道德、唯物辩证、用药安全、健康促进、精业敬业、严谨规范、生涯规划等课程思政主题，在药品推荐、用药指导教学项目凸显了健康教育内容，在实训项目凸显了法律规范和质量意识，将思想政治教育有机融入专业教学中，有利于提升学生的综合素养，体现隐性思想政治教育理念。

本教材编写人员为来自全国八所院校的"双师型"教师和药店一线的优秀店长，编写过程中也得到了各位编者所在学校及同行的热情帮助和大力支持，在此表示诚挚的感谢。

此外，我们还依据本教材编写了相应的教学课件、自测题等数字化资源，并通过书内二维码融入纸质书籍，方便学生自主学习。

　　由于编写时间仓促，编写水平有限，难免有错误和不妥之处，敬请同行及广大读者不吝赐教，提出宝贵意见，以便再版时能够得到进一步的完善。

编　者

2022 年 4 月

目 录

模块三
药店药学服务技术 115

零售药店

项目一
走进零售药店

学习目标

知识目标

- 掌握开办零售药店的流程；零售药店的质量管理。
- 熟悉零售药店的分类；零售药店人员、设施和设备管理。
- 了解零售药店的发展。

能力目标

- 能够运用相关法律法规完成零售药店的工作。
- 能够应用已有的药学专业知识完成药店零售工作。

素质目标

- 具有从事药店零售工作的专业认知和认真负责的工作态度。
- 具有坚持学习、提升自我的能力。

导学案例

情景描述：

　　罕见病发病率极低，需要终身治疗，能够治疗罕见病的药品更少，药品价格昂贵是不争的事实。2021年，7个罕见病药品经"灵魂砍价"谈判成功，药品价格平均降幅达65%，这是自2018年《国家基本医疗保险、工伤保险和生育保险药品目录》（以下简称《医保目录》）实施动态调整机制后，罕见病用药被纳入最多的一次目录调整。

　　王强国（化名）是此轮谈判的受益者。他是一名强直性脊髓炎患者，需要用司库奇尤单抗注射液治疗。在医生帮助下，他把处方流转到"双通道"电子处方平台，在药店里买到了司库奇尤单抗注射液，2支一共2376元，医保报销了1 520元，个人自费856元。他感慨地说："以前医院没有药品时，到药店购买只能自费，现在有了'双通道'政策，能报销了，省下了1 000多块钱，太好了！"

学前导语：

病有所医，自然包括小群体。罕见病用药通过谈判方式进入《医保目录》，就是为了让患者的生命有保障，活得有尊严。事实证明，在一个人民至上的国家，就算是利益至上的药企，也能在"感到很痛"中最大限度地降低药价，拉近与患者的距离。从这个意义上讲，"灵魂谈判"不只是价格的谈判，更是事关生命的谈判，谈出了患者的希望，谈出了最可贵的民心。

思政要点：

人民至上，生命至上

任务 1-1　认识零售药店

案例分析

案例：

小丽是一家连锁药店的员工，今年，她顺利通过了执业药师资格考试，爸爸决定资助她自主创业，开办一家自己的零售药店，让她了解一下开办零售药店需要做哪些工作。

分析：

开办零售药店要遵循相关的法律法规，应具备基本条件，获得药品经营许可，办理登记注册，进行药品经营质量管理规范认证（简称GSP认证）。

一、开办零售药店

（一）零售药店的开办流程

零售药店属于药品经营企业，2019年修订的《中华人民共和国药品管理法》（以下简称《药品管理法》）规定，从事药品经营活动应当具备以下条件：①有依法经过资格认定的药师或者其他药学技术人员；②有与所经营药品相适应的营业场所、设备、仓储设施和卫生环境；③有与所经营药品相适应的质量管理机构或者人员；④有保证药品质量的规章制度，并符合国务院药品监督管理部门依据本法制定的《药品经营质量管理规范》要求。

零售药店开办流程见图1-1。

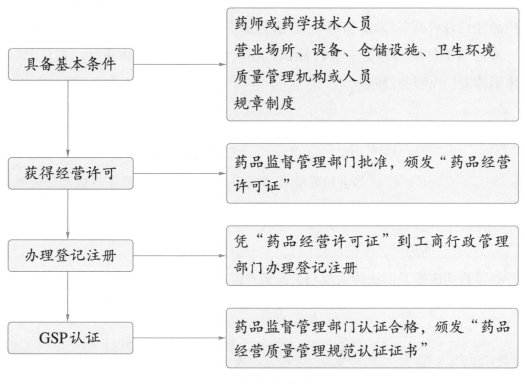

图1-1 开办零售药店流程图

（二）零售药店的布局

零售药店应遵循布局合理、方便群众购药的原则，见表1-1。

表1-1 零售药店布局特点

区域	布局特点
一般居民区	新开办的零售药店与已有药店间保持一定路网距离，人口密度大的人口集中区域与周边已有药店间的路网距离限制可适当放宽
新建大型居住社区	要对接社区医疗规划布局，AA级及以上药店和老字号药店需求大

区域	布局特点
重点医疗、商业区域	新开业药店在安全可控的监管条件下，结合当地常住人口、就诊患者购药需求、交通等情况，药店间距离限制可适度放宽

　　零售药店分商品陈列区、商品展示区、收银区、促销区、咨询区等分区；墙上悬挂"药品经营许可证""营业执照""驻店药师资格证"等证照，悬挂公司简介、员工介绍、商品分类标牌等服务、宣传标识；还应设有饮水机、体重计、血压计、听诊器、休闲椅等便民服务设施。

⊘ 课堂问答

零售药店的布局

你去过零售药店吗？说说你所见的零售药店是如何布局的。

（三）开办零售药店涉及的法律法规

　　开办零售药店涉及的法律法规与其经营产品有关，见表1-2。

表1-2　零售药店涉及的法律法规

商品种类	涉及的主要法律法规
药品	《中华人民共和国药品管理法》
	《中华人民共和国药品管理法实施条例》
	《药品经营质量管理规范》（GSP）
	《药品广告审查办法》
医疗器械	《医疗器械监督管理条例》
食品	《中华人民共和国食品安全法》
化妆品	《化妆品监督管理条例》
消毒产品	《消毒产品标签说明书管理规范》

二、零售药店的分类

零售药店是指将购进的药品直接销售给顾客的药品经营企业，还包括药品零售连锁药店和销售乙类非处方药品的专柜。我国的零售药店一直沿用传统的经营模式，以销售药品为主。中华人民共和国成立后，零售药店经历了"私营-国有-市场化"的变迁，经营种类也从单纯经营中药饮片、中成药到中西药兼营，再到"大健康"药房的转变。

我国药店实行分类分级管理，根据现行法律法规，按照经营条件和合规状况将零售药店划分为三个类别：一类药店可经营乙类非处方药；二类药店可经营非处方药、处方药（不包括禁止类、限制类药品）、中药饮片；三类药店可经营非处方药、处方药（不包括禁止类药品）、中药饮片。经营条件和合规状况包括零售药店的药品质量保障能力、药学技术人员配置和行政处罚记录等内容。在分类结果的基础上，按照经营服务能力将二类、三类药店由低到高划分为A、AA、AAA三个等级。经营服务能力包括服务环境条件、供应保障能力、人员资质及培训、药学服务水平、追溯体系建设及信息化程度、诚信经营、科普教育及便民服务等内容。

目前，常见零售药店有平价药品超市（大卖场）、社区便利药店、专科药店、药店加诊所、药妆店、店中店药店等多种形式，见表1-3。

表1-3 零售药店的种类与特点

零售药店的种类	特点
平价药品超市	主要销售药品，以低价吸引顾客
社区便利药店	主要销售药品、日用品等，以便利性吸引顾客，满足人们"大病去医院、小病进药店"的医药消费观念
专业药店	主要销售处方药或某一类药，如肿瘤药房、糖尿病药房等，经营特点为"高毛利、低流量"，其优势是店员经过专门培训，熟悉疾病治疗，可指导顾客购药，方便患者
药店加诊所	药店和诊所双证经营，以解决药店处方药处方不足的问题，方便顾客就诊和购买药品
药妆店	主要以药品、健康食品、个人护理用品为主，满足顾客"健康+美丽+生活需求"的新型店，优势是安全、功效、便利、物美价廉
店中店药店	主要在商场或大型超市内销售药品，与超市伴生共存，相互借力，目标人群是商业区内的流动顾客，主要满足顾客"一站式"购物的需求

三、零售药店的发展

医药行业的产业链根据上下游关系可分为药品制造业务、药品批发业务和药品零售业务，见图1-2。

图1-2　医药行业产业链示意图

1. 连锁药店是零售药店的主要形式　人口老龄化使各种慢性病、非流行性疾病呈现增长趋势，治疗性药物需求不断增加；随着健康意识的增强，人们更加重视疾病的预防，对预防性药物和保健食品的需求量增大。《药品监督管理统计报告》（2021年第三季度）显示，截至2021年9月底，全国共有"药品经营许可证"持证企业60.65万家，其中，零售连锁门店33.53万家，比2015年增加13.04万家。连锁药店是零售药店的主要形式，我国头部连锁药店的市场占有率逐年提升。

2. 零售药店的服务功能拓展　医药分家后，药店将成为药品的主流销售渠道。未来，厂商、商业公司、医疗机构、零售与电商在为患者提供全产业链的医疗服务中，将不断满足各环节中、各利益相关方需求。如协同商业批发，为厂商提供产品流通分销、终端连接、产品使用数据分析，与厂商合作提供患者援助服务等；发展多业态零售业务，协同商业批发优势，为医院和医生提供专业化的药品配送，以及药品信息服务；为患者提供专业的药事和健康服务，包含配药、药品配送、用药指导、用药提醒、健康顾问、中医养生以及其他患者援助、保险服务等；成为医保定点机构，作为保险支付渠道与商业保险合作，为患者提供创新性保险项目。

3. 数字化、智能化对零售药店的影响　数字化与智能化逐渐席卷医药零售行业，用户、门店、营销、渠道、生产都受到不同程度的影响，需要药店提高效率，以顾客为中心，聚焦顾客的核心价值，为顾客提供更精准的服务。

智慧药房是药店数字化转型的产物。店员在门店对顾客进行健康筛查，然后帮助患者建立健康档案，并对其进行长期的慢病随访。同时，店员引导顾客进入数字化导引平台，患者可在线上购药。药店还可以通过数据运营平台搜集数据，并根据顾客的画像，来制订适合药店的运营方案，同时利用相关数据反哺上游制药企业，以得到更多的销售空间。

🔗 **知识链接**

"双通道"零售药店

2021年，国家医疗保障局、国家卫生健康委员会发布《关于建立完善国家医保谈判药品"双通道"管理机制的指导意见》，提出通过定点医疗机构和定点零售药店两个渠道，满足谈判药品供应保障、临床使用等需求，并同步纳入医保支付机制。将资质合规、管理规范、信誉良好、布局合理，并且满足对所售药品已实现电子追溯等条件的定点零售药店纳入"双通道"管理，及时主动向社会公开。对纳入"双通道"管理的药品，在定点医疗机构和定点零售药店施行统一的支付政策。"双通道"政策的推出旨在解决国采药品"进院难"现象，"双通道"政策可提速处方外流，为药房带来收入增量。

任务 1-2　管理零售药店

🔍 **案例分析**

案例：

经过两年的药剂专业学习，小凯选择了零售药店实习，随着实习时间的接近，他既兴奋又紧张，兴奋的是马上就要到梦寐以求的药店工作，紧张的是他感觉自己还没做好充分的准备，他应该从哪些方面做准备呢？

分析：

经过两年的学习，小凯已基本掌握了药学相关知识，实习前，他应熟悉药店的人员配置、店员的基本工作职责和应掌握的药品相关知识，以更好地为药店实习做准备。

一、零售药店质量管理与职责

零售药店应按照有关法律法规的要求制定质量管理文件，开展质量管理活动，确保药品质量。零售药店应当具有与其经营范围和规模相适应的经营条件，包括组织机构、人员、设施设备、质量管理文件，并按照规定设置计算机系统。

1. 质量管理　企业负责人是药品质量的主要责任人，负责企业日常管理，并提供必要的条件，保证质量管理部门和质量管理人员有效履行职责，确保企业按照规范要求经营药品。

2. 职责　企业应当设置质量管理部门或者配备质量管理人员，履行以下职责：①督促相关部门和岗位人员执行药品管理的法律法规及规范，组织制订质量管理文件，并指导、监督文件的执行；②负责对供货单位及其销售人员资格证明的审核，对所采购药品合法性的审核，负责药品的验收，指导并监督药品采购、储存、陈列、销售等环节的质量管理工作；③负责药品质量查询及质量信息管理，药品质量投诉和质量事故的调查、处理及报告，对不合格药品的确认及处理，假劣药品的报告；④负责药品不良反应的报告；⑤开展药品质量管理教育和培训；⑥负责计算机系统操作权限的审核、控制及质量管理基础数据的维护，组织计量器具的校准及检定工作；⑦指导并监督药学服务工作；⑧其他应当由质量管理部门或者质量管理人员履行的职责。

二、零售药店人员管理

零售药店按照有关法律法规的要求，应配备药学技术人员、企业负责人、执业药师、质量管理、营业员等人员，并按照《药品经营质量管理规范》开展工作。

（一）药店人员的配备要求

零售药店按照相关法律法规和实际需要应配备企业负责人、执业药师、质量负责人和营业员、中药饮片调剂人员等药学技术人员。

1. 企业负责人　企业负责人应当具备执业药师资格。

2. 执业药师　企业应当按照国家有关规定配备执业药师，负责处方审核。

3. 质量管理、验收、采购人员　应当具有药学或者医学等相关专业学历或者具有药学专业技术职称。从事中药饮片质量管理、验收、采购人员应当具有中药学中专以上学历或者具有中药学专业初级以上专业技术职称。

4. 营业员　营业员应当具有高中以上文化程度或者符合省级食品药品监督管理部门规定的条件。中药饮片调剂人员应当具有中药学中专以上学历或者具备中药调剂员资格。

AAA药店药学技术人员应掌握的技能

2012年，商务部公布了新《零售药店经营服务规范》（以下简称《规范》），《规范》明确了零售药店分级评估体系，将零售药店划分为A、AA、AAA三个等级。

AAA药店的药学技术人员至少应掌握零售药店80种常见病症的用药指导和健康信息传播能力。药学技术人员应具备中西药咨询、特殊人群用药咨询、慢性病用药咨询、健康生活方式咨询、药品说明书和检验报告咨询的技能，具备与顾客沟通和帮助顾客解决问题的能力。执业药师（或药师）调剂处方时，应认真审核处方，并给予顾客正确的用药指导。

（二）零售药店店员应具备的职业素养

药店店员应了解所工作药店的历史、现状、组织结构、管理制度等；掌握医学、药学相关专业知识；掌握相关的营销知识；遵纪守法、身体健康。

企业应当按照培训管理制度制订年度培训计划并开展培训，使相关人员能正确理解并履行职责。各岗位人员应当接受相关法律法规及药品专业知识与技能的岗前培训和继续培训，培训工作应当做好记录并建立档案。企业应当对直接接触药品的岗位人员进行岗前及年度健康检查，并建立健康档案。企业应当为销售特殊管理的药品、国家有专门管理要求的药品、冷藏药品的人员接受相应培训提供条件，使其掌握相关法律法规和专业知识。在营业场所内，店员应当穿着整洁、卫生的工作服，患有传染病或者其他可能污染药品的疾病的，不得从事直接接触药品的工作。

零售药店店员的工作可分为营业前、营业中和营业后三个阶段，具体职责见表1-4。

表1-4　药店店员的基本职责

时间段	主要工作	基本要求
营业前	清洁工作	店内干净卫生，窗明几净，柜台、地板无灰尘，空气清新，预防蚊虫鼠害
	个人准备	仪表整洁：容貌整洁美观，着装朴实大方，言谈举止稳重高雅 精力充沛：热情饱满，精力充沛，乐观、积极、向上 举止大方：言谈清晰，举止大方得体，态度热情稳重，动作干脆利落

时间段	主要工作	基本要求
营业前	销售准备	备齐商品：商品归类摆放，补齐缺货，使商品处于良好的待售状态 熟悉价格：牢记商品价格，便于服务顾客 整理环境：商品摆放整齐，整洁清新
营业中	执行法律法规	严格执行《药品管理法》和GSP等相关法律法规，不夸大宣传、滥行推销
	遵守柜台纪律	按时上岗，佩戴证章标志，不擅自离岗、空岗、串岗，工作期间，不做与工作无关的事情，不因为上货、盘点、结账等内部工作影响接待顾客
	文明接待顾客	接待顾客时主动热情、态度认真、用语文明
	做好售后服务	注意收集顾客的意见和建议，正确处理顾客异议
	认真验收、盘点	配送货物到达时，进行验收；交班和营业结束前进行货物盘点
营业后	整理作业区，检查柜上商品，及时补货上架；填写进货计划；打扫卫生	

三、零售药店设施与设备管理

企业的营业场所应当与其药品经营范围、经营规模相适应，并与药品储存、办公、生活辅助及其他区域分开。营业场所应当具有相应设施或者采取其他有效措施，避免药品受室外环境的影响，并做到宽敞、明亮、整洁、卫生。

1. 营业设备　营业场所应当有以下营业设备：①货架和柜台；②监测、调控温湿度的设备；③经营中药饮片的，有存放饮片和处方调配的设备；④经营冷藏药品的，有专用冷藏设备；⑤经营第二类精神药品、毒性中药品种和罂粟壳的，有符合安全规定的专用存放设备；⑥药品拆零销售所需的调配工具、包装用品；⑦企业应当建立能够符合经营和质量管理要求的计算机系统，并满足药品追溯的要求。

2. 库房设备　企业设置库房的，应当做到库房内墙、顶光洁，地面平整，门窗结构严密；有可靠的安全防护、防盗等措施。仓库应当有以下设施设备：①药品与地面之间有效隔离的设备；②避光、通风、防潮、防虫、防鼠等设备；③有效监测和调控温湿度的设备；④符合储存作业要求的照明设备；⑤验收专用场所；⑥不合格药品专用存放场所；⑦经营冷藏药品的，有与其经营品种及经营规模相适应的专用设备。储存中药饮片应当设立专用库房。企业应当按照国家有关规定，对计量器具、温湿度监测设备等定期进行校准或者检定。

小结

1. 零售药店属于药品经营企业，依据《药品管理法》（2019年修订），开办零售药店需要"药品经营许可证""营业执照""药品经营质量管理规范认证证书"，零售药店应遵循布局合理、方便群众购药的原则进行设置。

2. 我国药店实行分类分级管理，根据现行法律法规，按照经营条件和合规状况将零售药店划分为一类、二类、三类三个类别。在分类结果的基础上，按照经营服务能力将二类、三类药店由低到高划分为A、AA、AAA三个等级。

3. 零售药店按照《药品经营质量管理规范》，对组织机构、人员、设施设备等进行质量管理，确保药品经营质量。

思考题

1. 开办零售药店需要办理哪些手续？
2. 我国药店是如何进行分级分类管理的？
3. 简述《药品经营质量管理规范》对零售药店有哪些要求。

（石少婷）

项目二
零售药店商品管理

学习目标

知识目标

- 掌握零售药店药品的分类、批准文号、注册商标、包装标签、说明书等知识；药店的商品分区；处方知识。
- 熟悉药品的名称、剂型和用法。
- 了解药品追溯码。

能力目标

- 能够运用药品的基本知识对药品进行识别、分类。
- 能够运用所学知识看懂处方。

素质目标

- 具备从事药店零售工作的法律意识。
- 具有严谨的工作和学习态度。

导学案例

情景描述：

医保基金是看病钱、救命钱，其使用安全直接关系到广大群众的切身利益，关系到医疗保障制度的健康持续发展。但鉴于其使用主体多、链条长、风险点多、监管难度大，监管形势一直比较严峻。国家医疗保障局数据显示：2019年，全国医保部门共检查定点医药机构81.5万家，其中违法违规违约的机构26.4万家，当年追回医保基金115.6亿元；2020年，检查定点医药机构60余万家，处理了40余万家，追回医保基金223.1亿元。2020年医保基金结余2 700亿元，历年的滚存结余超过3万亿元，其中，统筹基金结余2万亿元左右。但是，基金结余地区分布非常不平衡——人口流入较多的东部6个省市，职工医保的统筹基金累计结余，2010年占全国44.7%，2020年已经上升到56.6%。如此大体量的医保基金结余，自然成为众多主体眼中的"唐僧肉"，欺诈骗保问题持续存在。公安部数据显示：2020年，全国公安机关侦办医保诈骗案件1 396起，抓获犯罪嫌疑人1 082名，追缴医保基金4亿多元。

学前导语：

2021年，《零售药店医疗保障定点管理暂行办法》（简称《暂行办法》）、《医疗保障基金使用监督管理条例》（简称《管理条例》）的出台，标志着国家依法规范医保基金使用各相关主体的行为，以解决医保基金使用监督管理中的突出问题，并将监管纳入有法可依、有法必依的轨道。

思政要点：

法律意识，依法执业

任务 2-1 零售药店商品分类

🔍 案例分析

案例：

李奶奶常年肠胃不好，经常在家自行服药缓解不适。午睡醒后，李奶奶感觉胃有些胀痛，活动后也不缓解，她感觉应该是中午吃完汤圆马上就睡觉导致的，自行服用健胃消食片，因长时间未用此药，查看药品生产批号为20190212-1，有效期为3年，也不知是否过期，来药店向店员小齐咨询。小齐发现该药已过期，向李奶奶推荐了新的药品，并耐心教会了李奶奶如何识别药品有效期，李奶奶满意而归。

分析：

通过药品的生产批号判别有效期，是店员应掌握的药品基本知识，扎实的药品知识有利于更好地服务顾客。

一、零售药店常见药品类别

（一）药品

药品指用于预防、治疗、诊断人的疾病，有目的地调节人的生理功能并规定有适应证或者功能与主治、用法和用量的物质，包括中药材、中药饮片、中成药、化学原料及其制剂、抗生素、生化药品、放射性药品、血清、疫苗、血液制品和诊断药品等。

（二）药品的分类

根据不同的需要和分类原则，药品有多种不同的分类形式。

1. 现代药和传统药　现代药是指19世纪以来发展起来的化学药品、抗生素、生化药品、放射药品、血清、疫苗、血液制品等，它们是用合成、分离提取、化学修饰、生物技术等方法制取的物质，结构基本清楚，有控制质量的标准和方法，这些物质是用现代医学的理论和方法筛选确定其药效的。传统药是指各国历史上流传下来的药物，主要是植物、动物和矿物，又称天然药物。

2. 西药、中药饮片、中成药　西药，相对于祖国传统中药而言，指现代医学用的药物，一般用化学合成方法制成或从天然产物提制而成。其销售份额在绝大多数药店中占首位。西药种类繁多，一般药店经营的种类有抗感染药、解热镇痛药、感冒药、祛痰药、镇咳药、平喘药、镇静催眠药、抗高血压药及心脑血管病用药、消化系统疾病用药、抗过敏药、维生素类及补血补钙药、避孕药、皮肤外用药、妇科用药及五官科用药等。中药饮片，是中药材按中医药理论、中药炮制方法，经过加工炮制后的，可直接用于中医临床的中药，其在零售药店的销售份额较小，在营业面积较大、药学技术人员中有中药技术人员的药店，常作为经营项目之一。中成药是以中药材为原料，在中医药理论指导下，为了预防及治疗疾病的需要，按规定的处方和制剂工艺将其加工制成一定剂型的中药制品，是经国家药品监督管理部门批准的商品化的一类中药制剂。包括丸、散、膏、丹各种剂型。常用中成药有感冒药、清热解暑祛湿药、止咳祛痰药、活血化瘀药、清热解毒药、补气补血药、养血安神药、跌打损伤药等。

3. 处方药与非处方药　处方药是指凭执业医师或执业助理医师处方方可购买、调配和使用的药品。非处方药是指不需要凭执业医师或执业助理医师处方即可自行判断、购买和使用的药品；根据其安全性分为甲、乙两类，甲类非处方药只能在具有"药品经营许可证"、配备执业药师或药师以上药学技术人员的社会药店、医疗机构药房零售，乙类非处方药除社会药店和医疗机构药房外，还可以在经过批准的普通零售企业零售。进入药品流通领域的处方药和非处方药，其相应的警示语或忠告语应由生产企业醒目地印制在药品包装或药品使用说明书上。处方药为"凭医师处方销售、购买和使用！"；非处方药为"请仔细阅读药品使用说明书并按说明书使用！"或"在药师指导下购买和使用！"

处方药与非处方药

处方药与非处方药是互通的，有些药物在限适应证、限剂量、限疗效的"三限"条件下，是可以作为非处方药使用的，未受限部分仍作为处方药使用；有些非处方药虽是从经多年临床证明是安全、有效、稳定及方便使用的处方而来，但因其适应证多，剂量大，疗程长而不符合"应用安全、疗效确切、质量稳定，使用方便"的非处方药遴选原则，必须进行适当的调整或修改。

以解热镇痛药布洛芬为例，其适应证有三方面：①治疗急、慢性类风湿关节炎及骨关节炎；②痛风；③轻、中度疼痛（牙痛、头痛、偏头痛、痛经、感冒或流感等引起的临床症状）。但作为非处方药的适应证只能是针对轻、中度疼痛进行用药，以减轻症状，同时用药剂量还要减少；而急、慢性风湿性关节炎和痛风，必须要经医生的诊断，确诊后方可用药，患者自己是不能自我判断而使用布洛芬的。为了安全起见，对此药还规定了疗程，用于解热，疗程为3日；止痛，疗程为5日。如果症状得不到缓解，应及时就医，以免贻误病情。

4. 国家基本药物、基本医疗保险用药和特殊管理的药品 国家基本药物的遴选原则是"临床必需、安全有效、价格合理、使用方便、中西药并重"，于1982年首次公布，来源于国家药品标准的品种、生产上市新药和进口药品。基本医疗保险用药由劳动保障部门组织制定，其目的是保障职工基本医疗用药、合理控制药品费用；分为甲类和乙类，乙类比甲类价格略高。特殊管理药品包括麻醉药品、精神药品、医疗用毒性药品、放射性药品，国家对其实行特殊管理。

二、批准文号辨别商品类别

1. 药品的批准文号 生产新药或者已有国家标准的药品，须经国务院药品监督管理部门批准，并在批准文件上规定该药品的专有编号，此编号称为药品批准文号。药品批准文号的格式为：国药准字 +1位字母（H、Z、S、J、B、T、F）+8位数字，其中"H"代表化学药品，"Z"代表中药，"S"代表生物制品，"J"代表进口药品分装包，"B"

代表保健药品，"T"代表体外化学诊断试剂，"F"代表药用辅料。

2. 药品的有效期和失效期　表示该药品在规定的贮存条件下能够保证质量的期限。药品的有效期可标注到日，如"有效期至2020年12月15日"；也可标注到月，如"有效期至2020年12月"。有效期若标注到日，表示该药品可用到标注日期的当天；若标注到月，表示该药品可用到标注月份的当月。药品的失效期可表示为"失效期为2020年8月"，表示该药品可用到2020年7月31日。

三、药品追溯码

2016年，国家食品药品监督管理总局颁发《关于进一步完善食品药品追溯体系的意见》指出，食品药品追溯体系是食品药品质量管理体系的重要组成部分。建立食品药品追溯体系是企业的主体责任，鼓励生产经营企业运用信息技术建立食品药品追溯体系。鼓励信息技术企业作为第三方，为生产经营企业提供产品追溯专业服务。各级食品药品监管部门不得强制要求食品药品生产经营企业接受指定的专业信息技术企业的追溯服务。

1. 编码原则　《国家药品监管信息化标准》规定，药品追溯码应遵循实用性、唯一性、安全性、可扩充性、简明性和通用性。

2. 编码对象　编码对象为药品各级销售包装单元。

3. 编码构成　药品追溯码的构成应满足以下要求：①药品追溯码可由数字、字母、符号组成，代码长度应不少于10个字符，见图2-1；②应关联药品上市许可持有人名称、药品生产企业名称、药品通用名、药品批准文号、药品本位码、剂型、制剂规格、包装规格、生产日期、批次、有效期和单品序列等数据；③应包含单品序列号段代码；④应包含校验位，以验证药品追溯码的正确性。

图2-1　药品追溯码示意图

四、零售药店商品分区

零售药店一般划分出经营区、办公区和生活辅助区。经营区又划分出药品经营区和非药品经营区，两区域要有明显隔离。药品经营区划分出冷藏、阴凉区和常温区，三区药品不可混淆。阴凉区、常温区划分出处方药经营区、非处方药经营区，见表2-1。根据是否开架分为闭架区、开架区。

表2-1 零售药店经营区划一览表

分区			功能划分及要求
经营区	商品陈列区	药品经营区	冷藏区：温度范围为2~8℃，存放低温储存药品，冷藏柜内
			阴凉区：温度范围为2~10℃，存放阴凉存放药品
			常温区：温度范围为10~30℃，存放常温存放药品
		非药品经营区	医疗器械经营区：按I类、II类、III类分开
			保健食品经营区：按保健功能分开
			普通食品经营区：按类别分开
			乳制品经营区：按成人、儿童分开
			消毒消杀经营区：按用途分开
			日化药妆经营区：按百货、药妆品分开
	收银区		收银区一般设置在入口靠墙的地方，收银台高度以90cm为佳，适合小货架商品量感陈列（量感陈列详见项目四）
	经营通道		分主、副通道，主通道引导顾客，副通道是支流
办公区			适应经营办公需要，设经营办公设施，资料存放设施
生活辅助区			为员工更衣、用餐场所，适应需求，卫生整洁

任务 2-2　学习药品基本知识

🔍 **案例分析** --

案例：

小初实习前要参加药剂技能竞赛，其中一个项目就是对药品进行分类，几百种药品名称可难坏了他，他向药店导师寻求便捷方法。药店导师支招：药品分类可从药品名称中找规律，只要见到以"地平"结尾的一般是抗高血压药，如硝苯地平、氨氯地平等；以"普利"结尾的一般也为抗高血压药，如卡托普利、依那普利等；只要见到以"洛韦"结尾的一般是抗病毒药，如阿昔洛韦、更昔洛韦等。这一招节省了小初不少时间，最终在竞赛中取得了理想成绩。

分析：

大多数药物的名称都是英文名音译过来的，有些药物的后缀名一样，这样寻找规律是巧记药名最简单的方法。例如：以"西林"结尾的是青霉素类抗生素，如氨苄西林、阿莫西林等；以"沙星"结尾的是喹诺酮类抗菌药，如氧氟沙星、环丙沙星等；以"松"结尾的是糖皮质激素，如可的松、地塞米松等。学习记药名需要积累，如果能在平时多观察、多寻找规律，相信熟记药名不是一件难事。

一、药品的名称、剂型和用法

（一）药品的名称

药品的名称一般有3种，即通用名、商品名和化学名。

1. 通用名　是药品的法定名称，通常采用世界卫生组织（World Health Organization，WHO）推荐使用的国际非专利药品名称。

2. 商品名　是药品生产厂商自己确定，经药品监督管理部门核准的产品名称，相同的通用名，由于生产厂家不同，可有多个商品名称。

3. 化学名　是根据药物的化学结构，按照一定的命名原则确定的名称。

如解热镇痛药阿司匹林：阿司匹林为通用名，巴米尔为商品名，2-（乙酰氧基）苯甲酸为化学名。

（二）药品的剂型

药品的常用剂型有很多，根据其形态可分为液体剂型、固体剂型、半固体剂型、气体剂型；根据给药途径的不同，可将药品分为经胃肠道给药剂型和非经胃肠道给药剂型，见表2-2。

表2-2　药品的常用剂型分类

分类	经胃肠道给药剂型	非经胃肠道给药剂型
特点	药物制剂经口服后进入胃肠道，起局部作用或经吸收发挥全身作用	除口服给药途径以外的所有其他剂型，这些剂型可在给药部位起局部作用或被吸收后发挥全身作用
常用剂型	散剂、片剂、颗粒剂、胶囊剂、溶液剂、乳剂、混悬剂	注射给药剂型，如注射剂；呼吸道给药剂型，如喷雾剂；皮肤给药剂型，如洗剂、软膏剂；黏膜给药剂型，如滴眼剂、贴膜剂；腔道给药剂型，如栓剂

（三）药品的用法

药品的常用方法有口服、注射、局部用药等。

1. 口服　是安全方便的给药方法，也是最常用的给药方法，药物口服后，可经胃肠道吸收而作用于全身，或留在胃肠道作用于胃肠局部。

2. 注射　多用于全身治疗，药物作用快而强，注射部位多为皮下、肌内和静脉。

3. 局部给药　仅用于药物容易接受的器官和组织，如皮肤、眼、耳、鼻、口腔、直肠等，如涂搽、喷雾、含漱、吸入、肛门塞入、阴道给药等。

二、药品的注册商标、包装、标签和说明书

（一）药品的注册商标

注册商标是药品生产企业将其产品质量、装潢包装以及图案或文字形式向工商行政管理部门申请注册的标记，它拥有专用权，受到国家法律保护。《药品管理法》规定，除中药材、中药饮片外，药品必须使用注册商标。注册商标必须在药品包装和标签上注明。商标使用人必须对其使用商标的药品质量负责，药厂在使用注册商标时必须标明"注册商标"或注册标记。

（二）药品的包装

药品包装是药品质量的一个重要方面，《药品管理法》规定，药品包装必须

适合药品质量的要求，方便储存、运输和医疗使用。药品的包装分为内包装和外包装。

1. 内包装　是直接接触药品的盛装容器。

2. 外包装（运输包装）　是指内包装外面的木箱、纸箱、木桶、铁桶等包皮以及衬垫物、防潮（寒）纸、麻袋、塑料袋等包装物。

药品包装（包括运输包装）应加封口、封签、封条或使用防盗盖、瓶盖套等，规定有效期的药品，应在包装上注明有效期。

（三）药品的标签

药品的标签是指药品包装上印有或者贴有的内容，分为内标签和外标签。

1. 内标签　指直接接触药品包装的标签，包含药品通用名称、适应证或者功能主治、规格、用法用量、生产日期、产品批号、有效期、生产企业等内容。

2. 外标签　指内标签以外的其他包装的标签，注明药品通用名称、成分、性状、适应证或者功能主治、规格、用法用量、不良反应、禁忌、注意事项、贮藏、生产日期、产品批号、有效期、批准文号、生产企业等内容。

（四）药品的说明书

药品说明书包含药品安全性、有效性的重要科学数据、结论和信息，用以指导安全、合理地使用药品。药品说明书中包含药品名称、成分、性状、适应证、规格、用法用量、不良反应、禁忌、注意事项、有效期、批准文号等内容。

📖 证书考点

1. 药品的通用名、商品名。

2. 常用药品的适应证和使用方法。

3. 处方药与非处方药的基本知识。

三、处方

处方是指由注册的执业医师或执业助理医师在诊疗活动中为患者开具的、由取得药学专业技术职务任职资格的药学专业技术人员审核、调配、核对，并作为患者用药凭证的医疗文书。处方由前记、正文和后记三部分构成。

除麻醉药品、精神药品、医疗用毒性药品和儿科处方外，患者均可持处方到零售药店购药。药师应当凭医师处方按照操作规程调剂处方药品，认真审核处方，准确调配药品，向患者交付药品时，按照药品说明书或处方用法，进行用药交代与指导，包括每种药品的用法、用量、注意事项等。药师经处方审核后，认为存在用药不适宜时，应当告知处方医师，请其确认或重新开具处方；发现严重不合理用药或用药错误，应当拒绝调剂，及时告知处方医师，并应当记录，按照有关规定报告。处方常用外文缩写词见表2-3。

表2-3　处方常用外文缩写词

缩写词	中文	缩写词	中文
Rp. 或 R.	请取	12mn	午夜12时
S. i. g. 或 S.	用法	a. c.	饭前
q. m.	每晨1次	p. c.	饭后
q. n.	每晚1次	h. s.	临睡前
q. d.	每日1次	pr. dos	顿服，一次量
q. 2d.	每2日1次	p. r. n.	必要时（可重复）
q. o. d.	隔日1次	s. o. s.	需要时（用一次）
b. i. d.	一日2次	p. o. 或 o. s.	口服
t. i. d.	一日3次	i. h.	皮下注射
q. i. d.	一日4次	i. m.	肌内注射
b. i. w.	每周2次	i. v.	静脉注射
q. h.	每小时	i. v. gtt	静脉滴注
a. m.	上午	stat!	立即
p. m.	下午	cito!	急速地
12n	中午12时	lent.	缓慢地

●・・・・ 小结 ・・・・・・

1. 药店店员应会识别药品的批准文号，并辨识其有效期。
2. 零售药店一般划分出经营区、办公区和生活辅助区。经营区又划分出药品经营区和非药品经营区，药品经营区分为处方药经营区和非处方药经营区。
3. 药店店员应掌握药品的分类方法，学会看药品的标签、包装和说明书。

1. 如何通过药品的批准文号识别其有效期?
2. 零售药店是怎样进行区域划分的?
3. 药店店员应该掌握哪些药品知识?

（石少婷）

药店零售技术

项目三
门店请货与药品验收

项目三
数字内容

学习目标

知识目标

- 掌握药品验收的内容、工作流程、注意事项和不合格药品的处理。

- 熟悉药品请货流程、药品验收的依据。

- 了解药品请货、药品验收的概念。

能力目标

- 学会按照药品请货流程进行药品请货。

- 学会药品验收要做到票、账、货相符。

- 学会快速对药品供货商资质、药品优劣质量作出判断。

素质目标

- 提高服务意识，养成细致严谨的工作作风。

- 增强质量意识，养成遵纪守法的工作作风。

- 具备勤学苦练的精神，养成爱岗敬业的工作作风。

导学案例

情景描述：

2021年4月1日，某市场监督管理局执法人员对A药店开展日常监督检查，检查过程中发现该药店处方药专区有过期药品复方创木酚磺酸钾口服溶液（批准文号：国药准字H20064417，产品批号：190315，有效期至：2021.02）1瓶。经查，A药店为市内B医药连锁有限公司的分支机构，B医药连锁有限公司质量管理制度规定，其公司分支机构所有药品均委托C连锁公司统一采购、配送。A药店从C连锁公司于2020年4月25日和2020年5月7日购进上述药品5

瓶。A药店将上述5瓶药品验收入库后摆放于处方药专区销售，截至案发时A药店凭处方销售上述药品4瓶，其中1瓶是2021年3月29日销售。A药店上述行为属于销售过期药品，依据《药品管理法》第一百一十七条第一款，给予没收过期药品、没收违法所得、罚款30 000元的行政处罚。

学前导语：

药品是特殊商品，国家依据《药品管理法》，对药品实行严格监督管理。《药品经营质量管理规范》规定，对药品有效期进行认真验收，建立真实的验收记录，在对陈列、存放的药品进行定期检查时，对近效期药品进行重点检查。A药店在近一年时间里，未严格落实药品养护制度，导致药品过期长达一个月之久仍然摆放货架销售，并且已经销售过期药品1瓶，存在危害人身健康的社会影响。

思政要点：

法律意识，质量意识

任务 3-1 门店请货

案例分析

案例：

国庆小长假后，因饮食不规律导致消化不良的症状时有发生，健胃消食片也因此成为药店热销药品。某药店因店长疏忽请货，导致健胃消食片缺货。当顾客到药店购药得知没货时，非常不满地说："连健胃消食片都没有，你们还开什么药店！"说完就扬长而去。

分析：

门店请货对保证药品供应，促进门店营销，加快药品周转速度，具有十分重要的意义。请货时要充分考虑到季节性等因素，做到随时保证店内的药品陈列丰满，种类齐全，数量适当，既避免药品脱销，又防止药品滞销积压。

门店的请货在门店营销中具有十分重要的作用。规范门店请货，可保证门店的药品供应及时，做到药品陈列丰富，种类齐全，加快药品周转速度，保证合理储货量，加快资金流转。

一、门店请货规范

请货是指门店的药品补充。通过规范门店的请货，可减少积压库存，加快商品周转速度。

门店请货时需考虑配送周期、季节性因素、节日因素、当地消费习惯和药品货源保证程度等因素，做到随时保证店内的药品陈列丰满，种类齐全，数量适当，既避免药品脱销，又防止药品滞销积压。

二、门店请货流程

在请货的过程中，基本的流程包括请货准备、提交请货计划、审核和修改请货计划、调整请货计划、再次确认请货计划和门店收货等环节，如图3-1所示。

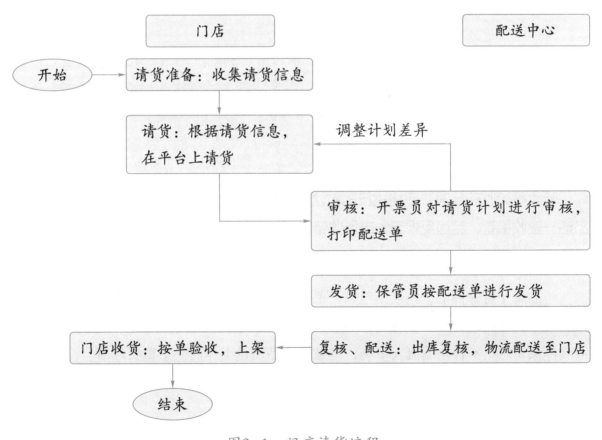

图3-1　门店请货流程

1. 请货准备　门店请货人员根据门店药品的销售情况和药品库存量，结合顾客的消费需求变化，拟定请货计划。请货计划一般是按门店一个月的销量由软件自动生成。

2. 提交　门店请货计划由门店请货负责人在平台上提交给公司开票员。

3. 审核　开票员对请货计划进行审核，打印配送单。

4. 调整修改　门店请货人员收到请货单后，根据实际需要，进行修改。对过季商品减少计划、活动药品增加计划等，及时增减药品的种类和数量。

5. 再次确认　再次确认后正式提交，有利于公司及时进行配送药品。

6. 门店收货　按单验收，上架。

任务 3-2　学习药品验收知识

🔍 案例分析

案例：

某医药公司配送一进口药品，忘记携带"进口药品注册证"和加盖单位公章的"进口药品检验报告单"的复印件等材料。配送工作人员请求药品验收员通融，下次补上，由于关系比较熟，验收员就答应了该配送工作人员的请求。几天后，当地市场监督管理部门的工作人员进行督导检查时，将该批次进口药品全部没收。

分析：

验收员验收药品时应严格执行国家法律法规，严格按照验收流程对每批次进购药品逐一验收检查，若违反规定，市场监督管理部门将依法查处。

药品属于特殊商品，药店所经营药品应坚持质量第一的原则，把好药品入库、出库质量关，做到票、账、货相符，完善来源可查、去向可追、责任可究的药品全链条追溯体系，防止不合格品流入市场，是做好药品质量工作的一个重要环节。

一、认识药品验收

药品验收是药品经营管理和质量控制的重要环节，药品经营企业对正规医药公司或业务员配送的药品进行质量管控和数量核对的工作过程。验收时应严格依据《药品管理法》《中华人民共和国药品管理法实施条例》《药品经营质量管理规范》等法律法规，按照购进合同规定的质量要求条款对购进药品进行验收，逐批与实物核对品名、规格、剂型、批准文号、批号、生产日期、生产厂商、供货单位、到货数量、有效期等内容。验收时核对单品很重要，发现有药品混装、数量短缺、包装破损、效期有误等问题，应与医药公司取得联系、协调解决，并做到记录准确、完整。

二、药品验收的依据

1.《中华人民共和国药品管理法》（简称《药品管理法》）《药品管理法》规定，医疗机构购进药品，应当建立并执行进货检查验收制度，验明药品合格证明和其他标识；不符合规定要求的，不得购进和使用。医疗机构应当有与所使用药品相适应的场所、设备、仓储设施和卫生环境，制定和执行药品保管制度，采取必要的冷藏、防冻、防潮、防虫、防鼠等措施，保证药品质量。

2.《药品经营质量管理规范》（简称GSP） GSP规定，企业应当按照规定的程序和要求对到货药品逐批进行收货、验收，防止不合格药品入库。

（1）核对：药品到货时，收货人员应当核实运输方式是否符合要求，并对照随货同行单（票）和采购记录核对药品，做到票、账、货相符。

（2）检查：冷藏、冷冻药品到货时，应当对其运输方式及运输过程的温度、运输时间等质量控制状况进行重点检查并记录，不符合温度要求的应当拒收。

（3）待检：收货人员对符合收货要求的药品，应当按品种特性要求放于相应待验区域，或者设置状态标志，通知验收。冷藏、冷冻药品应当在冷库内待验。

（4）检验报告书：验收药品应当按照药品批号查验同批号的检验报告书；供货单位为批发企业的，检验报告书应当加盖其质量管理专用章原印章。检验报告书的传递和保存可以采用电子数据形式，但应当保证其合法性和有效性。

（5）抽样：企业应当按照验收规定，对每次到货药品进行逐批抽样验收，抽取的样品应当具有代表性。验收人员应当对抽样药品的外观、包装、标签、说明书以及相关的证明文件等逐一进行检查、核对；验收结束后，应当将抽取的完好样品放回原包装箱，加封并标示。特殊管理的药品应当按照相关规定在专库或者专区内验收。

（6）记录：验收药品应当做好验收记录，包括药品的通用名称、剂型、规格、批准文号、批号、生产日期、有效期、生产厂商、供货单位、到货数量、到货日期、验收合格数量、验收结果等内容。验收人员应当在验收记录上签署姓名和验收日期。

🔗 **知识链接** ....

批与批号

GSP规定：批是经一个或若干加工过程生产的、具有预期均一质量和特性的一定数量的原辅料、包装材料或成品。

批号是用于识别一个特定批的具有唯一性的数字和/或字母的组合。

（7）入库：企业应当建立库存记录，验收合格的药品应当及时入库登记；验收不合格的，不得入库，并由质量管理部门处理。

任务 3-3 　验收药品

🔍 **案例分析** ....

案例：

医药公司根据药店的订货需求配送了一批药品。店员小刘面对新购进的药品，不知如何处置。面对小刘的困惑，店长一边按药品的验收流程熟练地验收药品，一边给小刘详细地讲解，很快完成了药品的验收。

分析：

验收员验收药品时应严格执行国家法律法规，严格按照验收流程对每批次购进药品逐一进行验收检查，包括对药品的数量核对、包装质量验收、外观质量验收、有关证明文件查验等。

....

一、验收人员及环境要求

（一）验收人员要求

应当具有药学或者医学、生物、化学等相关专业中专以上学历或者具有药学初级以上专业技术职称；从事中药材、中药饮片验收工作的，应当具有中药学专业中专以上学历或者具有中药学中级以上专业技术职称。

从事验收工作的人员应当在职在岗，不得兼职其他业务工作。

（二）验收环境要求

必须要有与经营相适应的专门或者符合卫生条件的验收场所。验收场所内外环境整洁，无污染源；墙、顶光洁，地面平整，门窗结构严密，光线充足并具有防尘、防虫、防污染设施和必要的消毒设施，必要时还应配备千分之一天平、量具、白瓷盘等设备；有可靠的安全防护措施，能够对无关人员进入实行可控管理，防止药品被盗、替换或者混入假药，以确保药品的质量。

二、药品验收流程

药品验收流程见图3-2。

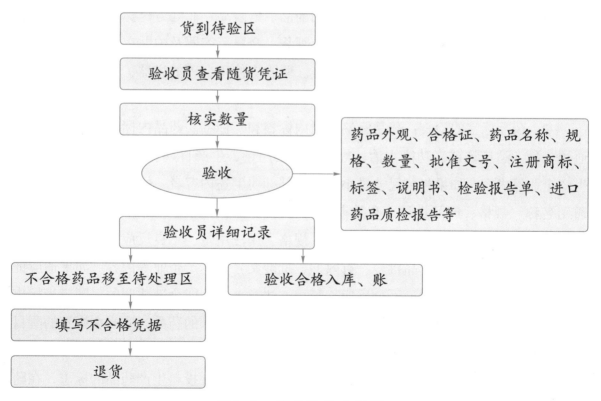

图3-2 药品验收流程图

三、药品验收内容

药品到货后，在药库待验区，验收员根据随货同行单（票）进行质量验收，核实到货药品名称、规格、数量、剂型、批准文号、生产厂商、生产日期、有效期等内容，做到票、账、货相符。随货同行票据要妥善保存，作为验收记录的依据，按月装订，保存3年以上。

1. 数量核对　检查来货凭证与报货单的进购数量是否相符，如有不符，与采购部门联系并做出相应处理。

2. 合格证查验　验收整件包装药品时，应检查产品合格证，要求具有药品的通用名称、规格、包装数量、生产企业、生产批号、化验单号、检验依据、出厂日期、包装人、检验部门和检验人员签章等内容。

3. 包装质量检查

（1）药品包装的检查：药品包装是药品质量的一个重要方面，根据我国《药品管理法》规定，药品包装必须适合药品质量的要求，方便储存、运输和医疗使用。药品的包装分为外包装和内包装。检查外包装时，需要对包装箱是否牢固、干燥，封签、封条有无破损、渗液、污染及包装上应说明的药品名称、规格、数量、批准文号、注册商标、生产批号、生产日期、有效期进行检查；同时外包装上应注明运输注意事项或其他图示标记，如特殊管理药品、外用药品、危险品、非处方药标识等。检查内包装时应对盛药品的瓶塞、纸盒、塑料袋、纸袋、金属等容器及内贴在这些容器外面的瓶签、盒签和瓶（盒）内的填充物等检查。验收应使用合理的容器，容器应清洁、干燥、无破损、封口严密。

（2）药品标签的检查：药品标签分为内标签和外标签。药品内标签检查包含药品通用名称、适应证或者功能主治、规格、用法用量、生产日期、产品批号、有效期、生产企业等内容；如果包装尺寸过小无法全部标明上述内容者，则至少应当标注药品通用名称、规格、产品批号、有效期等内容。药品外标签检查内容包含药品通用名称、成分、性状、适应证或者功能主治、规格、用法用量、不良反应、禁忌、注意事项、贮藏、生产日期、产品批号、有效期、批准文号、生产企业等内容。如果适应证或者功能主治、用法用量、不良反应、禁忌、注意事项不能全部注明的，则应当标出主要内容并注明"详见说明书"字样。对贮藏有特殊要求的药品，应当在标签的醒目位置注明。

（3）生产批号、近效期药品的检查：批号是药厂同批投料生产药品的标志，在药品生产企业，不同批号的药品就是不同的药品。入库验收药品时，不仅要检查有无批号，而且要核对内外包装批号是否一致，同一药品不得多于2个批号，否则拒收。药品的有效期在6个月以内为近效期，近效期药品的采购要求药品离失效期不低于1年，药品有效期在1年（含）以内的，离失效期不得低于8个月；有效期在1.5年（含）以上的，必须在有效期限的2/3以上。低于以上期限的，不得验收入库。

（4）特殊药品与注册商标检查：精神药品、医疗用毒性药品、放射性药品、外用药品和非处方药的标签必须印有规定的标志。无注册商标或注册商标未按规定标识的药品，不得验收入库。

4. 药品外观质量抽检 由验收员根据药品质量标准（说明书）中规定的质量及合同中规定的质量条款，逐批号抽样检验药品的形状、颜色、嗅味等外观质量，确定所购药品质量是否与标准相符，见表3-1。

表3-1 药店常见剂型抽样检查

剂型	抽样检查内容
片剂	有无裂片、松片、花斑、变色、粘连和脱衣等现象
颗粒剂	有无漏药、结块、熔化、色泽不一、长霉等
胶囊剂	有无漏粉、漏液、黏软变形和霉变生虫等现象
丸散剂	有无长霉、虫蛀和结块粘连等
糖浆剂	封口是否严密，有无渗漏，瓶口有无长霉，浆液是否澄清等
软膏剂	封口是否严密，软膏是否均匀、细腻，硬度是否合适，有无霉变、酸败等
栓剂	有无受潮而外观不透明或软化变形、有无酸败等
气雾剂	有无漏气、漏液、能否喷射等
中药材、中药饮片	检查有否虫蛀、发霉、泛油、变色、粘连、变味等现象
其他液体制剂	封口是否严密，有无渗漏，药液内有无杂物、有无长霉等

🔍 课堂活动

冬季，医药公司给某连锁药店送来6件板蓝根颗粒，其中1件是一个批号，其余5件是另外一个批号，如何验收？

5. 有关证明文件的查验

（1）药品检验报告书：按照药品批号查验同批号的检验报告书，药品检验报告书需加盖供货单位药品检验专用章或质量管理专用章原印章；从批发企业采购药品的，检验报告书的传递和保存，可以采用电子数据的形式，但要保证其合法性和有效性。

（2）生物制品：验收实施批签发管理的生物制品时，应当有加盖供货单位药品检验专用章或质量管理专用章原印章的"生物制品批签发合格证"复印件。

（3）进口药品：验收进口药品时，有加盖供货单位质量管理专用章原印章的相关证明文件：①"进口药品注册证"或"医药产品注册证"，"进口药品检验报告单"或"进口药品通关单"复印件，并加盖供应商质量管理机构原印章或企业公章；②进口麻醉药品、精神药品以及蛋白同化制剂、肽类激素需有"进口准许证"复印件，并加盖供应商质量管理机构原印章或企业公章；③进口药材需有"进口药材批件"复印件，并加盖供应商质量管理机构原印章或企业公章；④"进口药品检验报告书"或注明"已抽样"字样的"进口药品通关单"复印件，并加盖供应商质量管理机构原印章或企业公章；⑤进口国家规定的实行批签发管理的生物制品，有批签发证明文件和"进口药品检验报告书"复印件，并加盖供应商质量管理机构原印章或企业公章。

（4）特殊管理药品：验收特殊管理的药品须符合国家相关规定。

➡ 学以致用

工作场景：

店员小王验收某医药公司送来的一批药品，她很细心地检查来货单据上的生产日期、生产批号等，发现公司报货的22盒藿香正气水中，存在着3种生产批号，而且有两盒是近效期的。小王拒收，并解释我们是依法办事，对顾客负责任。

知识运用：

1. 同一批同一药品的生产批号不得多于2个，不得签收效期近6个月内的药品。

2. 用法律保护自己，依法工作。

四、药品验收记录

验收结束后，验收员应认真填写"药品购进（验收）记录"，进行签字确认，存档备查。验收记录应保存至超过药品有效期1年，但不得少于3年，见表3-2。

表3-2　×××大药房药品购进（验收）记录

供货单位	药品名称	规格	单位	数量			生产厂家	批准文号	生产批号	有效期至	注册商标	合格证	专用标识	外观质量	验收结论	验收员签字	验收日期	购进日期	价格（元）
				票据数	实际数	破损数													

五、药品验收注意事项

1. 查验检验报告书　验收药品应当按照药品批号查验同批号的检验报告书。供货单位为批发企业的，检验报告书应当加盖其质量管理专用章原印章。检验报告书的传递和保存可以采用电子数据形式，但应当保证其合法性和有效性。

2. 合格药品上架　验收合格的药品应及时上架。实施电子监管的药品，按规定进行药品电子监管码扫码，并及时将数据上传至中国药品电子监管网系统平台。

3. 验收时间要求　药品验收应在仓库的待验区内进行，如无特殊情况应在1个工作日内验收完毕；需阴凉储存的药品要求到货6小时内验收完毕，冷藏药品随到随验；特殊管理药品必须货到立即进行双人验收，整个验收工作要在尽可能短的时间内完成。

4. 其他要求　必须拆件验收时，保证抽样的科学性、合理性和均匀性。销后退回药品验收按购进药品验收要求进行验收。

六、不合格药品的处理

（一）认识不合格药品

不合格药品是指包装、外观质量、内在质量不合格的药品。有以下五种情形之一的药品，均可以确认为不合格药品：①国家、省、市各级药品监督管理部门发布的通知或质量公报的不合格药品；②符合《中华人民共和国药典》及《药品管理法》中有关假劣药的定义；③各级药品监督管理部门抽查检验不合格的药品；④质量验收、保管养护和销售过程中发现的外观、包装、标识不符、包装污染、破碎及超过有效期的药品，并报质量管理员确认为不合格的药品；⑤生产厂商、供货单位来函通知的不合格药品。

（二）处理不合格药品

1. 验收购进药品时发现不合格药品的处理

（1）验收员在对购进药品验收时发现不合格药品，应予以拒收并填写"药品拒收报告单"。

（2）验收员在购进药品验收中发现假劣药品，立即就地封存，填写"药品质量问题报告表"报质管员。质管员接到报告后，应及时调查取证，了解药品来源等详细情况，并在24小时内将所了解的情况以书面形式上报质量管理部门，情节严重者上报当地食品药品监督管理局，等候处理。

2. 药品储存、养护过程中发现或怀疑不合格药品的处理

（1）过期或包装破损的不合格药品，经养护员、质管员确认后，撤离货架，由仓管员将药品转入不合格药品区。

（2）其他情形的不合格药品，由库管员通知仓管员暂停发货，并悬挂"待处理"标牌。养护员填写"药品质量问题报告表"与药品一起交质管员确认。质管员确认为不合格药品的，在"药品质量问题报告表"上填写确认结果与处理意见，仓管员接到质管部的确认报告后，将药品转入不合格品区。质管员确认为合格药品的，在"药品质量问题报告表"上填写确认结果，通知仓管员恢复发货。质管员无法确认的，送当地药检所检验，并根据检验结果做相应的处理。

3. 陈列销售过程中发现或怀疑不合格药品的处理

（1）店员发现不合格药品，立即将药品撤离货架，放置在待验区。店员填写"药品质量问题报告表"报质管员。

（2）质管员确认为不合格药品的，在"药品质量问题报告表"上填写确认结果与处理意见。

（3）质管员确认为合格药品的，在"药品质量问题报告表"上填写确认结果，通知门店恢复销售。

（4）质管部不能确认的，送当地药检所检验，并根据检验结果做相应的处理。

4. 售后退货药品验收为不合格药品的处理　顾客退回门店的药品经检验确认为不合格品的，存放在不合格品区。

（三）不合格药品的报损、销毁与上报

1. 不合格药品的报损　每季度末，质管员组织不合格药品的统一报损，填写"拟报损药品审批表"，附"报损药品清单"，报质量管理部确认和审核，报药店店长批准。不合格药品属外包装破损等，由业务部联系供货方退货。

2. 不合格药品的销毁　所有已审批同意报损的不合格药品，由仓管员填写"药品销毁监督记录"，在质管员的现场监督下，将不合格药品送特定垃圾场地进行销毁，双方在"药品销毁监督单"上签字。

3. 不合格药品的上报　①发现或怀疑为不合格药品的，质管员应及时填写"不合格药品报告"，报送质量管理部处理；库管员做好"不合格药品台账"，按季上报质量管理部。②每次不合格药品报损后，质管员要对不合格药品处理情况进行一次综合分析，提出改进意见，进一步加强药品质量管理。质量管理部对全公司不合格药品情况每半年进行汇总一次，填写"不合格药品处理情况汇总分析"，上报质量部经理。③有关不合格药品处理的记录应保存5年。

小结

1. 药品验收的依据是《药品管理法》和《药品经营质量管理规范》。

2. 药品验收的流程是货到待验区，根据随货同行单（票），核实数量等，验货合格上柜销售；不合格退货。

3. 药品验收应注意验收地点、验收时间，药品验收要分类完成。

思考题

1. 请货的基本流程有哪些？

2. 药品验收的主要内容有哪些？

3. 不合格药品包括哪些情形？如何进行处理？

（孙兆辉）

项目四
药品陈列

项目四
数字内容

学习目标

知识目标

- 掌握药品陈列的原则、技巧、注意事项和卖点广告（point of purchase advertising，简称POP）的种类及运用。
- 熟悉药店通道的设计技巧、卖点广告运用的注意事项。
- 了解药品陈列、卖点广告的概念。

能力目标

- 学会依据基本原则正确陈列药品。
- 学会设计药店通道，运用药品陈列技巧进行药品陈列。
- 学会制作卖点广告。

素质目标

- 树立创新意识，增强职业使命感，养成勤奋学习的习惯。
- 增强文化自信，养成爱岗敬业、严谨规范的工作作风。

导学案例

情景描述：

小雪家的小区里有两家药店。

甲药店自营业以来，店长和员工很少在药品陈列上动心思，从未主动在药品陈列上进行创新，导致来过的顾客大多觉得这家药店好像经营不景气，直接影响药店的销售业绩。

乙药店则不同，小雪每次上下班途中经过时都会被药店的新鲜陈列所吸引，她经常会往药店里看一眼，总会发现货架上摆满了药品，非常紧凑，甚至连墙体柱子都摆满了药品，药店经常有不同的广告促销，不但有新鲜感，还很容易记住推销药品的功效，所以，小雪及家人不舒服时，总会想到这家药店并去买药，尤其是广告促销药品。

学前导语：

　　药品陈列是药品销售无声的语言，乙药店因注重陈列创新，利用陈列技巧最大限度地将药品展示给顾客，从而把握住了顾客的需求。

思政要点：

　　创新意识，职业担当

任务 4-1　学习药品陈列知识

🔍 案例分析

案例：

　　小李在制作请货计划时由于粗心大意，将维生素 C 片的数量多打了一个"0"，使原本 10 瓶维生素 C 片变成了 100 瓶。按照药店的管理规定，小李属于工作失误，如果不能及时销售维生素 C 片，容易造成药品积压，将影响药店本月的销售业绩。经验丰富的店长，把维生素 C 片移到收银台旁边，并制作了"一片 VC，呵护身体"的卖点广告。令人喜出望外的是，第二天销售量就开始增加，月底之前已成功售出，并没造成积压。

分析：

　　合理的商品陈列可以起到展示商品、刺激销售、方便购买、节约空间、美化购物环境的作用。正确运用药品陈列技术，有利于销售额的增长。

一、认识药品陈列

药品陈列是指利用药店的有限空间资源，合理规划店内总体布局、货架摆放顺序、药品摆放位置和堆码方式，创造便于顾客购物的购买环境。陈列应最大限度地将药品信息展示给顾客。

啤酒与尿布

某超市的营销分析人员在统计数据时发现店内的啤酒和尿布的销售量总是相差无几，经过分析和观察，原来是当了爸爸的年轻人在给小孩买尿布的同时，往往也捎带给自己买瓶啤酒。于是，这家超市的老板就把啤酒和尿布这两样看起来不相关的商品摆放在一起出售，既方便了顾客，又促进了销售。

理想的药品陈列能提供药品信息，方便顾客购物；重点药品及主推药品进行差异化陈列，使得主推药品在众多药品中脱颖而出，缩短交易过程；能引导顾客消费，促进商品销售，提高药店的营业额；有利于提升整体形象，体现管理水平，增加药店竞争力。

二、药品陈列原则

1. 法定原则　GSP要求，药品应按剂型、用途以及储存要求分类陈列和储存，并设置醒目标志，类别标签字迹清晰、放置准确；经营非药品应当设置专区，与药品区域明显隔离，并有醒目标志。①药品放置于货架（柜），摆放整齐有序，避免阳光直射；②处方药、非处方药分区陈列，并有处方药、非处方药专用标识；处方药不得采用开架自选的方式陈列和销售；③外用药与其他药品分开摆放；④拆零销售的药品集中存放于拆零专柜或专区；⑤第二类精神药品、毒性中药品种和罂粟壳不得陈列；⑥冷藏药品放置在符合规定的冷藏设备中，按规定对温度进行监测和记录，并保证存放温度符合要求；⑦中药饮片柜斗谱的书写应当正名正字；装斗前应当复核，防止错斗、串斗；应当定期清斗，防止饮片生虫、发霉、变质；不同批号的饮片装斗前应当清斗并记录；⑧危险品不应陈列，确实需要陈列时，只能陈列代用品或空包装。

2. 评价原则　陈列的效果如何，可以通过以下原则来进行评价，即：①是否匹配顾客视线，最大限度地吸引顾客；②是否符合目标消费群的消费行为习惯；③重点商品或主题是否进行差异化陈列，突出重点；④是否能促进销量提升与形象提升。

3. **整洁美观原则**　陈列的药品应摆放整齐，没有破损、污物和灰尘。摆放药品时要力求格调一致，色彩搭配，突出每种药品的特点，可采用多种艺术造型，运用多种陈列器具及装饰，使陈列美观大方，如重点推荐的药品可以摆成圆形、金字塔型、阶梯状等。同时，在不影响美观的前提下，应将滞销的药品搭配在旺销的药品之中，以利于销售。

4. **满陈列原则**　药品陈列丰富是吸引顾客、提高销售额的重要手段之一，满陈列可以减少卖场缺货造成的销售额下降。应结合定期调整陈列的位置、改变陈列的药品或系列、完善陈列的区域化、突出陈列药品的价格、运用陈列的辅助宣传品等不断创新陈列手段，促进销量提升与形象提升。

5. **先进先出和近效期先出原则**　即每次将上架药品放在原有药品的后排或把近效期药品放在前排以便于销售。

6. **黄金位置陈列原则**　在同一组货架上，因为顾客注视的方式不同，所以不同陈列位置产生的销量会有不同的变化，一般来说，与视线平齐的位置陈列的商品销量最高。顾客自然站立时，伸手可及的范围为有效陈列范围，约为从地面开始60~180cm，此空间应陈列重点药品。在有效陈列范围，眼睛最容易看到、手最容易拿到药品的陈列位置为黄金位置，范围是从地面开始80~120cm，这个范围应用来陈列畅销药品、高毛利药品、品牌药品或季节性药品等。在黄金位置陈列高毛利药品时，应注意同一排中功能相似的药品价格跨度不能太大；同类的高毛利品种和品牌品种相邻陈列，尽量做到高毛利品种陈列面大于品牌品种。在黄金带的上下，一般用来陈列准重点药品或一般药品，其中，最上层通常陈列需要推荐的药品，下层通常陈列销售周期进入衰退期的药品。

🔗 **知识链接**

高毛利药品

　　主推高毛利药品已经成为目前许多药店经营的主要模式之一，然而由于高毛利药品自身原因（一般为非品牌药品），其品牌知名度和美誉度在顾客心目中没有建立起必要的信任度，店员推荐这些药品时有一定局限性，如果过度和极端推荐就会影响顾客进店购药的满意度，影响药店客流量。因此，店员必须科学、合理地推荐药品，才能提高顾客的满意度，从而提升药店利润水平。

7. **易见易取原则**　陈列的药品要使顾客容易看见，可将药品按类别、价格、用途或顾客的性别、年龄等分类，既可方便顾客购物，又可提高管理药品的效率。每类陈列的药品应遵循前低后高（按站在卖场的顾客从外向内看）的原则，让包装盒矮的陈列在外侧，药品的正面面向顾客，不被其他药品遮挡。

（1）前缘直线陈列：以药品包装盒的前缘为准，所有药品的前缘成一条直线。当前面的药品售出以后，及时将后面的药品推向前，确保前缘直线陈列。

（2）梯状陈列：货架上下阶梯陈列从下往上，每层货架药品的前缘形成阶梯状，依次向上，依次向里，让每一层货架药品都能尽可能被站在货架前的顾客清楚地看到。

（3）侧身摆放：同一层货架药品较多时，如不能完全平放时，药品可侧身摆放，同时每个药品的正向完全朝一个方向。

（4）倾斜陈列或前进陈列：主要针对货架最底层不易看到的药品。

（5）突出陈列：对药店主推的新品或宣传的药品，可以陈列在端架、堆头或黄金位置，使顾客容易看到。

8. 同一品牌垂直陈列原则　垂直陈列指将同一品牌的药品，沿上下垂直方向陈列在不同高度的货架层位上。相对于横向陈列，垂直陈列能让顾客在挑选产品时移动更方便，同时减小货架的不同层次对药品的销售影响。垂直陈列有两种方法，一种是完全垂直陈列，即对销量大或包装大的药品从最上一层到最下一层全部垂直陈列；另一种是部分垂直陈列，采用主辅结合陈列原则。

🔗 **知识链接** ···

水平陈列与垂直陈列的差异

人的视觉上下垂直移动方便，视线上下夹角是25°。顾客在离货架30~50cm的距离挑选商品时，能清楚地看到1~5层货架上陈列的商品。而人视觉水平移动要比上下垂直移动差一些，因为人的视线左右夹角是50°，当顾客离货架30~50cm的距离挑选商品时，只能看到横向1m左右距离内陈列的商品，这样就会非常不便。实践证明，两种陈列所带来的效果不一样。

9. 季节性陈列原则　季节性药品陈列应走在季节变换之前，药店应根据不同季节的多发病，把每个季节较为常用的药物放在较为显眼的位置，使药品陈列面、陈列量较大，并悬挂卖点广告，吸引顾客，促进销售。

任务 4-2 陈列药品

案例分析

案例：

小赵因为自己母亲患有糖尿病到药店购买降血糖药，进入药店后感觉药店面积虽小但干净有序，通道紧凑但顺畅，货架上的药品陈列样式新颖，分类明确，色彩赏心悦目。小赵顺利在降血糖药专柜购买了药品，在收银台的通道柜台上，又顺手购买了2盒感冒药备用。

分析：

科学合理的通道设计，可吸引顾客进入药店，增加在药店停留时间、回转和购买。同时利用药品的陈列技巧来刺激顾客的购买欲望，可促进药店的营销。

一、药店通道设计

科学合理的通道设计，可促进药店的营销。药店通道有内外之分，进行药店通道设计时，外部通道有利于解决客流量与进店率的问题；内部通道有利于提高药店中顾客的停留率、对药品的注目率和购买率，促进药品营销。内部通道又分主、副通道，主通道引导顾客，副通道只是支流。好的通道设计能充分利用药店空间，引导顾客走向药店的各个角落。

（一）外通道设计

1. 主通道明显　顾客进店一般会沿着卖场设计的主通道行进。主通道的宽度要明显大于副通道，方便顾客进出。

2. 直线设计　方便顾客沿着货架一直前进，少拐角，多亮度，避免死角，有利于顾客充分与药品"接触"，令顾客感觉更舒适。

3. 合理设置收银台　一般来说，药店的收银台大都在门口，顾客需经过收银台出门。如果门店有两个门，则收银台应设在顾客进出相对少一点的那个门，这样能引导顾客走向其他商品区，带动其他区域商品的销售。

（二）内通道陈列技巧

1. 主通道两侧　陈列顾客购买频率高的药品和药店极力向顾客推荐的商品。

2. 拐角和尽头　陈列药店主力宣传的药品，尽可能引导顾客流动到药店的纵深处。

3. 出口　主要陈列特价药品、季节性药品等，尽可能延长顾客的药店内滞留时间，刺激其购买冲动。

4. 中间位置　陈列特价商品，突出陈列品牌卡，设置卖点广告陈列等，引导顾客向药店中部其他货架处流动。

二、药品陈列技巧

1. 提高药品价值的陈列技巧　药品只有在被关注的时候才能体现出其价值。如放置贵重药品的玻璃橱柜应预留一些空间，用灯光和小饰物烘托气氛，以体现药品自身的价值。定期更换药品的陈列，会给顾客耳目一新的感觉，一般以1个月为宜。

2. 引人注目的陈列技巧　主推新药品、特价药品时，可借助一些设备和工具，突出某一个（组）药品，以吸引顾客进店，刺激顾客的购买欲望。一般可采用以下几种方式：① 主题促销陈列，指给药品陈列设置一个主题的陈列方法。根据节日或特殊事件的要求经常变换主题，有利于促销，如重阳节参茸礼品活动等。② 关联陈列，指将出售时具有关联性的药品放在一起或就近陈列。如感冒药常和清热解毒消炎药或止咳药相邻，妇科药品和儿科药品相邻，维生素类药和钙补充剂在一起等。这样陈列可使顾客消费时产生连带性，也便于顾客购药。③ 比较陈列，指把相同药品以不同规格或数量予以分类并排列在一起。利用不同规格包装的药品之间价格上的差异，来刺激顾客的购买欲望，促使其因价廉而做出购买决策。

三、主要位置的陈列要求

1. 橱窗的陈列要求　① 橱窗陈列符合卖场整体形象，展现店内相应的促销信息，如节日陈列、事件陈列、场景陈列，可诱发顾客购买行为，吸引过往路人的注意力；② 利用药品的空包装盒，采用不同的组合排列方法展示季节性、广告支持、新药品及重点促销的药品；③ 不宜摆放与营业无关的物品，以免影响药店卖场形象。

2. 收银台的陈列要求　收银台为黄金位置，陈列的药品对刺激顾客的购买欲和增加销售具有重要意义。① 收银台端架陈列药品，货源要充足，陈列要丰满、美观，不得缺少价格标签，有爆炸花的提示；② 主要陈列季节性药品、价格较低及体积较小且毛利较高的药品、主题促销赠品，如护手霜、唇膏、口香糖、棉签、润喉片等；③ 应有醒目的赠品区，对顾客在购买前有较好的吸引力。

3. 货架的陈列要求　卖场货架分段陈列要求根据顾客心理，把货架分为上、中、下三段来陈列药品,以达到最大的经济效益,见表4-1、表4-2。黄金位置陈列要求见前文。卖场货架分类标识牌整洁、完整、不被遮挡,价格牌整齐、无灰尘;货架上方尽量不放供应商空盒广告(签约广告除外)。

表4-1　卖场货架分段陈列要求

分段	陈列药品
上段	希望顾客注意的药品,如需求弹性高、靓丽色彩的药品或推荐药品
中段	价格适中、销量稳定、利润较少的药品
下段	周转快、体积大、重量重、需求弹性低、滞销的药品

表4-2　药品货架陈列说明

货架位置	高度	陈列药品
最上层	120~160cm	推荐商品,有意培养商品,到一定时间可移到下一层
第二层	80~120cm	高毛利商品、自有品牌商品、独家代理或经销的商品
中层	50~80cm	低利润商品、上层及黄金层进入衰退期的商品
下层	10~50cm	体积较大、重量较重、易碎、毛利较低但周转相对较快的商品

4. 端头货架的陈列要求　端头货架是指放置在双面中央陈列架两头的货架。通常端头货架在店堂走廊的两边,是顾客注意力极易达到的位置。端头货架的陈列,简称端架陈列,其陈列有如下要求。①每组端架上所陈列的药品大小、品类与色系应相近,端架可以陈列单一的大量药品,也可以陈列几种药品组合;②大小相差很大的药品不应陈列在同一层端架上,每层陈列的品种数不超过5类,陈列位紧缺的不受陈列数量限制;③端架黄金位置主要陈列季节性、高毛利、品牌、广告药品,同类的高毛利品种和品牌品种相邻陈列,尽量做到高毛利品种陈列面大于品牌品种;④根据药品的高度适当调整层板的高度,端架顶层药品高度保持统一,不遮挡分类标识牌可以随时更换品种,保持新鲜感而又重点突出。

5. 柜台的陈列要求　①每组柜台上所陈列的药品大小、品类与色系应相近,采用平铺陈列的方式;②柜台第一层应陈列高毛利、品牌、广告药品;③柜台转角处的黄金位置应设计好药品的陈列方式;④药品陈列要整齐、美观,不应有空位,不应缺少价签。

工作场景：

　　小李第一天上班，顾客很多，小李负责的柜台里的药品卖出量大，当天晚上，店面清闲，工作积极性高的小李想好好表现一番，于是就往柜台里摆满了药品。考虑到第二天可能还会有很多顾客来买同样的药品，小李索性就把站立陈列的药品平放，堆了高高的一层，将柜台占得满满的。店长看见后，严肃地指出了小李的错误，并告知这样的柜台陈列不可取，不够醒目，至少要加一个"爆炸花"，提示顾客。

知识运用：

　　柜台陈列应满足易见易取原则。柜台如果是进门即可看到的位置，药品应尽量站立陈列，或者增加一个"爆炸花"提示顾客。

　　6. 花车、堆头的陈列要求　　①一个花车、堆头原则上不超过5种药品，以高毛利、重点推荐、季节性、促销药品（包括近效期的药品）等药品为主；②同一花车、堆头药品货源供应要充足，颜色应相近，陈列丰满、美观，正面朝外，堆头上方的药品要高矮一致；③堆头的药品高度应在80~120cm，不可将药品直接堆放在地上进行销售；④配有相应的卖点（POP）提示；⑤堆头堆放位置应在出入口、空旷的地面或其他醒目的位置，不影响顾客通行。

　　7. 专柜的陈列要求　　一个专柜应全部陈列相同或关联功能的药品或同一品牌的各类药品，如减肥专柜、糖尿病专柜等。专柜的形象、色调要与药店整体布局协调一致。

　　8. 柱子的陈列要求　　可将每根柱子做成"主题式"陈列，避免柱子太多而阻碍顾客的视线。

四、药品陈列方法

　　药品陈列的方法主要有线型陈列法、悬挂陈列法、量感陈列法、堆叠法、梯形法、二次陈列法和除去外包装的陈列法，见表4-3。

表4-3　药品陈列的方法

陈列方法	特点
线型陈列法	采用垂直、竖立、平卧或倾斜排列的形式，使药品有顺序地排成直线的方法，统一、直观、真实地表现出产品的丰富内容，一目了然，感染力强

陈列方法	特点
悬挂陈列法	使药品产生立体效果，销售现场陈列和橱窗陈列，大都借助此法展示药品
量感陈列法	特价药品或具有价格优势的药品、新上市的药品、广告药品适用于量感陈列，分为规则陈列和不规则陈列。将药品整齐地码放成一定的立体造型，为规则陈列；将药品随意堆放于篮子、盘子等容器里，为不规则陈列
堆叠法	将药品由下而上堆叠起来，使体积升高，突出该陈列品的形象；堆叠的具体方法有三种：直接堆叠、组合堆叠、衬垫堆叠
梯形法	以阶梯式陈列样品的方法，增强层次感，见表4-4
二次陈列法	将同一药品放在不同柜台的陈列方法，如将钙补充剂分为老人和小孩用，分别放到糖尿病患者的柜台和小儿柜台，就会容易促成顾客的临时消费
除去外包装陈列法	将瓶装药品（如药酒、口服液等）除去外包装后陈列的方法，使顾客对商品的内在质地产生直观的感受，激发购买欲望

表4-4　梯形法陈列药品位置的摆放

前方位置（距离眼睛较近）	后方位置（距离眼睛较远）
小型的药品	大型的药品
较便宜的药品	较贵的药品
暗色系的药品	明亮色系的药品
季节性药品、常用药品、新药品	一般药品

五、药品陈列注意事项

1. 安全稳固　陈列药品应稳固，要"上小下大、上轻下重"，即上单品、下中包装，中包装药品必须全部打码后才上架，整箱药品不上货架，以增加安全感及视觉美感。

2. 保证质量　陈列药品应避免阳光直射，需避光、密闭储存的药品不应陈列，货架上不能摆放过期药品。

3. 定期检查　陈列的药品，应按月进行检查，并做好质量检查记录，发现质量问题及时下架，并尽快向质量负责人报告；拆零药品应集中存放于拆零专柜，并保留原包装的标签。易被盗药品应陈列在视线易及或可控位置。

4. 科学组合　每个月应进行畅销药品分类排序，做好陈列。科学的药品组合需要符合如下原则：① 主力药品与辅助药品搭配陈列；② 购买频率高的商品与购买频率低的商品搭配陈列；③ 单位价格高的商品与单位价格低的商品搭配陈列；④ 女性购买商品与男性购买商品搭配陈列；⑤ 成人购买商品与儿童购买商品搭配陈列；⑥ 感冒药与止咳化痰、维生素、增加抵抗力等药品放在一起；⑦ 治疗辅助、助睡与减轻疼痛、戒烟类产品放在一起等。

◎ 课堂活动

某一药品由于包装体积太大，量又多，如果你是店员，该怎样陈列这些药品？

任务 4-3　药店促销广告

◎ 案例分析

案例：

药店要进行店庆促销，店长让小齐负责玻璃橱窗的广告宣传。小齐认真仔细地画了一张漂亮的POP，张贴在了橱窗，他满心欢喜地让店长检查，却受到了店长的批评。原来，小明只画了单面的POP，张贴时还将有内容的一面朝向了店内。

分析：

张贴在透明玻璃橱窗的POP正反两面都应有药品信息，不仅让顾客进店后能看到，更要让顾客在走进店前就能看到相应的信息，吸引顾客。

一、认识卖点广告

卖点广告（point of purchase advertising，简称POP）是指在购买场地能促进销售的广告，凡在店内外所有能帮助促销的广告，或其他可以提供商品相关情报的服务、指示引导的标识，都可以称为POP。

二、卖点广告的种类与运用

卖点广告的种类与运用见表4-5。

表4-5　POP的种类与运用

POP种类	具体类型	运用
印制型	海报	放置（贴）于顾客最常走动的路线上，如入口处的玻璃、药品陈列处、店外等
	货架标签	用在药店货架上，使此处出售的药品大类一目了然
	柜台展示卡和爆炸花	用于柜台销售，可放置于药品上或药品的前方
	挂旗和挂幅	悬挂于店内的走道上方、店头内口以及药品上方
	窗贴	用于药店入口处的门窗或面临街道的窗户，陈列时最好能配合其他POP一起使用
	柜台陈列盒	放置于药店柜台，要有足够的货量，方便顾客拿取，最好能配合药品的介绍手册或宣传单
绘制型	手工制作	根据店内实际情况临时制作，体现各店特色

三、卖点广告运用注意事项

1. 书写规范　POP书写要求内容简洁、明了，主题突出，字体端正、清晰。每张POP上不超过2个商品信息、不超过3种书写颜色。张贴在透明玻璃橱窗的POP，正反两面都应有药品信息。

🔗 知识链接 ....

与陈列相关的各类标识要求

1. 价格标识（价签）　①药品均有正确的标价签，并与相应药品的左缘对齐；②药品和标价签一一对应，价格与实物相符，实时价格相符，严禁价签缺失；③药品调价与新品到货均先用手写标价签，应使用黑色签字笔正楷字体书写；④ 每个货架一侧使用爆炸花和标价签卡套，控制在5~15cm以内。

2. 促销标牌　"药师推荐、店长推荐、特惠商品、会员专享"等提示牌书写美观，不能变形破旧，不可遮挡药品和标价签；"药师推荐、店长推荐"等提示牌主要用于高毛利药品的促销；"特惠药品"提示牌主要用于价格形象宣传，用在具有价格优势、进行特价促销以及赠品附送促销的药品；"会员专享"提示牌主要用于只有会员才可以享受会员特价的药品；"爆炸花"用于药品促销，体现药品的不同卖点及价格。

2. 张贴美观　POP张贴要求与药品相随，不要离药品太远；应固定放置（贴）于显眼处，不要遮挡住药品，不可被其他物品遮挡；海报、吊旗、POP、分类标识牌等悬挂必须端正，不能歪斜；张贴时应用小卷透明胶粘在POP的四个角落，长度不超过3cm，应避开玻璃上的彩条；不得出现过期、脏污、破损的海报、吊旗等，促销活动到期后及时撤换。

- - - - 小结 - - - -

1. 药品的陈列方法有线型陈列法、悬挂陈列法、量感陈列法、堆叠法、梯形法和二次陈列法等。
2. 药品陈列的原则有法定原则、整洁美观陈列原则、满陈列原则、先进先出和近效期先出原则、黄金位置陈列原则、易见易取原则、同一品牌垂直陈列原则和季节性陈列原则等。
3. 药品陈列的技巧有提高药品价值的陈列技巧、引人注目的陈列技巧。

- - - - 思考题 - - - -

1. 药品陈列的原则有哪些？
2. 柜台陈列有哪些要求？
3. 药品的陈列方法有哪些？

（孙兆辉）

项目五
药品销售

学习目标

知识目标

- 掌握顾客接待方法与技巧、顾客异议的处理、药品销售的工作过程、退换药品的处理、药品不良反应报告。
- 熟悉顾客接待礼仪、顾客接待的基本能力、促进药品销售的技巧、关联销售的方法、达成销售目标的影响因素、药品销售准备及售后工作、顾客投诉的处理。
- 了解顾客接待流程。

能力目标

- 能根据不同的顾客类型，运用接待方法和技巧为顾客提供服务。
- 能灵活运用促销方法进行药品促销，运用关联销售的手段销售药品，按照收银操作流程为顾客提供销售结算服务。
- 能分析顾客动机，处理药店中常见的顾客投诉事件，按照药品退换货要求为顾客退换货。

素质目标

- 具有严格自律、遵纪守法的职业道德素质。
- 具有热情服务、真诚友善的工作态度。
- 具备良好的沟通能力，树立关爱顾客的服务意识。

🔁 导学案例

情景描述：

郑大爷冒着大雨给某连锁大药房张家村店送来了一面锦旗，"危难施救见真情，心热似火如家人"几个字在锦旗上闪闪发光，药店人员备受鼓舞，深感自豪。前两日郑大爷到店购买硝苯地平缓释片。在接待过程中，药店王药师发现郑大爷出现了头晕的症状，购药后，郑大爷摇摇晃晃地走出药店。见此情景，王药师不敢大意，赶紧把郑大爷扶回药店，在值班室平躺，为他测量血压和血糖。其间店内其他店员拨打了急救电话，并及时和郑大爷儿子取得联系。在药店人员的帮助下，郑大爷被及时送往医院治疗，因救治及时，郑大爷恢复良好。

学前导语：

面对病患的危难，药店人员采取快速有效的处置措施，展现出了专业的药学技能，体现了以人为本、关爱患者的仁爱之心。这也是该药品连锁企业秉承着"济世为民，百姓健康"的经营理念的最佳体现。药店人员不仅要做到质量放心、服务专业，更关键的是要怀着一颗仁爱之心，为顾客提供优质的服务。

思政要点：

普怀仁爱，济世为民

任务 5-1 接待药店顾客

🔘 案例分析

案例：

一位妇女漫步走入药店，在儿童药品的柜台前流连许久，店员走到跟前打招呼说："您好，这些药是儿童常用药，您需要什么，我拿给您看。"那位顾客不答话，离开了儿童柜台。接着她又在保健食品柜台前停止脚步，翻看促销药品。店员又走过来招呼说："您需要给小孩子补钙吗？"话没说完，顾客丢下几个字"随便看看"，就快步走出药店。

分析：

由于店员不懂接待顾客的基本步骤，使得顾客在药店里如芒刺在背，很不舒服。过度的解说容易令顾客反感，甚至会打消顾客原有的购买欲望。

一、顾客接待流程

顾客接待的过程中，既要确保能用专业的知识服务于顾客，消除用错药隐患，避免不必要纠纷，更要突出主动服务的意识和理念。药店顾客接待可分为迎接、询问、判断、导购、荐药、销售、指导、送客等步骤，见表5-1。

表5-1　顾客接待服务基本步骤

步骤	内容
1. 迎接	打招呼：面带微笑、主动靠近、问候"您好，请问有什么可以帮您？" 用敬语：全程服务用敬语
2. 询问	问用药对象：谁用、性别、年龄 确定主症：具体是哪里不舒服？（例如：如感冒流涕，是清涕还是浊涕） 症状持续时间：症状是什么时候开始的？（例如：如感冒发热，什么时间发热的，发热持续多长时间了） 伴随症状：与主要症状相关，有助于诊断或鉴别诊断（例如：夏季腹泻伴随一些感冒症状，应考虑暑湿感冒引起） 既往史：以前是否患有同样的疾病？以前是否有过其他基础疾病，现在在用什么药 治疗史：既要问这一次病后有没有采取过什么措施，也要问以前出现过类似情况时，是怎么处理的 过敏史：过敏史需要重点询问（例如：您的皮疹是什么时间出现的？在没服用药物前有过过敏吗？）
3. 判断	病症评估：根据症状，初步判断 分析病因：分析顾客可能还会出现的症状，或者询问可能发生的病因 判断病因：分析病因并告知顾客
4. 导购	以关心顾客健康为导向，提供非药物治疗方案的健康疗法
5. 荐药	可根据顾客情况推荐1~3个不同价位、档次的药品，给予顾客充分的选择余地，推荐药品顾客不接受时，不宜再推荐同类药品
6. 销售	注意关联销售，如三大品类关联（吃：保健食品；喝：花茶；用：辅助器械）
7. 指导	用药指导：叮嘱用法用量、用药禁忌及储存方法 交代禁忌：避免顾客自行阅读说明书引起歧义 健康指导：给出有利于恢复健康、保健养生方面的建议
8. 送客	留联系方式：告知顾客有问题可以随时咨询，让顾客放心并且保持联系 送宾：面带微笑，道别语

知识链接

用"五W一H"原则介绍药品

在介绍药品时，可应用"五W一H"原则，即何人使用（Who），在何处使用（Where），在什么时候使用（When），想怎么使用（What），为什么必须用（Why）及如何使用（How）。

二、顾客接待礼仪

药店服务礼仪是药店店员在自己的工作岗位上向顾客提供的标准的、正确的药学服务行为，它包括店员的仪容仪表、服饰、仪态、语言和岗位规范等基本内容。拥有良好的药学服务礼仪是药学技术人员必备的职业素质之一。

（一）仪容仪表

1. 面部 面部清洁，精神饱满。男员工不留胡须；女员工应化淡妆，要给人清新、淡雅和自然的形象。

2. 头发 头发整齐清洁，发型美观大方，适合工作场所要求。男员工头发不过耳，不盖衣领，不剃光头，不留奇异发型，不染非主流颜色；女员工额前刘海不遮眼，不遮脸，不遮耳，头发干净整洁。

3. 指甲 指甲长短适宜，保持清洁，不涂颜色过重指甲油。

4. 口腔 口腔保持清洁，上班前不吃刺激有异味食物，工作时间不吃零食。

5. 身体 注意个人卫生，保持身体无异味，不喷浓烈的香水。

（二）服饰

工作人员应按规定着工作服上岗，保持服装干净，并佩戴好工作牌。工作服、衬衣等应熨烫平整，男士领带以素色为宜，工作时间不穿拖鞋。

（三）形体仪态

1. 站姿 两脚着地，合上脚跟和膝盖、脚尖分开微向外，挺胸直背，两臂自然下垂，置重心于脚掌，姿态优美、文明，富于规范化。

2. 手势 向顾客介绍、引导、指明方向时，手指自然并拢，手掌向上斜，以肘关节为轴，指向目标，上身稍向前倾。

3. 表情 目视前方，表情开朗得体，面带微笑，情绪饱满热情，精力集中、持久，兴奋适度、谨慎。

微笑训练

嘴角上翘练习：口里念普通话的"一"字音，使双颊肌肉上抬，口角的两端向上翘起。

眼中含笑练习：取厚纸一张，遮住眼睛以下部位，对着镜子，自我愉悦，使笑肌抬升收缩，鼓起双颊嘴角两端做出微笑的口型，自然地呈现出微笑表情。紧接着放松面部肌肉，眼睛恢复原形，目光中会反射出含笑脉脉的神采。

（四）职业用语

1. 打招呼　与顾客打招呼应落落大方，微笑相迎，使其有宾至如归的感觉，如"阿姨，您好！请问有什么需要可以帮您吗？"等。

2. 介绍用语　介绍用语要求热情、诚恳、实事求是，突出药品特点，抓住顾客心理，当好顾客的参谋，如"这是品牌药品，疗效好，价格合理，很受大家欢迎！"等。

3. 收款　收款用语要求唱收唱付，吐字清晰，交付清楚，如"您选购的商品共计189元，请支付！"等。

4. 包装　包装用语要求在包装过程中关注顾客注意事项，双手递交给顾客药品，如"药品我已帮您装好，请不要倒置！"等。

5. 道别　道别用语要求谦逊有礼，和蔼亲切，使顾客感觉愉快和满意，如"请慢走，祝您早日康复！"等。

📋 点滴积累 ─────────────────────────────────────

接待顾客——"四声一微笑"

顾客进门有迎客声，顾客靠柜有招呼声，挑选商品有介绍声，顾客离开有送别声，服务始终面带微笑。

（五）电话礼仪

听到电话铃响，应尽快接听，通话时应先问候"您好"，仔细听取并记录对方讲话要点，结束时礼貌道别，待对方切断电话后方可放下话筒。通话内容应简明扼要，不应在电话中聊天。对自己不能处理的电话内容，应做出合理解释或反应。

三、顾客接待基本能力

药店店员除掌握医药学专业基础知识和相关的药事法规知识外，还应掌握相关的营销技术和沟通技巧，具备接待顾客的基本能力。

（一）沟通能力

良好的沟通能力是店员必须具备的，培养沟通能力应从真诚待客、宽厚待客、兑现承诺和热情待客等方面进行。

1. 真诚待客　真诚地对待顾客，想顾客之所想，待其如亲人，容易取得顾客的信任及支持。

2. 宽厚待客　当顾客由于急躁情绪等而误会店员时，应对其进行亲和、耐心的解释，平息矛盾；当需要纠正顾客的错误观点时，态度应当诚恳、友善，避免尖酸刻薄。

3. 兑现承诺　当药店经营中对顾客有所承诺时，对符合条件的顾客务必遵守承诺，诚信为本。

4. 热情待客　店员的热情可以感染顾客的心理和情绪，使其愿意从店员处购买药品，但也要避免热情过度。

（二）表达能力

良好的表达能力是实现与顾客沟通的基本技能，可以增加对顾客的亲和力，增进彼此沟通，从而使工作顺利进行。

1. 目的性强　表达要有目的性，针对不同需求的顾客应表达恰当内容，避免谈及私人琐事。

2. 明确清楚　表达应明确清楚，与顾客的沟通避免含糊不清、模棱两可。

3. 用语简练通俗，重点突出　应该短时间内让顾客了解到所售药品的作用、用法、注意事项等内容，避免为详细介绍而刻意讲解专业知识。

4. 多用请求语气和肯定句式　可以增加表达的委婉性和确定性，引起顾客兴趣。

5. 表达出顾客购买的理由　顾客对店员介绍的药品及其他商品感兴趣时，店员应及时地引导顾客，表述商品如何满足顾客的具体要求，表达出顾客购买的理由。

（三）应变能力

良好的应变能力可以在突发状况时，仍能得到顾客的支持与理解，应变能力表现在以下几个方面。

1. 较好的沟通与表达能力　熟悉业务，并能娴熟地与顾客沟通并进行讲解。

2. 敏锐的观察能力　具备敏捷的思维，能快速观察客户需求并迅速响应，这是做好顾客服务工作的关键所在。

3. 较强的决策能力　能全面考虑，把握大局，权衡利弊得失，尽快达到自己的理想目标。

4. 恰当的缺货处理能力　当遇到缺货时，不能简单地回绝顾客，可以向其介绍其他替代品，或者及时调度相关货源，约定时间为顾客服务，不耽误其应用。

5. 设备故障与意外事故处理能力　当出现突发设备故障或意外事故时，能沉着冷静及时上报，并与相关部门联系，及早处理，做到处变不惊。

（四）洞察能力

良好的洞察能力可通过对顾客心理需求、行为方式等的细微观察提供独特而新鲜的视角，提供更能拉近顾客、定制程度更高的购买体验，切实做到以顾客为中心，从而大大促进销售业绩。

1. 细致观察　通过近距离观察，了解顾客的经济能力和年龄特点等方面，大致判断其购买能力和心理特点。

2. 认真倾听　在与顾客交谈过程中，认真倾听顾客话语，切实掌握顾客的真实购买需求，避免盲目打断及插话。

3. 耐心询问与答复　通过友好和善的询问，明确顾客存在的问题，并耐心回答顾客的疑问，利用娴熟的专业知识为其提供正确指导，从而为顺利销售做好铺垫。

四、顾客接待方法与技巧

（一）不同年龄段顾客的接待

在药店零售过程中，会遇到各种顾客，不同年龄顾客的消费心理不同，引导方法也不同，见表5-2。

表5-2　不同年龄顾客的引导方法

顾客类型	特点	引导方法
青少年	既追求个性化，又存在模仿成年人和从众心理，注重感情和直觉，冲动性购买色彩浓重	充分利用所售药品的直观形象作用向其推荐新颖药品
青年人	购买力强，对医学常识了解较多，追求科学、快捷实用、新颖时尚、彰显成熟，但经常冲动性高于计划性	耐心讲解相关的医学知识，向其推荐新颖、使用科学、满足其需求的药品

顾客类型	特点	引导方法
中年人	责任心强，是家庭消费的主要决策者，消费时更有理性、有计划、有主见、有求同性	真诚相待，认真、亲切地与其交谈，切勿夸夸其谈，关注其家庭成员，可推荐适合的保健食品
老年人	多有眼花、耳聋、活动迟缓、敏感多疑等特点，消费时具有较强的习惯性购买心理，对保健药品比较感兴趣，求方便、安全、实效	提供舒适、方便、安全的购物环境，耐心周到、细致入微地为其服务，为其推荐保健食品

（二）不同消费心理顾客的接待

顾客按照消费心理不同，可分为不同的类型，如理智冷静型、犹豫不决型、干练豪爽型、沉默寡言型、斤斤计较型、习惯保守型。店员应了解各种顾客的消费心理状况，作出相应的应对方法，提高销售成交率，见表5-3。

表5-3　不同消费心理顾客的接待技巧

顾客类型	特点	接待技巧
理智冷静型	大多是具有较高的知识水平，会以审慎的态度对待销售人员的每一句话，通过深思后才做出决定	应冷静、沉着，在顾客面前展现专业的形象和缜密的思维，打消顾客的疑惑，促使销售完成
犹豫不决型	容易受他人影响，在购买过程中会显得犹豫，但一旦他们决定购买，通常不会反悔	要给顾客提供更多合理的建议，取得其信赖，消除疑惑，作出决定
豪爽冲动型	说话干脆，注重时间和效率，在购买商品时常以主观感受为主，容易被商品的外观、广告宣传和店员的推荐而影响，容易出现冲动型消费	明确顾客需求后，简明扼要地介绍商品性能，快速引导顾客购买；顾客冲动消费时，应主动提醒，避免出现顾客退货等矛盾的发生
沉默寡言型	态度冷淡，少言寡语，不善言辞	可先让顾客自行选择药品，做好应对准备即可，不必勉强顾客发言

顾客类型	特点	接待技巧
斤斤计较型	价格低廉作为选购商品的首要条件，或希望获得更大的优惠，会进行持久地讨价还价	要有耐心，帮助顾客熟悉商品，精挑细选，亦可在权限之内帮助顾客争取实惠
习惯保守型	对所购买的商品有明确的认知，能说出厂家、商品名和价格，一般不购买代替品	应尊重顾客习惯，满足其需求，同时记住这类顾客和他们常购商品，获得其信任，提高其忠诚度

（三）不同消费目的顾客的接待

按照消费目的不同，可将顾客分为不同类型，如探价不消费的顾客、购买特卖品的顾客、代购的顾客、结伴同行的顾客、喜欢赠品的顾客、带孩子的顾客、退换货的顾客。店员应该根据顾客消费目的的不同采取相应的销售技巧，提高销售效率，见表5-4。

表5-4 不同消费目的顾客的接待技巧

顾客类型	特点	接待技巧
探价不消费	以询价和浏览为主，一般会摆出要买的架势，却无心购买商品	此类顾客是门店潜在的购买者，可为药店带来人气，应以礼相待，耐心介绍商品特点，给顾客留下深刻印象
购买特卖品	大多是为购买特价品而来	利用特卖活动的机会将顾客吸引住，发展成为长期的固定客户
代购	大多受人之托专程购买，或顺便帮别人购买	应仔细了解用药需求，避免出现错购情况，这类顾客也是最直接的潜在顾客，其购药体验将会影响未来的购买行为
结伴同行	顾客有时是亲属同行或朋友结伴而来	在倾听顾客的想法时，应征求同伴的意见，利用同伴的影响力说服对方购买
喜欢赠品	在赠品的吸引下激发出购买意愿	应选择实用性或外观精美的物品作为赠品，以谦虚的态度引导顾客关注赠品，能使顾客产生愉快的购物体验

顾客类型	特点	接待技巧
带孩子者	不少顾客在购物时会带着孩子，特别是女性顾客	要注意对待孩子的态度，这往往成为影响顾客是否购买的决定性因素
退换货	上门退货、换货的顾客	药品非质量问题，不得退换，但要认真对待顾客诉求，耐心解释，切勿敷衍塞责

五、顾客异议的处理

顾客异议指向顾客介绍药品过程中，顾客对药品产生怀疑、否定和拒绝购买的想法。正确处理顾客异议，可纠正顾客的错误观点，有助于成功售出产品。

知识链接

顾客常见异议的表现

1. 找借口　如"我已经买过这个产品，没有效果""太贵了，不买了"。

2. 有偏见　由于顾客的经历、观念等原因，对店铺、产品或销售人员产生偏见，形成不理智的反对意见。如"听说有人在你这里买过假药，你说的信不过"。

3. 反问或出言不逊　反问或故意刁难、恶言相对。表现为不断追问，甚至语言粗鲁、态度恶劣。

4. 沉默　顾客有异议，但又不直接说，而是边看产品边摇头，或欲言又止，或只说一半就不说。

顾客产生异议是常有的事，只有顾客对该产品产生注意和兴趣，才会对它产生疑虑，进而表现出否定的态度。顾客的异议既是成交障碍，也是成交信号，销售人员对顾客的异议加以合理的解释和引导，有利于产品销售。

（一）顾客异议产生的原因分析

1. 顾客异议产生的原因　顾客对产品产生异议的原因有很多，如顾客方面的原因：顾客的自我保护、对产品不了解、缺乏足够的购买力、购买习惯、对产品或药店有成见、决策权有限等；产品方面的原因：产品的质量、价格、品牌及包装等；店员服务方面的原因等。

2. 顾客异议类型　按顾客异议内容不同可以分成不同类型。

（1）需求障碍：客户提出不需要产品的异议，如"我们已经买过这种药"。

（2）价格障碍：客户因产品价格太高而提出异议，如"药价这么高，我们买不起"。

（3）药品信誉障碍：客户在产品的质量、规格、品牌等方面提出的异议，如"这种药的质量能行吗？我以前可没用过啊"。

（4）服务障碍：客户以送货不及时，服务不周到、不理想等为理由而提出的异议，如"你们药店说可以免费量血压，我来这么多次就没试过"。

（5）对店员及所代表的药店形象的障碍：店员自身的素质不高或其所代表的药店社会形象不好。

（6）竞争障碍：顾客已经使用其他药店的同类产品，因此拒绝购买。

（二）顾客异议处理原则

药店店员应能够妥善处理各种顾客异议。一旦出现顾客异议，店员应多从自身找原因，遵守顾客异议处理原则。

1. 顾客第一　一般情况下，顾客的需求决定顾客的购买，想赢得顾客，就必须认真地倾听顾客的需求，用顾客的需求来说服诱导顾客购买产品。

2. 互惠互利　应对异议时，应时刻想着通过交易达到双赢的目的。促成交易是店员的工作，即使交易不成，与顾客成为朋友，交流信息和感受，也有助于销售。

3. 正确解释　在处理异议时，既要使对方接受意见，又不伤害感情，避免与客户争辩。但应注意，不应一味地顺从客户或不敢否定客户的异议，正面表述与客户不同的意见也会收到理想效果。店员应时刻提醒自己：争论解决不了问题，避免非理智处理问题。

（三）顾客异议处理策略

处理顾客异议，除了坚持处理原则，还应该学会运用以下策略。

1. 主动出击　店员应预想到顾客在购买产品过程中会提出的问题。如果店员能在顾客提出问题前，主动宣传产品的优点或特点，可以避免让顾客产生异议，节省销售时间，让顾客对该产品产生坚定的信心，有利于销售产品。

2. 立即回答　如果顾客提出的问题比较简单，如产品质量、产品价格、有效期、售后服务等，店员应立即回答，避免疑虑或否定。立即回答能体现店员对顾客的重视，改善沟通，拉近与顾客的距离，避免其他异议。

3. 推迟答复　当店员无法立即给予满意答复时，应推迟答复。

（四）常见顾客异议及其处理方法

在药店销售过程中，常见的顾客异议有价格异议、质量异议、服务异议。

1. **价格异议** 指顾客购买商品前的预期价格与商品价格相差较大而提出的异议。

（1）价格异议产生的原因：如顾客将该商品与同类产品比较，认为价格相差较远；顾客根据自身的收入与支付能力来评价，认为该产品价格已经超出他能承受的支付能力之外；顾客的心理定势，认为产品开价高，要讨价还价再成交，不然就觉得吃亏了；顾客对产品的质量、品牌等不满意，就会说"价格太贵了，不买了"。

（2）价格异议处理的方法：强化价值观，弱化价格意识，讲述产品的制造工艺、吸收利用、疗效、质量、售后服务、品牌信誉等，让顾客明白该产品物有所值；强化自身优势，当顾客用同类产品进行比较而提出价格异议时，可以进一步对比同类产品，把该产品的优点突显出来；解释相对价格，通过数字、说明等方法告诉顾客，表面上看到价格贵的不一定真的贵，如表5-5所示。

表5-5 药品价格成本对比表

药名	价格	单价	服用方法	每天成本	疗程	治病成本
A药	15元/瓶/15片	1元/片	3次/d，2片/次	6元	5天	30元
B药	30元/瓶/15片	2元/片	1次/d，2片/次	2元	5天	10元

2. **质量异议** 指顾客对产品质量方面提出异议或怀疑。

（1）质量异议产生的原因：生产厂家或产品曾经出现过质量问题；顾客对新药缺乏了解，对其质量提出怀疑；药品副作用大，顾客难以接受；心理定势，对于价格便宜的产品，认为"便宜没好货"。

（2）质量异议的处理方法：正面回答问题，否则加重顾客的怀疑；用证据来证明产品的质量，例如出示药品质量检验合格证、质检报告书、药品批准文号、药品说明书、获奖证明等；介绍他人体会，如讲述使用过该药品的顾客感受，最好是以讲述名人或有影响力的人为例子。

3. **服务异议** 指顾客对药店的服务态度、质量、内容等方面提出不满。

（1）服务异议产生的原因：药店中的某些店员服务态度不好，致使药店形成不良口碑；药店承诺提供的服务，顾客没有享受到；药店的公关宣传工作不到位，致使药店未树立良好的企业形象。

（2）服务异议处理方法：引导店员树立服务意识；用行动证明服务质量；服务不周时，诚恳道歉；加大药店公关宣传活动工作力度，让药店在民众中形成健康、诚信、专业的形象。

任务 5-2 学习销售知识

案例分析 --

案例：

张大爷最近好几天都没排便了，到药店想购买治疗便秘的药物。店员小王接待了他。经过细致询问，小王向张大爷推荐了外用药开塞露帮助其尽快通便，还推荐使用麻仁润肠丸和双歧杆菌活菌胶囊，并向张大爷解释这两种药分别具有润肠通便和调节胃肠功能的作用，同时再三叮嘱张大爷使用这些药物时的注意事项和饮食禁忌。张大爷临走时，对小王赞赏有加，夸小王不仅服务周到，药学知识丰富，且能为顾客着想，以后再买药，一定还来找小王。

分析：

销售在于发现和满足客户的需要，合理的销售技巧可帮助我们完成销售目标，善于运用关联销售方法，既可以提升顾客购买量，提高药店销售额，还能提高治疗效果，赢得顾客的好感，实现双赢。

一、销售促进

（一）认识销售促进

销售促进，简称促销，是指企业运用各种短期诱因鼓励顾客和中间商购买经销企业产品和服务的促销活动，效果要求立竿见影。

销售促进是营销活动的一个关键因素。如果广告提供了购买的理由，销售促进则提供了购买的刺激。销售促进可说服初次消费或初次使用者再来购买或消费，提高频率，以建立他们的购买或消费习惯；有效加速品牌及产品进入市场的进程，被顾客认知和接受；有效抵御和击败其他同类产品的促销活动；增加产品的销售，提升销售额。

（二）识别顾客心理的促销方法

顾客心理是指顾客在处理与其有关的问题时所发生的心理活动。顾客行为是指顾客在处理与其有关的问题时所表现出的行为。顾客心理引起顾客行为，并规定了顾客行为的方向性和目的性。店员应通过顾客的消费行为了解顾客的心理，有的放矢地采取促销方式。识别顾客心理的促销方法见表5-6。

表5-6　识别顾客心理的促销方法

顾客心理	识别特征	促销方法
贪利心理	中老年人居多，对药品价格敏感，喜欢讨价还价或索要赠品；对价格优惠的药品有比较强烈的购买欲望	应尽可能地创设条件，增强顾客的心理满足感
比照心理	女性居多，喜欢"货比三家"，希望能买到性价比高的药品	不宜过多宣传，让顾客自行比较；运用专业知识解答顾客疑问，可增加附加服务
求新心理	年轻人居多，追求消费时尚，崇尚品牌，注重药品的外观和包装；受广告宣传和社会环境的影响较大；多属冲动型消费，易接受推荐	首推新特药，介绍药品时直奔主题，言简意赅，突出药品的新颖之处；若顾客目标明确，需确定药品对疾病的疗效
求廉心理	老年人和低收入水平者居多，对药品价格及价格的变化敏感，喜欢选购低价、特价、优惠价的药品	推荐同类药品中价格较低的，并耐心、细致地交代药品的服用方法和注意事项
价值心理	喜好名牌，认为品牌产品具有更大的价值，或能显示自己的身份地位	加速达成交易，先确认药品是否对症，再交代药品的用法、用量及注意事项
趋同心理	以女性居多，有较强从众心理，易受外界影响	先判断所购药品是否对症，再建议顾客购买适合自己的药品，并耐心解释原因
短缺心理	倾向于购买打折优惠或有买赠活动的产品，常因"打折销售""数量有限""欲购从速"等字眼而产生强烈的购买欲望	详细介绍活动的具体细节，更应对症售药
偏好心理	易从经验或印象出发，对某种产品、某个厂家、某家药店或某个店员有好感，购买时非此不可；此类顾客是药店最忠诚的支持者，同时影响带动其他顾客	与他们建立良好的个人关系，培养并强化顾客的这种心理，争取更多的忠实顾客

（三）促销的顾客管理

促销的一般目的是通过向市场和顾客传播信息，以促进销售、提高业绩。因此，收集、整理和利用顾客资料并开展顾客活动非常重要，这些统称为顾客管理。

1. 顾客资料的收集　顾客资料一般应包括住址及通讯方式、户主及其配偶的出生地、毕业学校及服务单位、生活状态及信用程度、家庭人口数、家人姓名及出生年月日、家庭的嗜好及购物习惯等。收集顾客资料可通过申请会员卡、住户访问、抽奖活动券等方式进行。整理顾客资料应先确认所搜集到资料的完整性，再予以建立档案系统，一般以电脑建档为宜，多以电话号码或身份证号码作为档案编号，注意信息保密，确保信息安全。顾客资料应注意更新，一般以每年更新一次为宜。

2. 顾客活动开展　顾客活动主要是保持药店与顾客之间的良好关系。常以访问顾客意见、提供生活信息、恭贺问候、成立商圈顾问团、举办公益活动等方式进行。

（四）销售促进的方式

在实际经营中，销售促进的方式多种多样，常用的促销方式主要有人员促销、营业推广、服务促销、社区推广、公关促销、广告促销等。

1. 人员促销　人员促销是通过店员的口头宣传，说服顾客，实现商品销售的一种直接的促销方式。主要由店员与顾客进行双向沟通，其促销效果与店员的专业知识和推销技巧密切相关。

2. 营业推广　营业推广是门店在商品销售过程中，为刺激顾客购买而采取的能给顾客带来直接利益的促销手段。主要有折扣销售、特价销售、有奖销售、代金券、优惠卡、附送礼品、会员制等。

3. 服务促销　服务促销是门店以不断向顾客提供更多的适应顾客需要的服务为手段，来扩大和促进商品销售的活动。一个好的服务促销项目，不仅可以带动商品的销售，还可以为门店在公众面前树立一个良好形象。主要有代客缴费、中药代煎、免费送货、免费测量血压血糖、医疗设备有偿租赁、设置儿童活动区和顾客阅读区等。

4. 社区推广　社区推广是药店在目标社区中，针对社区居民开展的系列服务活动，是以非销售的方式融入社区，向顾客传递信息，积极引导顾客的消费倾向，最终促进购买行为的经营策略。主要有为社区居民传递健康知识，提供健康便民服务，与社区居委会合办社区活动等。

5. 公关促销　公关促销是通过药店开展的公益活动，使药店与各界公众建立良好的理解、支持关系，唤起公众对企业及其商品的好感，为企业销售提供长期良好外部环境的营销活动。主要有举行各种会议、赞助公益事业、建设企业文化等。

6. 广告促销　广告促销是通过介绍商品、引导消费，有效地建立药店与顾客之间的联系，帮助顾客在众多同类商品中比较和选择。主要有印刷品广告、电子媒体广告、户外广告、邮寄广告、POP 等。

（五）门店促销活动的组织与实施

1. 促销活动准备

（1）策划筹备：实施有效的药店促销活动应从整体上规划促销活动。①根据促销目的选择促销时机。一是利用开业或周年庆的时机，为拉动销售，提高知名度进行的促销。二是为了维系顾客忠诚度，在药店会员日进行的促销。三是为了满足节假日顾客的消费心理，在各大节假日进行的促销。②发掘顾客需求，把握促销主题，活动前期的市场调研有助于了解顾客的购药需求，确定提高顾客购买欲的促销主题。③制订促销活动策划方案，促销活动策划方案从促销主题、促销时间、促销准备、促销方式和内容、促销成本、活动效果预测及评价等方面详细制订，确保活动顺利而有效地实施。

（2）前期准备：药店在促销前期重视细节，会使促销活动达到事半功倍的效果。

1）物料准备：现场所用的展台、横幅、拱门、气模、宣传海报、宣传单、音响设备等宣传用品，捆绑式销售、买赠活动、抽奖奖品等赠品。

2）人员准备：促销活动人员合理分工，针对促销活动主题、预期目标、活动内容、岗位职责、现场安全等内容反复沟通培训，如要组织节目、游戏、活动邀请嘉宾、主持人等。

3）宣传准备：到人口密集的商圈核心区域散发传单，选择市内影响力较大的媒体投放广告，注意媒介的选择、暴露频次、成本预算，以期达到广泛告知的宣传效果。

4）各方关系的前期协调：确保一切行为活动符合法律法规，药店应与市容、城管、工商等部门提前联系，户外活动必须经过有关部门批准，避免出现不必要麻烦。

2. 促销活动实施

（1）营造气氛：现场布置新颖整洁有冲击力，宣传海报、条幅、产品宣传册等宣传品展示要醒目，突出重点产品的陈列效果，现场活动互动性与参与性强，邀请的主持人和嘉宾注重现场气氛的调节与掌控，从视觉、听觉、利益诉求等多个方面感官冲击，以求吸引、刺激、引导顾客关注与消费。

（2）工作人员：各岗位人员明确职责，各司其职，有序完成产品陈列、卖场维护、促销推广等工作。除销售人员外，管理人员应在现场巡视，以保证活动现场中宣传品的合理利用，产品的正常陈列，促销人员的执行规范，意外事件的及时处理。

3. 促销活动评价　促销活动评价是为了总结经验，提高工作质量，贯穿促销活动的全过程，要求现场工作人员做好各类信息收集工作。活动评价通常采用活动预期目标的达成、活动前后销售额的对比、活动的利润评估等指标进行统计、分析，同时也要重视活动前后顾客对产品、药店品牌形象的评价，从而评估本次促销活动的效果，进而改进、优化促销活动方案。

🔍 **课堂活动**

某药店开业三周年，店长向区域经理提出举行庆典活动，以带动门店销售额或客流的增加。区域经理表示总部会大力支持，并希望店长尽快制订促销活动策划方案。

假如你是这位店长，请你设计一份周年庆的促销活动策划方案。

二、关联销售

（一）关联销售的意义

关联销售是药店企业把可以提高药品功效或加快患者治疗、康复和保健的商品组合起来进行销售的一种方式。关联销售是联合用药概念的延伸，是药店专业服务的一种拓宽，其目的是提供给顾客治疗疾病的解决方案，实现顾客一站式购买，一次性解决顾客的需求问题。关联销售不应仅限于单纯商品的销售，还应延伸到对顾客生活方式的正确指导。

关联销售能提升治疗效果，加强顾客忠诚度，提升营业额和利润水平，提升药店的管理水平。药店店员需要对常见的疾病有较好的认识，熟知药品知识，具备娴熟的销售技能。

（二）关联销售的原则

1. **安全为上**　关联销售的药品搭配应符合联合用药要求，要注意特殊适用人群，有无过敏或禁忌。对于不适合在药店进行治疗的疾病，如不明原因的剧烈疼痛、持续高热等，或紧急、严重病情的顾客，应劝说或护送顾客及时就医，不得私自销售毒麻药、精神药物。

2. **有效第一**　店员应当把药品的疗效放在首位，同时要坚守职业道德，不能销售假冒伪劣和过期药品，对顾客的健康高度负责。一般药品关联销售建议方案中应有一个属于知名品种、广告品种或者广告厂家的品种，以便获得客户的信任，为推广整个用药保健方案和下一次的销售打下良好的基础。

3. **进退有据**　在安全、有效的前提下，关联销售方案中的商品可以有不同价位商品的替换，让顾客经济上可以承担。建议常备四套价位组合方案，即1个高价位、

2个中价位和1个低价位，在推荐时灵活应用。当顾客不接受关联搭配时，应提供给顾客起主要治疗作用的药物，辅助治疗的药物价格不要太高，保证顾客至少购买其中一种起主要作用的药品。

4. 循序渐进　在推荐药品时要做到"先问后说、多听少说、顺势而为、关键决断"；在关联销售非药品时，应做到"营养品要多说、日化用品需多体验、医疗器械要多操作"。

（三）关联销售的方法

应尽可能关联药店销售的所有产品：如药品（西药＋中成药＋中药饮片）＋保健食品＋食品＋日用品＋医疗器械＋保健仪器＋消毒用品＋化妆品＋计生用品。

1. 药品与药品之间的关联

（1）内服与外用关联：这种方法几乎适合每一种病证，如针对儿童消化性腹泻可采用"枯草杆菌二联活菌颗粒（妈咪爱，内服）＋丁桂儿脐贴（外用）"。

（2）增强疗效的关联：如内服补钙类药品的同时，关联AD丸或AD滴剂，能显著促进钙的吸收，提高钙的疗效。

（3）缓解病症与促进康复的关联：如感冒属于最常见但用药后不易马上见效的疾病，针对顾客"低热、恶寒、无汗、头痛、喷嚏、鼻塞、四肢酸痛"的风寒感冒，可推荐"复方盐酸伪麻黄碱缓释胶囊（新康泰克）＋多种维生素"，以提高免疫力，减少感冒发生。

2. 药品与非药品之间的关联　可向糖尿病顾客推荐木糖醇，以满足顾客对饮食口感的要求，还可提醒顾客购买尿、血糖试纸以备家中检测使用；可向为购买儿童退热药的顾客推荐外用退热贴和电子体温计。

3. 非药品与非药品之间的关联　夏季，可以将"脱毛产品"和"护肤类产品"结合在一起推荐；将"止痒产品"和"驱蚊花露水"结合在一起推荐。

4. 畅销品牌与推荐品牌的关联　一般零售药店在产品选择时，都需要对产品进行定位，把畅销药品或品牌类药品定位为A类商品，这类商品可以帮助药店解决人气不足的问题，但这类商品往往毛利比较低，因此，为了满足经营的需要，药店企业需要利用畅销品牌与新品或高毛利药品的功能组合，如将"复方盐酸伪麻黄碱缓释胶囊（新康泰克）＋鱼腥草合剂"组合销售，前者是畅销品，后者为高毛利品种。

5. 店内促销与疗程的关联　如向有较高消费能力的减肥顾客推荐减肥产品时，可将某款价位较高的减肥产品按疗程推荐，同时将当时的促销活动，如"买4盒送1盒"的消息告知顾客，吸引顾客购买。除推荐减肥药品外，还可推荐外用纤体霜和减肥保健食品等；还要规劝顾客减肥期间注意补充维生素、果蔬纤维片；减肥期间脸色易变得不好看，因此，还可建议顾客购买排毒养颜品、美容护肤系列等。

6. 收银台上的关联　收银台上的关联是店内关联销售的最后一关，负责收银的店员要适时推荐产品。如对外伤患者，推荐酒精棉球、纱布等，或找零时适当推荐一些实用的小商品。

三、达成销售目标

主要通过提高药店的客单价、提高药店顾客的满意度和提高药店顾客的忠诚度来达成销售目标。

（一）提高药店的客单价

客单价是指每一位顾客平均购买的商品金额。

$$客单价 = 销售额 \div 顾客数 \qquad 式（5-1）$$
$$利润 = 客流量 \times 购买率 \times 客单价 \times 毛利率 \qquad 式（5-2）$$

因而，提高了客单价，就能提高药店的盈利水平。药店销售通常可通过联合用药、疗程用药提高客单价。

1. 实施联合用药　联合用药可增强药物的疗效，如治疗水肿性疾病时，氢氯噻嗪和氨苯蝶啶联用，增强了利尿作用；联合用药还可减轻药物的不良反应，如治疗风湿性关节炎时，阿司匹林常与小苏打或复方氢氧化铝联用，减少对消化道的刺激。

店员应掌握一些常见慢性病的常规联合用药。如治疗幽门螺杆菌引起的消化性溃疡有两种三联疗法：质子泵抑制剂（PPI）加2种抗生素，或者以铋剂加2种抗生素联合治疗。另外，有些药物具有协同效应，店员也应熟悉其原理，推荐这些药物组合，如感冒药加上维生素C，感冒伴严重感染时要加上适当的抗生素等。

2. 强调疗程用药　治疗某些疾病时需按疗程用药才能有效治疗，尤其是一些中成药。

（二）提高药店顾客的满意度

顾客满意度是指顾客事后可感知的效果与事前的最低期望之间的差值。药店通常通过提高顾客的感知效果、降低顾客期望值来提高顾客满意度。顾客满意度既发生在顾客与店员接触时的服务提供和接受过程中，如服务质量、产品价格、药店环境以及个人因素的感知等；也发生在顾客用药之后，如患者的症状是否减轻或治愈，尤其是用药后的感受更为重要。药店店员只有坚持对症销售，提高药学服务水平，才能实现顾客用药后的满意感受。

（三）提高药店顾客的忠诚度

顾客忠诚度是指由于受质量、价格、服务等诸多因素的影响，顾客对某一企业的产品或服务产生感情，形成偏爱并长期重复购买该企业产品或服务的行为程度。

顾客忠诚度

调查研究表明，顾客选择到哪家药店购买药品，往往选择的不仅是药品本身，因为药店经营的药品种类基本是相似的，顾客选择时考虑的首要因素更多在于药店品牌及其品牌所代表的服务。因为现代意义的品牌已经变成了一种体验，若这种体验是正面的，那么顾客就会成为药店忠实的顾客，"品牌药店"满足了顾客的情感需求。

顾客的忠诚度可以提升药店的销售额，扩大药店品牌的影响力，减少营销费用。

1. **激发顾客购买冲动**　通过向顾客传播医药专业知识，可以让顾客由对服务的满意转化为对药店或者店员的信任，从而放心购药。

2. **使顾客参与购买决策**　主动询问顾客的购买需求，采用引导的方式向顾客推介药品的属性，达到顾客预期期望，从而乐于重复光顾药店；另外，在购买行为中，药店店员可以向顾客提供同类药品在市场上的销售情况和价格行情，比较说明自己所在药店的优势，激发顾客购买冲动。

3. **先提供关怀服务再推销产品**　提供关怀服务，可以提高顾客购买欲望，如对于患皮肤病顾客，店员除了推荐药品外，还可提醒顾客注意饮食和衣着等方面，使顾客感受到温暖。

4. **与顾客建立伙伴关系**　认真倾听、回应、认可顾客的想法，用专业的医药知识为顾客提供建议，指导顾客用药，在交易过程中与其成为伙伴，增强其信任感。

5. **关心顾客家人健康**　在为顾客提供药品和服务的同时，适时地关心顾客家人的健康，会让顾客对店员产生好印象，进而对药店产生好感，顾客满意于产品之外的服务，进而提高了顾客的忠诚度，如对患感冒的顾客，药店店员可询问其家里是否有老人和儿童，针对感冒的不同时期，提醒顾客注意事项，此时顾客往往愿意主动购买一些预防保健药品。

6. **提供便利的措施**　社区药店应充分考虑其便利性，可在药店提供中药材的代煎、送药到家服务，定期或不定期地提供义诊，对一些医疗设备进行有偿的租用等都可以有效提升顾客的忠诚度。

药店销售技巧有很多，但最核心的销售技巧应是顾客至上，只有真正为顾客考虑的销售人员才能取得销售的长久胜利，也只有熟练运用到销售过程的销售技巧，才是真正属于自己的销售技巧。

任务 5-3　实施销售

🔍 案例分析

案例：

某日，店员小王接待了一位五十岁左右的中年男士。这位男士拿着米诺地尔搽剂的空药盒，表示想要购买两盒。小王一看，马上回答道："先生，不好意思，我们店没有这个药。"这位男士一听，便要离开药店。同班的店员小李见状，急忙把顾客留住，说道："先生，您好，我们店里目前没有米诺地尔搽剂，但是可以帮你查一下仓库是否有货，请您稍等。"小李查询系统后发现总部仓库有该药的库存，告知顾客的同时拿出"顾客购求商品登记本"记录下顾客的购药信息和联系电话。次日，米诺地尔搽剂到货，小李及时通知顾客前来购药，顾客满意地购药离开。

分析：

药品销售是店员每日的主要工作，规范的药品销售规程是药品销售成功的保障。案例中店员小李按照临时缺货药品的销售过程完成药品销售。主动、周到地为顾客提供服务是店员的基本职业素养和道德要求，掌握药品销售技术是店员最基本的工作要求。

一、药品销售准备

店员在销售前应做好准备，主要包括以下工作。

1. 备齐药品　店员营业前要检视柜台，查看药品是否齐全，及时补齐缺货；对于需要拆包、开箱的药品，要事先拆开包装；要及时挑出残损和近效期的药品。要使药品处于良好的待售状态。

2. 查验标签　在整理商品的同时，店员还应逐个检查价格标签，做到货价相符，标签齐全，货签对位。若有商品变价，要及时调整标价，标签要与商品的货号、品名、产地、规格、单位和单价等相符。

3. **熟悉价格**　店员要对药品的价格了然于心，以免忙中出错。当店员能够准确地脱口而出药品的价格时，顾客才会有信任感。

4. **准备售货用具**　药店中必备的计算器、笔、发票等用具要提前准备齐全，同时也应备齐各种宣传材料，将产品的介绍材料置于顾客易于拿到的地方，便于查询。

5. **整理环境**　药店开门之前，店员要做好药店的清洁卫生，保持药店明亮，空气清新，物品放置有序，通道畅通无阻，让顾客一进门就有种整洁舒适的感觉。

二、药品销售实施

（一）不同类别的药品销售

药品的销售实施主要包括非处方药的销售、处方药的销售、拆零药品的销售、临时缺货药品的销售、中药饮片的销售、含麻黄碱复方制剂的销售和电商销售。

1. 非处方药的销售

（1）了解疾病，推荐药品：根据顾客主诉的相关症状，初步判断疾病类型，如五官科疾病、消化系统疾病、呼吸系统疾病等，推荐药品，进行关联销售。对于一些药店不能处理的病患，应劝说患者去医院就诊。

（2）计价收费：可通过刷卡、网络支付、现金等方式进行收款。现金收费时要做到"三唱一复"，即唱价、唱收、唱付和复核，以免出现差错。

顾客对收银员的推荐易于接受，收银员如果能在适当的时候恰到好处地促销，会有意想不到的效果。

（3）包装发药：店员在为顾客进行药品包装时，还应询问顾客是否还需要其他药品。包装药品时要注意：①包装前要特别注意检查药品有无脏污破损；②包装时要快捷稳妥，不得拖沓；③包装力求牢固、安全、整齐、美观。

发药时，要注意当面核对销售清单和药品实物，将药品双手递给客人（液体药品要注意上下方向）。

（4）必要提示：药品成交后，顾客离开前，药店店员需要向顾客进行必要的叮嘱。①告诉顾客药名、剂量、使用方法、最佳服用时间等；②若用药一段时间后，症状仍未见好转，应嘱其及时去医院就诊；③提示顾客用药后可能出现的副作用，对顾客进行健康教育；④销售近效期药品应当向顾客告知有效期。

（5）送客：微笑着向顾客表示感谢，并请其对药品的质量放心，祝愿顾客早日康复。要注意留心顾客是否有遗留的物品，及时提醒和送还。

交易未成功者，店员也应热情对待顾客，使顾客体验到真心实意的服务，从而留下美好印象。

2. 处方药的销售

（1）审查处方

1）审核人员：执业药师或依法经过资格认定的药学技术人员。

2）审核内容：审方包括"处方规范审核"和"用药安全审核"。①处方规范审核。审核处方内容是否完整、书写是否规范、字迹是否清晰、有无执业医师或执业助理医师签章、有无医疗机构盖章、涂改处是否有执业医师或执业助理医师盖章等。②用药安全审核。审核药品是否正确、用药剂量是否正确、是否重复用药、有无超过极量、用药方法是否正确、处方中有无配伍禁忌的药品、药物的相互作用和不良反应。

3）审核结果：处方无误，须执业药师签字。对处方所列药品，执业药师不得擅自更改或者代用。处方不合格，应退还给顾客，尤其是有配伍禁忌或超剂量的处方应当让顾客找处方医师更正或重新签字，再来药店购买药品。

🔗 **知识链接** ....

处方流转平台

2017年11月15日，广西壮族自治区梧州市处方信息共享平台启用，成为第一个落实国家处方信息共享政策的城市。此后，全国多个地区探索和推广处方流转平台机制。处方流转平台实现医院信息系统与药店管理系统无缝对接，统一药品目录，社会药店配送的药品与医院配发的药品同规格、同厂家、同价格。患者在医院就诊后，开具的处方流转到平台上，患者可选在院外药店购买或配送到家。处方流转平台的成立，促进处方自由流动，推动了就诊和用药分离，未来，处方流转平台与慢病管理信息系统、城乡居民信息系统等对接，实现数据互联互通，患者购药会更便捷。

（2）划价收费：店员依据执业药师签字后的处方划价，按实际零售价计价收费，开具凭证。

（3）调配处方：按处方调配，应严格按照调配规程操作。调配时要仔细检查，核对药品标签上的名称、规格、用法、用量等，防止差错。调配的药品必须完全与处方相符，配方人需在处方上签字。

处方中易混淆的中文药名对照表

处方药名	相似药名
间羟胺（阿拉明，抗休克药）	尼可刹米（可拉明，中枢神经兴奋药）
氯贝丁酯（安妥明，降血脂药）	普罗碘胺（安妥碘，眼科用药）
硝酸异山梨酯（消心痛，抗心绞痛药）	吲哚美辛（消炎痛，非甾体抗炎药）
氨甲苯酸（止血芳酸，止血药）	氨甲环酸（止血环酸，止血药）
异丙嗪（抗组胺药）	氯丙嗪（抗精神药）
双嘧达莫（潘生丁，抗心绞痛药）	泛硫乙胺（潘特生，降血脂药）
乙酰胺（氟乙酰胺中毒解毒药）	乙琥胺（抗癫痫药）
氟尿嘧啶（抗肿瘤药）	氟胞嘧啶（抗真菌药）
阿糖腺苷（抗病毒药）	阿糖胞苷（抗肿瘤药）
舒必利（抗精神病药）	硫必利（泰必利，抗精神病药）
克林霉素（林可霉素类抗生素）	克拉霉素（大环内酯类抗生素）
普鲁卡因（局麻药）	普鲁卡因胺（抗心律失常药）

严守规程，实行"三看三对"。见表5-7。

表5-7 三看三对

取药时间	看所取药品的项目	对照项目
取药前	标签药名	处方药名
取药时	名称	药品性状
取药后	包装	所配药品

取药完毕，用于贮放药品的容器或其他包装应及时放回原定位置。处方中各种药品配齐后，要亲自核对一遍。调配取药时，应按处方自上而下逐个进行；自核自对时，则应自下而上比对。

标注要明确易懂。在调配时，调配使用的投药包装要标注患者姓名、药品名称、发药日期、用法、用量及用药注意事项等。尤其是用法与用量及用药注意事项的标注，应明确易懂，提醒患者注意。

（4）包装标识：于分装袋或分装容器上贴上或写上药名、规格、用法、用量、有效期及注意事项，指导患者合理用药，增强患者用药依从性。

（5）麻醉处方登记：应当按照麻醉药品品种、规格对其消耗量进行专册登记，登记内容包括发药日期、患者姓名、用药数量。

（6）核对：仔细核对所取药品的名称、规格、用法、用量，患者姓名、年龄、性别等，避免差错。复核无误后由执业药师签字。

1）核对药品：由于包装的小型化，在调配后，绝大多数药品仍保持着原有的性状，核对者应熟悉各药品的基本性状特征，并根据其特征，与处方药品对照，看是否一致。若有疑问，应找出原装药品进行比较，如片剂的颜色、气味、薄厚；针剂的容器形状、内容物颜色及包装上的标签等。若发现错配情况，要及时处理。

2）核对规格与数量：药品的规格与处方所开数量有直接关系。在处方总量一定时，规格越小，数量越多；反之，数量就越少。所以，应明确各药品的具体规格。同时，药品的数量还应联系其计量单位进行核对，不仅要核对实际调配数与处方开写数是否一致，还要核对处方总量是否超出有关规定，尤其是特殊药品更要注意。

3）核对用法、用量及有关注意事项：应在投药包装上反映出处方中每种药品的用法与用量及有关注意事项，尤其是社会药房患者及门诊患者的用药，务必书写清晰、正确。核对人员应逐个检查处方中每一品种，防止漏写、错写以及字迹不清或用词不明确的情况。

（7）发药、礼貌道别：发药时应口齿清晰，详细交代用法、用量、间隔时间、不良反应和注意事项，耐心回答顾客的询问。亲切自然地送别顾客，用语简单，语气委婉，如"祝您早日康复""您走好""请带好随身物品"等。

3. 拆零药品的销售　拆零药品是指销售药品最小单元的包装上，不能明确注明药品名称、规格、用法、用量、有效期等内容的药品。拆零药品应专门存放于拆零柜台，拆零销售期间，保留原包装和说明书。药品拆零柜台应配有必备的拆零工具，并保持拆零工具的清洁卫生。

（1）人员：企业指定专人负责药品的拆零销售工作。拆零销售人员需经法定资格认证。

（2）拆零操作

1）药品拆零前：应检查拆零药品的包装及外观质量，凡发现质量可疑及外观形状不合格的药品，不得拆零销售。

2）药品拆零销售时：应在符合卫生条件的拆零场所进行操作（拆零的工作台及

工具保持清洁、卫生，防止交叉污染）。将拆零药品放入专用的拆零药品包装，注明药品名称、规格、数量、用法、用量、批号、有效期及药店名称，核对无误后方可交给顾客，详细说明用法、用量、注意事项、不良反应。

3）拆零后的药品：应相对集中存放于拆零专柜，不得与其他药品混放，并保留原包装及标签。拆零后的药品不能保持原包装的，必须放入拆零药袋，加贴拆零标签，写明药品名称、规格、数量、用法、用量、批号、有效期及药店名称。

（3）拆零记录：拆零药品要做好拆零记录。拆零记录内容包括药品通用名称、规格、批号、生产厂家、有效期、拆零数量、销售数量、拆零销售起止期、分拆及复核人员等。

4. 临时缺货药品的销售　当顾客要购买柜台缺货的商品时，店员可按如下规范操作。

（1）查找商品：应规范查找，确认无货时，可向顾客答复该商品缺货并推介其他同类商品。

（2）记录联系方式：若顾客坚持购买所需的商品，应对顾客说"对不起，您要的商品暂时缺货，请留下您的联系电话，货到我们会立即通知您"或"我们会在 × 天内给您答复"，或将药店的电话号码告诉顾客，请顾客打电话询问。同时，应在"顾客购求商品登记本"上记录下顾客所需购商品的情况、顾客姓名和联系电话等信息。应避免对顾客说"不清楚，您过几天再来看看"等不负责任的话。

（3）落实货源：可请采购员尽快联系厂商，尽快送货。根据采购部的意见尽快回复顾客，将落实情况记录在"顾客购求商品登记本"上。

（4）答复顾客：到货后或在约定时间内通知顾客；暂时无法落实货源的，也应答复顾客，并继续落实检查；无法落实的，应及时向柜台负责人或门店经理反映；本班次无法落实的，应在"交接班记录本"上登记，移交下一班继续落实。第一个接待顾客的店员应进行跟踪，以便尽快为顾客解决问题。

📖 证书考点

药品销售的操作规程。

5. 中药饮片的销售

（1）审查处方

1）审核人员：执业中药师或依法经过资格认定的药学技术人员。

2）审核内容：①处方规范审核，审核处方内容是否完整、书写是否规范、字迹是否清晰、有无执业医师或执业助理医师签章、有无医疗机构盖章、涂改处是否有执业医师或执业助理医师盖章等。②用药安全审核，审核药品是否正确、用药剂量是否正确、有无超过用量（如制川乌、制草乌、制附子、麻黄、马钱子、细辛等毒剧药超过用量）、是否有"十八反""十九畏""妊娠禁忌"等配伍禁忌药物存在、需特殊处理的药物是否"脚注"、毒性中药的剂量。③确认所需饮片是否齐全，特别是所需药品断档应立即作出说明。

3）审核结果：处方无误，需药师签字。对处方所列药品，药师不得擅自更改或者代用。处方不合格，应退还给顾客，尤其是有配伍禁忌或超剂量的处方，应当让顾客找处方医师更正或重新签字，再来药店购买药品。

（2）划价收费：店员依据执业药师签字后的处方划价，将每味药的剂量乘以单价得出每味药的价格，再将处方中所有药物的价格相加即得总价，代煎药可根据门店情况收取煎药费，并开具凭证。

（3）调配处方：按处方调配，应严格按照调配规程操作。中药饮片调剂人员应当具有中药学中专以上学历或者具备中药调剂员资格。配方人根据处方内容逐项调配，对配方中需要炮制的饮片，按照处方给付，不得随意改变。铺纸根据处方药量、剂数选择合适的台纸在调剂台上铺放整齐。

1）校戥：根据中药饮片的剂量选用合适的戥秤。普通中药使用克戥，称取贵重中药或毒性中药，用量在1g以下时，为保证剂量准确选用毫克戥。为确保戥秤的精准度和灵敏度，在使用戥称前进行校戥。

🔗 知识链接

戥秤

戥秤，属计量用具，清代流行，主要用于称一些贵重的黄金、白银、珠宝、中草药等，以克为计量单位，小秤盘，铊为黄铜或白铜。秤杆有骨质、象牙、虬角、乌木等。

戥子杆，是戥秤的关键部件，其选材有质重性韧的象牙，有质坚如铁的纯黑色乌木，有精工铸造的青铜，有洁白如玉的动物硬骨，其上面或内侧面用铜或铅镶嵌成两排小点以示重量，称为"戥星"。克戥称量范围为1~250g，毫克戥称量范围为0.2~50g。

戥子盘，是放置称量物品的器皿，一般是由青铜铸造而成，也有的是由紫铜板冲压而成。

戥子锤，又叫秤砣，也是由青铜铸造。戥子锤的形状品种繁多，有高度适中的圆柱体，有厚薄得体的椭圆形，有如同硬币的圆形，有镶嵌金银饰品的组合形。有的为了扩大称量范围，一个戥子备有两个大小不等的戥子锤。

2）称取：依次按处方药味顺序从上至下，从左至右进行调配，饮片依次间隔平放。一方多剂时使用等量递减法称取药品，每味药应逐剂回戥，不得手抓估药。

3）特殊处理药品的调配：先煎、后下、包煎、烊化、冲服等特殊用法或毒麻药品回戥称量，单独调配，单包注明，放入群药包内，并向顾客交代清楚。

4）需临时捣碎药品的调配：处方中矿物药、动物贝壳类、果实、种子等坚硬药品，应使用冲钵捣碎成小块或粗末后入药。

（4）复核：中药处方调配好后，应有药师按医师开具的处方，对照中药饮片逐一复核。重点核对有无药味遗漏或取错、特殊煎法是否另包和注明、配制的中药有无虫蛀和发霉等质量问题。复核人员应在处方上签字。

1）核对药味：核对调配的药品是否符合处方所开的药味剂量和剂数，确保无多配、漏配等现象。性状相似的中药饮片较多，中药饮片生品和炮制品的功效有所不同，核对者应熟悉各中药饮片的基本性状特征，并根据其特征，与处方药品对照。若有疑问，应找出原药品进行比较，如形、色、气味、大小、质地、断面等特征。核对者应若发现错配情况，要及时处理。

2）核对药量：每味药量与每剂药量的准确性。每剂药的剂量误差应不超过±5%，毒性中药药量是否超剂量。

3）核对质量及安全用药事项：药品无虫蛀、发霉等变质现象，无相反、相畏、用药禁忌。

4）核对特殊煎法：检查是否将先煎、后下、包煎、烊化、另煎、冲服等特殊要求的药品进行另包并注明用法，以便提醒患者注意按规定方法煎药和服用。

🔗 知识链接 ································

中药饮片的煎煮

煎煮中药饮片的用具多选用陶瓷器皿，如砂锅，也可选用搪瓷器具或不锈钢器具，禁用金属器具，如铁、铜、铝等。中药饮片的煎煮需要煎两次，有条件可煎煮三次，煎药时须注意有特殊煎法要求的中药饮片，不可与一般饮片同时煎煮，具体步骤如下。

1. 浸泡　加冷水至没过药材1~2cm，浸泡30分钟左右，具体时间需根据药材本身质地和季节、温度酌情增减，如花、叶、全草类浸泡20分钟，果实种子类、矿石及甲壳类可浸泡30~60分钟，以浸透药材为准。夏季气温较高，不宜长时间浸泡，以免药材腐烂变质。

2. 煎煮

（1）用水量：一般用水量以没过药材2cm为宜，如质地坚硬或需久煎的药材可适当略多；如质地疏松或有效成分易受热挥发或煎煮时间短的药材可适当略减。

（2）火候：一般药材宜先武火后文火，即水未煮沸前采用大火，水沸后转小火保持微沸状态。

（3）时间：煎煮时间从水沸后开始计算，不同药效的药材煎煮时间也不尽相同，①清热发散类。头煎在水沸后转用中火偏大煎煮15~20分钟，第二煎水沸后煎煮10~15分钟。②调理脏腑功能类。头煎自水沸后中火煎煮20~30分钟，第二煎水沸后再煎15~20分钟。③补益类。头煎自水沸后小火（文火）煎煮30~40分钟，第二煎水沸后再煎20~30分钟。

（4）药汁量：每次煎出药汁约200~300ml，合并两次煎煮的药汁。

（5）包装标识：复核无误后签字包装，并在纸袋上张贴标签，即可发药。

（6）发药、礼貌道别：发药时要认真核对患者姓名、取药凭证以及药剂数；检查包扎是否坚固，包装纸（袋）是否完整、有无破损或污染；向取药者详细说明用法、用量、煎药方法、禁忌证，有特殊煎法者应给以提示，耐心解答顾客提出的有关用药咨询问题，在处方发药栏上签字发药。亲切自然地送别顾客，用语简单，语气委婉，如"祝您早日康复""您走好""请带好随身物品"等。

6. 含麻黄碱类复方制剂的销售　含麻黄碱类复方制剂指含有《易制毒化学品管理条例》（国务院令第445号）品种目录所列的麻黄碱（麻黄素）、伪麻黄碱（伪麻黄素）、消旋麻黄碱（消旋麻黄素）、去甲麻黄碱（去甲麻黄素）、甲基麻黄碱（甲基麻黄素）及其盐类，或者麻黄浸膏、麻黄浸膏粉等麻黄碱类物质的药品复方制剂。销售时应设置专柜，全部陈列在处方药区，由专人管理、专册登记。

当顾客要购买含麻黄碱类复方制剂时，店员可按如下规范操作。

（1）说明管理要求：在店堂内醒目位置张贴相应提示用语，如"购买含麻黄碱类复方制剂，请主动出示身份证""单次购买含麻黄碱类复方制剂不得超过2个最小包装"等，向顾客做好宣传解释工作。

（2）查验身份证：提示顾客出示身份证，查验身份证。

（3）销售药品：含处方药麻黄碱复方制剂或非处方药含麻黄碱复方制剂（含麻黄碱30mg以上）必须凭医生处方，按处方药销售流程购买。非处方药含麻黄碱复方制剂（含麻黄碱30mg及30mg以下），按照非处方药销售流程购买。购买数量限2个最小包装单位。

（4）登记信息：登记药品名称、规格、销售数量、生产企业、购买人姓名、身份证号码等信息。

（5）重点关注：发现超过正常医疗需求，大量、多次购买含麻黄碱类复方制剂的，应当立即向当地药品监督管理部门和公安机关报告。

7. 电商销售　随着移动互联网的普及，顾客逐渐养成线上购买医药产品的习惯，零售药店积极向互联网探索新商机，推动线上线下的融合发展，形成了医药O2O模式。零售连锁药店利用互联网平台向顾客发布药品信息，顾客在网上选购下单。零售连锁药店接受需求订单后准备货物，由药店人员或第三方平台人员上门配送，完成服务。

（1）线上平台搭建：符合开办网上售药条件的零售连锁药店常见的线上平台有三种形式。自行开发送药应用软件；在微信公众号开通自家公司的微商城；与外卖平台开展商业合作，进驻到外卖平台内。

（2）顾客线上选购：顾客使用手机登录线上平台进行商品的选购和下单。购买处方药时，顾客需要提交处方或者在线就诊取得处方，再由在线药师审方通过后才能购买。

（3）后台匹配下单：顾客提交用药需求后，在平台上利用支付宝、微信或者关联银行卡等结算方式，线上付款。交易完成后，后台会自动匹配附近药店并发送顾客购药信息。

（4）药店接单配药：药店接收到平台发送的购药信息后，药店工作人员根据顾客需求调配药品。

（5）上门配送：顾客在零售连锁药店自行开发的送药应用软件或者微商城上下单，所购药品由药店人员上门配送。如顾客在外卖平台上下单，所购药品由该平台的外卖员到接单药店取药、上门配送，完成服务。

（二）票据填制

《药品流通监督管理办法》规定，药品零售企业销售药品时，应当开具标明药品名称、生产厂商、数量、价格、批号等内容的销售凭证。

1. 开票操作流程

（1）对于处方药，要由执业药师审核处方或抄写处方；无医师开具的处方不得销售处方药；OTC药品要向执业药师咨询。

（2）柜台店员开出销售清单，当日销售清单分顾客、营业员和收银员三联。销售清单样式见表5-8。

表5-8　某医药有限公司销售凭据

销售单位：　　　　　　　　　　　　　　　　　　　　　　　　　　年　　月　　日

商品名称	商品规格	生产企业	批号	有效期至	单位	数量	单价（元）	金额（元）
金额合计（元）				金额合计大写				

营业员：　　　　　　　　　　　　　　　　　　　　　收银员：

（3）顾客执销售清单到收银台缴款。

（4）店员收款后在销售清单的第一、二联盖"现金收讫章"，收款台自留第三联，将其余两联交回给顾客。

（5）顾客将两联销售清单带回柜台，店员验看收款章，确认已经付款后，凭销售清单发货并审核，将药品交予顾客。

（6）顾客凭销售清单换取正式发票。

（7）店员填制"进销存日报表"。

2. 填制票据的要求

填制票据的一般要求，见表5-9。

表5-9　填制票据的一般要求

要求	内容
编号	应按票据的连续编号依次使用，不得漏号或跳号
书写	①用蓝黑或黑墨水填写，禁止使用铅笔；按规定需书写红字的，可用红墨水；若要复写的，可使用圆珠笔；②属于套写的票据，一定要写透，以防下面模糊，不可在应复写的地方不复写或分开复写；前后内容应不一致

要求	内容
填制内容	①按照票据已有的项目逐项填写，不得随意增减应填内容；②接收票据单位的名称须按名称全称填写清楚；③填制票据的日期须同办理业务的时间保持一致，且各项信息要齐全
签名盖章	①从个人单位取得的票据，必须有填制人员的签名或盖章，从外单位取得的票据须盖有填制单位的公章；②自制票据必须有经办单位领导或者其指定的人员签名或盖公章；③对外开出的票据，必须加盖本单位公章
处理错误票据	①票据填制出现错误，不得涂改或挖补，应由开出单位重开或者按规定方法更正；②一式几联的发票收据，必须用双面复写纸套写，并连续编号，作废时应加盖"作废"戳记，连同存根一起保存，不得撕毁

（三）收银管理

收银业务是零售经营场所面向顾客货币资金的专门业务活动。在收银工作中顾客往往会提出不同的消费结算要求。因此，在收银工作中常见的结算方式有现金结算、银行卡结算、医保卡结算以及第三方网络支付结算等方式。

1. 收银操作　交款时，收银员应热情问候和接待顾客，将顾客选购的商品逐件扫码计价，利用收款系统核算顾客应付金额，告知应付金额后，询问顾客选用的结算方式。

（1）现金支付：收银员收取现金，对顾客唱收，迅速准确地点清所收现金的数量并认真检验现金的真伪；找补现金，打印销售凭证；将销售凭证和找补的现金一并退还给顾客，对顾客唱付。

（2）银行卡支付：收银员收取银行卡在POS机上刷卡；核对屏显卡号与银行卡卡号是否一致；无误后输入金额，提醒顾客查看消费金额后输入交易密码；交易成功后，打印两联银联单，一联请顾客签字留存收银台，另一联给顾客留存；打印销售凭证，与银行卡存根联、银行卡一同退还顾客并致谢。

如顾客使用信用卡，收银员应提示顾客出示身份证，对信用卡进行审核；审核无误，方可刷卡；刷卡完毕，提醒持卡人签字并核对顾客签字笔迹；打印销售凭证，退还信用卡及身份证。

（3）医保卡支付：参保人员到医保定点零售药店购药，应持医保IC卡或者电子IC卡刷卡购药。结账时，收银员应审核顾客选购药品是否为医保药品；收取医保IC卡在医保POS机上刷卡或者扫描电子IC卡；核对系统姓名，确认为本人购药；请顾客输入密码后，输入所购医保药物名称及数量；检查无误后，确认收费并打印两联医保单据；白联药店留存，红联顾客留存。

（4）第三方网络支付：顾客使用微信或支付宝等第三方网络支付结算时，收银员提醒顾客出示付款码并扫码收款。此外，收银员还可请顾客打开微信或支付宝，扫描药店内的二维付款码进行结账。

（5）收银注意事项：收银员不得携带私款、物品上岗，认真执行财务纪律；收银时，仔细认真，操作准确无误，增强防盗、防骗意识，加强对假币的甄别，切实维护药店经济利益。

2. 收银交接

（1）收银交接流程：交接班前，应整理好备用金、营业款及各类单据，至指定地方填制销售清单，按照药店规定的金额留存备用金；填写现金存款单，清点完毕后及时存入银行；回收的银联单、医保单据以及回收的购物卡放置在指定位置；整理收银作用区的卫生，清洁、整理各类用品；将当班情况向进班收银员进行交接，进班收银员签字认可后，才能离岗；进班收银员复核备用金、存款单，无误后在交接班登记本上签字。

（2）收银交接注意事项：收银员每天收入须和电脑显示相符，如有不符之处，在交款单上写明原因。

（四）发票开具

发票是指顾客在购销商品后，所开具或收取的业务凭证。发票内容一般包括：票头、字轨号码、联次及用途、客户名称、银行开户账号、商品名称或经营项目、计量单位、数量、单价、金额，以及大小写金额、经手人、单位印章、开票日期等。实行增值税的单位所使用的增值税专用发票还应有税种、税率、税额等内容。

1. 发票类型

（1）增值税发票：增值税发票分为专用发票和普通发票。专用发票为增值税一般纳税人销售货物或者提供应税劳务开具的发票，是购买方支付增值税额并可按照增值税有关规定用以抵扣增值税进项税额的凭证。增值税专用发票的基本联次共三联，第一联为记账联，为销售方记账凭证；第二联为税款抵扣联，是购货方计算进项税额的证明；第三联为发票联，为购买方记账凭证。普通发票不可以抵扣税款。

（2）电子发票：是信息时代的产物，同普通发票结构一样。但与传统的纸质发票相比，电子发票开具更便捷，查验更方便。

2. 发票填写要求

发票填写项目应齐全，填写客户名称时必须写全称，品名、规格、数量、计量单位和单价须与实际交易相符。字迹清楚，不得压线、错格。发票联和抵扣联加盖发票专用章。开具专用发票当月，发生销货退回、开票有误等情况，收到退回的发票联、抵扣联符合作废条件的，按作废处理；开具时发现有误的，可即时作废。作废专用发票须在防伪税控系统中将相应的数据电文按"作废"处理，在纸质专用发票各联次上注明"作废"字样，全联次留存。

三、药品销售后工作

（一）物品整理

1. 归位整理　经顾客挑选后，货架上的商品易发生错位、凌乱现象，店员应将其放回原位；若有顾客使用设备，应及时将其恢复初始状态；若有杂物垃圾，应做好清洁工作。

2. 理货和补货　售药完成后，要及时理货和补货。理货要避开销售高峰期进行。理货要按照"从左到右、从上到下"的顺序，按端架、堆头、货架的顺序将货品进行整理并摆放于适宜的位置。理货商品一般按照促销商品、主力商品、易混乱商品、一般商品的顺序进行。

（二）销售记录

登记并保存处方，必须保存处方2年备查。

📋 **证书考点**

1. 票据法有关规定。
2. 税制票据的种类及票据书写方法。
3. 药品销售的售后操作规程。

任务 5-4　售后服务

🔍 **案例分析**

案例：

一天，一位四十多岁的男顾客拿着一瓶药来到药店，大呼："你们卖的是什么药啊？我爱人服用后整天晕乎乎地睡觉，你们给我赔钱！"店员小王赶紧上前接待。在简单了解情况后，小王为顾客倒了一杯水，引导顾客到店内顾客休息区坐下。顾客情绪平静了些，小王耐心地为顾客进行说明。原来，顾客妻子因过敏性皮炎购买了盐酸异丙嗪片，这是第一代抗组胺药，具有中枢抑制作用，所以他的爱人服用后会出现嗜睡的情况。这是药物本身具有的不良反应，停药后嗜睡的症状就会消失。顾客听了小王的解释，表示理解，离开了药店。

分析：

售后服务是药品零售药店营业工作中的重要环节。作为店员，不但要有良好的药学专业知识，而且应该学会正确处理顾客提出的投诉、退药、异议等，避免顾客流失。

一、退换药品处理

（一）退换药品的相关知识

1. 遵循GSP规定　GSP规定，除药品质量原因外，药品一经售出，不得退换。

2. 药店可退换药品

（1）质量问题：购买后当场拆封发现有质量问题的，如散剂结块、片剂裂片、溶液渗漏或变色、中药发霉等，应无条件退换；售出后才发现质量问题，符合以下各项条件，可确认为本店售出的药品，应给予退换：顾客持有本店购物小票，且购物时间不超过3天；药品品名、规格、生产厂家、厂址、外盒包装、批号、批准文号等与本店存货或电脑记录一致；或有其他途径证明是本店售出药品存在质量问题。

（2）非质量问题退换：非质量问题药品一般情况下不给予退换，但为了维护顾客的忠诚度，在不损害公司利益的前提下，在一定程度上可酌情退换。

3. 药店不可退换药品　有下列情况之一者，原则上不予办理退货：无法证实为本店销售的药品；药品无质量问题，且存在包装已拆封和包装已损坏等不完整的情况；药品临近服用完，发现效果不佳者。

（二）顾客退货原则

1. 确保包装完整　药品是特殊的商品，一经拆开，药品就有可能受到污染，不能再售，因此退换药品应包装完好，确认是本店售出时才可以退换。包装已经打开的，药品质量原因引起的则可以退货，如非质量原因一般不退换。

2. 客观处理　以客观正确的态度对待顾客的投诉抱怨及其提出退换药品的要求，冷静规范处理。

（三）退换药品流程

1. 听取原因　以诚恳和蔼的态度认真听取顾客要求退换的原因。无论什么情况，接待人员应先向顾客致歉："您好！我是这里的负责人，非常抱歉，让您多跑一趟，请问您有什么问题？"退换货处理应在安静方便的地点，尽量避开卖场或客流多的地方。

2. 检查、记录 检查记录确认药品是否为本店所销售，仔细检查要求退换的药品包装、批号、外观质量、购货小票。把退货情况登记在售后服务记录或者销货退回记录表上。

3. 退货 处理征求顾客意见，看是否同意以货换货还是退货。协商妥当后办理退换货手续，开出红票，顾客签名。退回的药品进行质量检查，合格者继续销售，不合格者放入不合格区，登记后进一步处理。

4. 通报 将药品退换情况、处理结果向相关部门和员工通报，以便改进工作。

（四）退换药品处理注意事项

在不损害药店利益的前提下，尽可能满足顾客需求。在处理问题时态度须温和有礼、细心周到、耐心认真，不得顶撞顾客。如遇到恶意捣乱的顾客，可劝其离开，必要时报警处理。

⬤▶ **学以致用** --

工作场景：

一早，王药师接待了匆匆忙忙赶到药店的张大妈。张大妈从包里拿出一盒藿香正气水，焦急地说："药师，这是昨天我在你们店买的口服液。你看看，这药有质量问题，瓶底怎么会有杂质。这是销售凭证，你帮我退掉这个药。"王药师边引导边说："阿姨，很抱歉让您多跑一趟，您别着急，到休息区坐一下，我帮您看看。"王药师检查销售记录并仔细观察药品后告知张大妈，藿香正气水是中药制剂，瓶底是沉淀物，这是正常现象。药品说明书的性状说明中也注明贮存时略有沉淀。张大妈听了王药师的解释后，情绪平稳了些，但还是不放心服药。经协商后，王药师为张大妈办理退换药手续，将该药更换为藿香正气丸。张大妈满意地离开了药店，当天交接班时，王药师跟店员通报了此事，建议店员们在销售时，应告知顾客该药物的性状，避免类似的事件再次发生。

知识运用：

1. 按照退换药品处理程序进行操作。

2. 不可"以硬碰硬"，态度要温和，认真核实事情，按"理"处理。

二、顾客投诉处理

（一）顾客投诉

顾客投诉是指顾客在购买产品过程或购买后对药店提供的产品、服务等感到不满意，进而提出投诉的行为。顾客投诉是我们第二次表现的机会，如果处理得当，就能赢得顾客的信赖。顾客抱怨或投诉的类型及主要表现见表5-10。

表5-10　顾客抱怨或投诉的类型及主要表现

类型	主要表现
关于商品	价格、质量、缺配件、过期、标示不明、缺货等
关于收银	员工态度差，收银作业不当，因零钱不够而少找钱，让顾客等候结账时间过长，遗漏顾客的商品，收银时出现秩序混乱、收错钱等问题等
关于服务	洗手间设置不当，没有通信设施，购物车不足，抽奖及赠品作业不公平，店员态度不佳，未履行承诺，用不当的语言方式与顾客沟通，回答顾客问题不满意，服务项目过少，取消了原有的服务项目等
关于安全	意外事件的发生，顾客的意外伤害，员工作业所造成的伤害等
关于环境	卫生状况差，广播声音大，播放音乐不当，堵塞交通，无残疾人通道等

（二）顾客投诉处理原则

1. 工作原则　①场所选择，尽量避开营业场所；②换位思考，在处理顾客的不满与抱怨时，能站在顾客的立场为对方设想，使顾客在情绪上受到尊重；③实事求是，就事论事，保持心情平静，以自信的态度认知自己的角色；④安抚情绪，认真听取投诉，确定顾客目前的情绪，找出问题症结所在；⑤酌情处理，按已有政策酌情处理，处理时力求方案既能使顾客满意，又能符合公司、国家的政策；超出权限范围内的，要及时上报，并告知顾客解决的日期。

2. 交谈原则　保持1米以内距离，诚恳接待顾客；了解顾客的兴趣及其关心的问题；插入轻松的话题缓和紧张情绪；在适当时候详细询问事实；关注顾客的反应，如顾客反感，立即停止话题；准备好劝说的理由。

（三）处理顾客投诉的工作程序

1. 倾听　要保持平静的心态，就事论事，心平气和地接待顾客，用温和的态度引导顾客说出事由。诚恳地倾听顾客诉说，表现出你对顾客的信任，让顾客把内心的不满情绪发泄出来，避免争辩。

2. 表态　客观地站在顾客的立场来回应顾客的问题，对顾客所受到的伤害表示同情。诚心地向顾客致歉，无论顾客提出的意见是否正确。

3. 记录分析　无论顾客是通过电话、书信或上门投诉，都要认真填写好"顾客投诉处理记录表"，见表5-11，并向顾客复述一次，请顾客确认。确定事情的责任归属，详细分析该投诉的严重程度，了解顾客的需要，抓住顾客投诉的重点。

表5-11　顾客投诉处理记录

顾客姓名：	电话：
地址：	
投诉事由：	
处理意见：	
顾客反馈：	
接待人：	日期：

4. 处理　提出解决问题的方案，同时让顾客知道店方为解决该问题所付出的诚心和努力。与顾客讨论，找到适当的方法来满足顾客的要求。在双方都同意的情况下应立即执行方案。如不能立即解决，应告知顾客原因，并约定时间再做处理，把经办人的姓名电话告知顾客，以便事后跟踪。

5. 检讨　对投诉事件进行检讨，将处理过程记录在案。找出投诉原因，改正错误，通过各种方式向员工通报该投诉的原因、处理结果及改进方法。

（四）顾客投诉处理注意事项

1. 稳定情绪　克制个人情绪，沉着操控，用毅力和素质来操控或减轻不良心情的宣泄。宽宏大度，克己让人，能从第三者的角度保持冷静。

2. 角色定位　意识到自己不是代表个人，而是代表药店。每一个言行举止都要为药店的形象负责。

3. 尽快回应　回应要迅速。顾客认为商品有问题，一般会比较着急，怕不能得到解决，这时应快速反应，记下他的问题，及时查询问题发生的原因，尽快帮助顾客解决问题。

4. 诚意待客　诚意是对待顾客的最佳方案，切实从顾客利益出发找到解决问题的方法，尽可能地满足顾客的期望。

5. 友好往来　不与顾客形成对立面，尽可能恢复顾客对药店的依赖感。

三、药品不良反应报告

（一）药品不良反应的基本知识

药品不良反应（adverse drug reaction，ADR）是指合格药品在正常用法用量下出现的与用药目的无关的反应。新的药品不良反应是指药品说明书中未载明的不良反应。药品严重不良反应是指因使用药品而引起以下损害情形之一的反应：引起死亡；致癌、致畸、致出生缺陷；对生命有危险并能够导致人体永久损伤；导致住院或住院时间延长。药品不良反应报告和监测是指药品不良反应的发现、报告、评价和控制的过程。药品不良事件（adverse drug event，ADE）是指药品治疗过程中出现的不良临床事件，但该事件不一定与药物有因果关系。

药品不良反应危害极大，20世纪国外发生的重大药害事件见表5-12。

表5-12　20世纪国外发生的重大药害事件

年份	地区	药物	用途	毒性表现
1890—1950	欧洲	氯化亚汞	通便、驱虫	汞中毒
1900—1949	欧洲	蛋白银	消毒、抗炎	
1930—1960	多国	醋酸铊	头癣	铊中毒
1922—1970	多国	氨基比林	退热、止痛	粒细胞缺乏
1935—1937	美国	二硝基酚	减肥	白内障
1937	美国	磺胺酏剂	抗菌消炎	肝、肾损害
1953	加拿大	非那西丁	止痛退热	肾损害、溶血
1954	法国	二磺二乙基锡	治疗疖、粉刺	神经毒性、失明
1956	美国	三苯乙醇	治高脂血症	白内障
1956—1961	欧美	沙利度胺	治妊娠反应	海豹样畸胎
1967	欧洲	氨苯恶唑啉	减肥	肺动脉高压
1960	英国	异丙肾气雾剂	止喘	严重心律失常
1963—1972	日本	氯碘喹啉	治肠炎	脊髓变性
1933—1972	美国	己烯雌酚	保胎	阴道腺癌
1968—1979	美国	盐酸安他唑啉	抗心律失常	心包损害

（二）药品不良反应的种类

1. 按药品不良反应临床表现分类　见表5-13。

表5-13　药品不良反应按临床表现分类

类型	特征	举例
副作用	药物在治疗剂量内所产生的与防治疾病无关的作用	阿司匹林用于解热镇痛时引起胃黏膜损伤、过敏反应
毒性反应	给药剂量过大或用药时间过长引起的，可对人体造成功能性损害	链霉素引发急、慢性毒性反应、耳鸣和耳聋等
变态反应	过敏反应，与特异体质有关，与药物剂量无关	青霉素可引起药疹、药物热和过敏性休克
继发反应	不是药物本身的效应，而是其主要作用的间接后果	长期使用环丙沙星可引起由耐药菌或酵母样真菌导致的二重感染
致畸作用	作用于妊娠母体，导致胎儿先天性畸形	沙利度胺致"海豹肢"或肢体发育缺陷
致癌作用	有些药物长期服用后，引起机体器官、组织、细胞过度增殖，而形成肿瘤	己烯雌酚易致阴道癌
药物依赖性	反复用药后引起人体心理上和/或生理上对药物的依赖状态	吗啡停药出现戒断症状
停药反应	因药物长期使用后突然停药，出现的机体功能障碍的不良反应，最常见的是反跳现象	长期使用糖皮质激素类药物突然停药，引起医源性肾上腺皮质功能不全和反跳现象
后遗效应	药物的血药浓度低于最低有效浓度时所残留的药物效应	巴比妥类药物用于镇静催眠时，第二天依然出现嗜睡、困倦、乏力等现象

2. 按药理作用的关系分型　可分为A型、B型、C型，见表5-14。

表5-14　药品不良反应按药理作用关系分类

类型	概念	特点
A型	量变型异常，药物的药理作用增强所致，可以预测，常与剂量有关，停药或减量症状减轻或消失，发生率高，死亡率低	①常见；②与剂量相关；③时间关系明确；④可重复性；⑤上市前可发现
B型	质变型异常，与正常药理作用完全无关的异常反应，难以观测，常规毒理学筛选不能发现，发生率低，死亡率高	①罕见；②非预期；③较严重；④时间关系明确
C型	迟现型异常，长期用药后出现，潜伏期长，没有明确的时间关系，难以预测	①背景发生率高；②非特异性（药物）；③没有明确的时间关系；④潜伏期长；⑤不可重现；⑥机制未明

3. 按照药品不良反应严重程度分类　一般分为轻度、中度、重度三级。

（1）轻度：轻微的反应或疾病，症状不发展，一般不需要治疗。

（2）中度：指症状明显，重要器官或系统功能有中度损害。

（3）重度：指重要器官或系统功能有严重损害，缩短或危及生命。

🔍 **课堂活动**

请说出下列药物的不良反应分类。

1. 阿司匹林、吲哚美辛、保泰松、氟芬那酸、乙醇、呋塞米、甲苯磺丁脲、利血平、维生素D等可诱发十二指肠溃疡，导致出血，甚至可引起穿孔。

2. 麻黄碱在解除支气管哮喘时，也兴奋中枢神经系统，引起失眠，可同时给予苯二氮䓬类药物，以对抗其兴奋中枢的作用。

3. 长期应用广谱抗菌药后，由于改变了肠道内正常存在的菌群，敏感细菌被消灭，不敏感的细菌或真菌则大量繁殖，外来细菌也乘虚而入，从而引起二重感染，导致肠炎或继发性感染。

提示：请按照临床表现、药理作用进行分类。

4. 不良反应评价标准 见表5-15。

表5-15 不良反应评价标准

序号	内容	选择（是/否）
1	用药与不良反应/事件的出现有无合理的时间关系	
2	反应是否符合该药已知的不良反应类型	
3	停药或减量后，反应是否消失或减轻	
4	再次使用可疑药品是否再次出现同样反应/事件	
5	反应/事件是否可用并用药的作用、患者病情的进展、其他治疗的影响来解释	
关联性评价		
前四个选项都选择"是"		肯定
前四个选项中有3个选择"是"		很可能
前四个选项中有2个选择"是"		可能

（三）药品不良反应报告范围

上市5年内的药品和列为国家重点监测的药品，报告该药品引起所有可疑不良反应。上市5年以上的药品，主要报告该药品引起的严重、罕见或新的不良反应。

（四）药品不良反应报告的内容

1. 我国药品不良反应的报告方式

（1）书面报告：对发现的药品不良反应，按要求填写"药品不良反应/事件报告表""药品群体不良反应/事件报告表""药品不良反应/事件定期汇总表"，并向上级药品不良反应监测中心传送。

（2）电子报告：进入国家药品不良反应监测中心网站，输入组织机构代码号和密码后，填写电子版的"药品不良反应/事件报告表"，在线录入方式分为输入和选择两类，表格依次填写完毕，确认无误后点击提交，即可完成报告。

2. 填写要求 "药品不良反应报告和监测管理办法"要求，"药品不良反应/事件报告表"的填报内容应真实、完整、准确，见表5-16。

（1）"药品不良反应/事件报告表"是药品安全性监测工作的重要档案资料，手工报表需要长期保存，因此务必用钢笔书写，填写内容、签署意见（包括有关人员的签字）字迹要清楚，不得用报告表中未规定的符号、代号、不通用的缩写形式和花体式签名。其中选择项画"√"，叙述项应准确、完整、简明，不得有缺漏项。

表5-16 药品不良反应/事件报告表

首次报告□   跟踪报告□   编码：_____

报告类型：新的□   严重□   一般□

报告单位类别：医疗机构□   经营企业□   生产企业□   个人□   其他_____

患者姓名：		性别： 男□女□	出生日期： 　年　月 或年龄：	民族：	体重（kg）：		联系方式：
原患疾病：			医院名称： 病历号/门 诊号：	既往药品不良反应/事件： 有□_____ 无□　不详□ 家族药品不良反应/事件： 有□_____ 无□　不详□		

相关重要信息：吸烟史□   饮酒史□   妊娠期□   肝病史□   肾病史□

　　　　　　　过敏史□_____　　　其他_____

药品	批准 文号	商品 名称	通用名称 （含剂型）	生产 厂家	生产 批号	用法用量 （次剂量、途径、 日次数）	用药 起止 时间	用药 原因
怀疑 药品								
并用 药品								

不良反应/事件名称：	不良反应/事件发生时间：　　年　月　日

不良反应/事件过程描述（包括症状、体征、临床检验等）及处理情况（可附页）：

不良反应/事件的结果：痊愈□　好转□　未好转□　不详□　有后遗症□_____ 死亡□　直接死因：_____　死亡时间：　年　月　日	
停药或减量后，反应/事件是否消失或减轻？　是□ 否□ 不明□ 未停药或未减量□ 再次使用可疑药品后是否再次出现同样反应/事件？是□ 否□ 不明□ 未再使用□	
对原患疾病的影响：不明显□ 病程延长□ 病情加重□ 导致后遗症□ 导致死亡□	
关联性评价	报告人评价：肯定□ 很可能□ 可能□ 可能无关□ 待评价□ 无法评价□ 签名： 报告单位评价：肯定□ 很可能□ 可能□ 可能无关□ 待评价□ 无法评价□ 签名：
报告人信息	联系电话：　　　　　职业：医生□ 药师□ 护士□ 其他□ 电子邮箱：　　　　　签名：
报告单位信息	单位名称：　联系人：　电话：　　　报告日期： 年 月 日
生产企业请填写 信息来源	医疗机构□ 经营企业□ 个人□ 文献报道□ 上市后研究□ 其他_____
备注	

（2）每一个患者填写一张报告表。

（3）个人报告建议由专业人员填写，可以是诊治医务人员、生产企业、经营企业专职人员及专业监测机构人员。

（4）尽可能详细地填写报告表中所要求的项目。有些内容无法获得时，填写"不详"。

（5）对于报告表中的描述性内容，如果报告表提供的空间不够，可另附A4白纸说明，并将附件写在一张纸的顶部。所有的附件应按顺序标明页码。附件中必须指出继续描述的项目名称。

（6）填表补充说明

1）严重药品不良反应：是指因使用药品引起以下损害情形之一的反应，导致死亡；危及生命；致癌、致畸、致出生缺陷；导致显著的或者永久的人体伤残或者器官功能的损伤；导致住院或者住院时间延长；导致其他重要医学事件，如不进行治疗可能出现上述所列情况的。

2）新的药品不良反应：是指药品说明书中未载明的不良反应。说明书中已有描述，但不良反应发生的性质、程度、后果或者频率与说明书描述不一致或者更严重的，按照新的药品不良反应处理。

3）报告时限：新的、严重的药品不良反应应于发现或者获知之日起15日内报告，其中死亡病例须立即报告，其他药品不良反应30日内报告。有随访信息的，应当及时报告。

4）怀疑药品：是指患者使用的怀疑与不良反应发生有关的药品。

5）并用药品：指发生此药品不良反应时患者除怀疑药品外的其他用药情况，包括患者自行购买的药品或中草药等。

6）用法用量：包括每次用药剂量、给药途径、每日给药次数，例如，5mg，口服，每日2次。

7）报告的处理：所有的报告将会录入数据库，专业人员会分析药品和不良反应/事件之间的关系。根据药品风险的普遍性或者严重程度，决定是否需要采取相关措施，如在药品说明书中加入警示信息，更新药品如何安全使用的信息等。在极少数情况下，当认为药品的风险大于效益时，药品也会撤市。

3. 药品不良反应报告程序

（1）药品不良反应监测报告实行逐级、定期报告制度。必要时可以越级报告。

（2）药品生产经营企业和医疗预防保健机构必须严格监测本单位生产、经营、使用药品的不良反应发生情况，如果发现有可疑的不良反应，须进行详细记录、调查，并按要求填写不良反应报告表。同时及时向所在省、自治区、直辖市药品不良反应监测专业机构集中报告。

（3）个人发现药品引起的新的或严重的不良反应，可直接向所在省、自治区、直辖市药品不良反应监测中心或药品监督管理局报告。

（4）对新的或严重的药品不良反应病例需用有效方式快速报告，必要时可以越级报告，最迟不超过15个工作日，见图5-1。

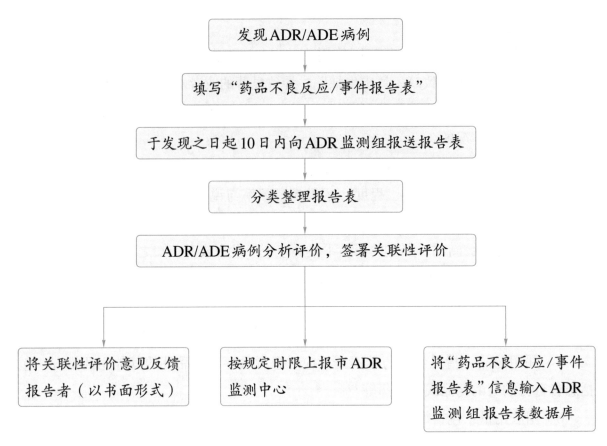

图5-1　一般的ADR/ADE病例报告流程

小结

1. 药店顾客接待的服务包括迎接、询问、判断、导购、荐药、销售、指导、送客等环节；店员接待顾客的基本能力包括沟通能力、表达能力、应变能力和洞察能力。

2. 识别顾客心理有利于选择适当方法促销；关联销售应尽可能关联药店销售的所有品类。

3. 学会药品销售，包括非处方药、处方药、拆零药品、临时缺货药品、中药饮片、含麻黄碱类复方制剂的销售，熟悉电商销售过程。

4. 在销售过程中运用顾客第一、互惠互利、正确解释的原则处理顾客的异议；接待退换药品的顾客按倾听致歉、检查记录、处理、通报的程序处理；接待投诉的顾客按倾听、表态、记录分析、处理、检讨的程序处理；在处理顾客退药与顾客投诉时要做到态度温和有礼、细心周到、耐心认真，严禁顶撞顾客；能克制个人情绪；尊重顾客，认真倾听。

5. 药品不良反应报告范围：上市5年内的药品和列为国家重点监测的药品，报告该药品引起所有可疑不良反应；上市5年以上的药品，主要报告该药品引起的严重、罕见或新的不良反应。

-----●····· 思考题 ·······································

1. 提高药店顾客的忠诚度的方法有哪些？
2. 简述促销活动的组织与实施过程。
3. 简述处方药和非处方药的销售过程。
4. 简述收银交接流程和注意事项。
5. 简述不良反应报告的流程。

（李承蔚　祝　惠）

项目六
药品盘点与门店核算

项目六
数字内容

学习目标

知识目标

- 掌握药品盘点的方法和流程、药品门店核算概念。
- 熟悉盘点的步骤、门店核算的方法。
- 了解盘点结果和分析处理、销售差错率指标的核算。

能力目标

- 能根据药店要求正确盘点，能通过记账、算账，对药品流通过程中的人、财、物的消耗和经济成果进行对比分析。
- 能根据不同的药品和环境，使用不同的盘点方法，学会分辨长短款及处理方法。
- 能正确处理盘点结果，能根据实际情况核算药店的利润。

素质目标

- 具备较强的岗位责任心和职业道德感。
- 具有严谨认真、耐心细致的工作态度。
- 具备较好的互助合作精神，初步形成药店财会的理念。

导学案例

情景描述：

晚上10:30，下班时刻店长查看盘点结果：某品牌的蛋白质粉短缺1瓶，价值428元；小柴胡颗粒短缺10盒，价值500元；布洛芬缓释胶囊短缺8盒，价值240元。店长要求查找原因，所有员工都再次投入工作中，电脑收银账面、仓库、货架等——核对。

半小时后，终于找到了原因：在盘点过程中新员工小刘销售了1罐蛋白质粉，没有在账面表上减少数量，同时小刘没按顺序盘点，混淆了已盘点和还未盘点的药物，导致蛋白质粉、小柴胡颗粒和布洛芬缓释胶囊实盘数目与账面不符。

学前导语：

工作是每位员工安身立命之所，同时也是一个施展才能的平台，需要忠于职守、勤勉尽责的职业操守和道德品质。岗位不同，所担负的责任有大小之别，但要把工作做得尽善尽美、精益求精，离不开强烈的责任心。药品盘点和门店核算是药品经营企业用于把控药品、资金动态，了解营业状况，及时调整经营方式的重要依据。店员们要养成按规章制度操作和一丝不苟的工作态度。

思政要点：

精业敬业，认真负责

任务 6-1 药品盘点

◎ 案例分析

案例：

小王被经理提拔担任药店的乙班带班班长。药店季度末进行盘点时，经理发现贵重药品"鹿茸"的重量损失超过5%，通过核算，货值为3 000多元。电脑显示，小王销售21次，其他6名员工共销售32次。经理怀疑是员工称量操作差错所致。为避免今后再出现类似情况，经理让小王对药店再次进行盘点处理。经过此次事情之后，小王加倍努力工作，提高了工作责任心和态度，在他的带领下，该店业绩上去了，误差率也降低了，年终获得优秀员工。

分析：

药店盘点非常重要，它能反映出药店的盈亏情况，是药店改变经营方式的主要依据，同时也能反映出员工工作质量和态度，案例中"鹿茸"的损失与小王的工作态度有关系。店员要养成认真负责的工作态度，称量精准、按实存盘点的工作习惯。

药品盘点就是定期或不定期地对店内的药品进行全部或部分清点，以掌握该期间内的经营业绩和存在问题，并加以改善，加强管理。药店每天都有很多的药品购进与卖出，加上品种、批号繁多，顾客流密集，极易导致库存混乱，单凭每天的营业报表，无法准确判断盈亏情况，通过药品盘点可达到确切掌握库存量，准确反映公司财务状况，掌握损耗并加强药品安全、库存管理，为药店经营决策提供真实有效数据。

一、学习药品盘点知识

药品盘点是一项非常重要的工作，需投入大量的人力、物力和时间，通过盘点可以达到：①明确在本盘点周期内的亏盈状况；②准确库存金额统计，及时恢复药品的电脑库存数据；③了解店内损耗情况，以便在下一个营运周期加强管理，控制损耗；④发掘并清除滞销品、近效期药品，整理环境，清除死角。

（一）药品盘点的原则

1. 真实 所有的点数、资料必须是真实的，严禁人为修改，不允许作弊或弄虚作假。药店根据需要组织员工进行药品盘点和对盘点产生各种情况的原因进行分析，合理掌握库存，减少药品积压，防止效期药品的出现。

2. 准确 资料的输入、陈列的核查、盘点的点数应准确无误。参加盘点人员按"见货盘货"的原则，细心、认真负责地对商品进行交叉清点，杜绝多盘、漏盘等盘错现象。

3. 完整 盘点的流程必须完整。

4. 清楚 所有资料、人员的书写、商品的整理都必须清楚。

5. 团队精神 盘点是药店员工共同参加的运营过程，有利于团队协作精神的形成。

（二）药品盘点流程

药店盘点操作一般分为以下几个步骤进行，见图6-1。

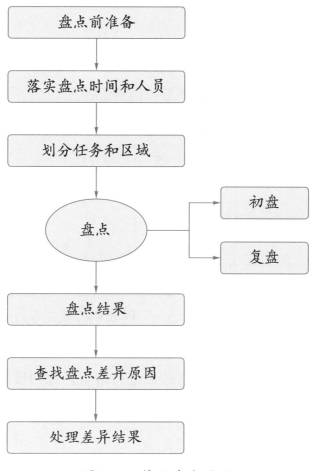

图6-1 药品盘点流程

1. 盘点前准备 药店在进行实物盘点前，店长及店员应熟练掌握盘点流程和方法。将所有单据和药品分类摆好，破损药品在记录之后须指定丢弃或退货，清理所有药品并保持清洁完好，查看是否货架底下有遗漏药品，空箱或纸箱必须另外存放以避免错误。

（1）环境整理：盘点前，对门店所有杂物进行清理，比如药品空盒、宣传堆头、储物柜等，避免药品遗落；对盘点工具进行整理准备，如剪刀、计算器、纸笔等；对卫生死角进行清除，确保一切环境都有利于盘点的顺利进行。

（2）单据整理：为了保证盘点所有数据的准确性，药品在盘点前应将相关单据整理好。如进货单、商品内部调拨单、商品调价单、销货单、退货单、净销货收入汇总（分免税和含税两种）、报废品单、赠品单据及前期盘点单等。然后仔细检查本店电脑系统中有无已经配送到店但还没有入库的单据；有无退换货单而未执行的单据；检查有无调回、退回总部或调拨到其他分店而没有做出库处理的单据。同时了解总部是否已经做了相对应的操作，如未操作，应及时进行出库入库等数据输入。

药品内部调拨单示例见表6-1。

表6-1 药品内部调拨单

调出单位：中山路店　　　　　调入单位：北京路店　　　　2021年10月5日

序号	药品名称	规格/型号	单位	数量	单价（元）	金额（含税,元）	备注
1	山楂丸	10丸/盒	盒	5	12	60	北京路店缺货
合计							

调出部门经办人：　　　　　　　　　　　　调进部门经办人：

（3）药品整理：必须对本店的所有药品进行清查，陈列整齐，不留死角，确保药品货架位置的唯一性。及时清查是否有过期、损坏的药品，如有，执行报损报废等处理。

2. 落实盘点时间和人员

（1）选择盘点时间：盘点时间的选择应符合两个原则，一是尽量避免影响营业，二是选择药品库存相对稳定的时段。一般盘点时间设定为月末下班后或者晚上顾客较少的时间段。

（2）安排盘点人员：盘点当天应该合理安排值班班次，尽可能让全部员工参与盘点，指定负责人，每个盘点小组有初盘人和复盘人，并且有监督盘点的财务人员在场。

3. 划分任务和区域　根据药店实际情况，合理划分区域，分配任务，比如将处方药和非处方药、中药安排不同人员盘点，也可按照药店面积划分任务。

4. 盘点

（1）盘点培训：已经熟悉盘点操作的工作人员不需要培训，但是对于新员工或者实习生则需要进行盘点前的培训。内容如下：①盘点前要进行盘点模拟培训，讲解注意事项，务必使失误降至最低；②模拟培训按实际盘点步骤进行讲解；③盘点人员进行逐一操作演习；④各部门主管须进行标准操作示范；⑤备齐盘点工具，如盘点表、小张自粘贴纸、红蓝圆珠笔等。

（2）盘点方法：见表6-2。

表6-2　盘点方法分类

盘点方法分类		盘点内容
按方法	复式平行盘点	一人负责点实货，另一人负责填表
	按实地盘点	按商品存放的位置、地点的顺序进行盘点
	按账盘点	按盘点表上所列商品的顺序进行实物清点
	全面盘点	将店内所有存货区域进行盘点，一般一年2~3次
	区域盘点	对店内不同区域进行盘点，一般是对贵重药品采取部分区域盘点或抽盘
按时间	营业中盘点	盘点时门店仍然对外营业
	营业前（后）盘点	门店在关门前（后）盘点，大多数药店一般停业后晚间加班盘点，不影响营业
	停业盘点	正常的营业时间内停业一段时间来盘点
	定期盘点	每次盘点间隔时间一致（如年、季、月）的盘点

（3）盘点内容：盘点内容一般包括数量盘点、重量盘点、货与账核对、账与账核对。填写药店药品盘点表，见表6-3。

表6-3　药店药品盘点表

门店名称：　　　　　　　货架号：　　　　　　　盘点单号：

序号	药品名称	规格	单位	初盘数量	销售价（元）	金额（元）	复盘	抽盘	备注
合计									

初盘人：　　　　　　复盘：　　　　　　抽盘：　　　　　　盘点时间：

工作场景：

　　小李在药店的一次月末例行盘点时，要求搭档小张将盘点表上的库存，报知小李，小李再根据库存复核药品数量，并且说这种方法又快又好，避免无聊烦琐，可以早点结束，也不会出什么问题。可是小张坚持要小李先盘实际库存，因为这是药店盘点制度的规定，也可以避免盘错的发生。

知识运用：

　　1. 盘点人不能以任何方式预知盘点表上的库存数据，以免带着先入为主的思想，无意或有意隐瞒实际库存。

　　2. 盘点有其重要性和合理性，应规范操作，不能马虎应付。

5. 盘点结果和分析处理

（1）形成盘点结果：根据原始盘点表，统计出盘盈、盘亏情况，并计算金额形成盘点结果。

🔗 知识链接 ··

盘盈、盘亏

　　盘盈、盘亏简单讲就是实物与账面的差异。盘点实物存数或价值大于账面存数或价值，就是盘盈；盘点实物存数或价值小于账面存数或价值就是盘亏。

　　（2）查找盘点差异原因：盘盈的原因一般有存在未执行入库的进货单据；调配药品时少配或者错配了相似药品；收银时多收或错收了其他相似药品价格等。盘亏的原因一般有错盘、漏盘；计算错误；员工或者顾客有偷窃行为；收货错误或空收货结果账多物少；存在未执行出库的退货单据、报损报废单据等；调配药品时多配或者错配了相似药品；收银时少收或者错收了其他相似药品等。

　　（3）处理差异结果：根据盘点结果和原因，药店可采用多种方式进行修正，或及时采取措施避免差错的再次发生，常用方法有平账、奖惩等。

　　1）平账：药品在盘点结束后，将有效的盘点表录入电脑，系统自动核对差异，电脑自动核对出盘点差异情况，没有差异，上交店长。如果盘点结果与系统不符，应进行复盘、复算，然后填写实存账存差异表（表6-4），并调查差异原因。盘点人员在差异表上签字，一经确认，不得更改。无编码的药品无法录入系统的，手工汇总。不论盈亏，在查找出原因后，都应该及时进行库存数据修正，以免差异增大，以方便下一周期的盘点。

表6-4　实存账存差异表

门店名称：　　　　　　　　　　　　　　　　　　　　　　年　　月　　日

序号	药品名称	规格	单位	实存		账存		对比结果				备注原因
								盘盈		盘亏		
				数量	金额（元）	数量	金额（元）	数量	金额（元）	数量	金额（元）	

盘点人：　　　　　　对账人：　　　　　　主管（经理）：

2）奖惩：药品盘点盈亏的多少，可以衡量药店工作人员的工作能力和工作态度，对表现好的，应进行表彰和奖励；反之，除相关责任人要进行赔偿以外，还应加以处罚。

3）其他：针对可能出现的其他原因，采取相应措施。如针对失窃，可加强防盗，升级监控设备；如果是系统出错，则应及时维护系统稳定等。

（三）药品盘点注意事项

1. 环境安静　盘点小组成员关闭移动电话，禁止大声交谈；每盘点完一个柜组，即关闭该柜组或柜台，除复盘需要，任何人不得随意进出。

2. 全面盘点　特别留意不同规格药品和不同的计量单位、包装规格，一般应按照最小包装规格计量。同一品种最好一起陈列摆放，如同时陈列在不同货架，必须相互知晓，不能多盘、漏盘。

3. 处理异常　在盘点过程中发现的近效期、过期、污损和滞销等非正常药品，应同时清理出来，单独存放，以作处理。

4. 实事求是　在盘点时，盘点人不能以任何方式预知盘点表上的库存数据，避免无意或有意隐瞒实际库存。

二、实施药品盘点

根据盘点单逐一进行盘点，核对名称、规格、生产厂家、批号、单位和数量，药品盘点实施操作过程包括初盘、复盘和抽盘。

（一）初盘

先由初盘人对所有药品进行盘点，见货盘货，或者根据盘点表的顺序，查清每个品种的规格、批号、数量等，由复盘人如实登记。

盘点要求做到：先点仓库、冷冻库，再点卖场；盘点货架或冷冻柜时，依序由左而右，由上而下操作；每一货架或冷冻柜均视为独立单位，使用单独的盘点表，若盘点表不足，则继续使用下一张。最好采用复式平行盘点；盘点表上的数字填写要清楚，不可潦草让人混淆；数字一旦写错，要涂改彻底，切勿感觉像是弄虚作假；清点时，一定要按最小单位清点，不够一个单位的忽略不计，同时取出放入待处理品堆放处。盘点时，顺便查看药品的有效期，过期药品应随即取下放入待处理区。

店长要掌握盘点进度，调度机动人员支援，巡视各盘点区域，找出死角及易漏盘区域；对无法查知药品编号或售价的药品，就立即取下，稍后追查归属；盘点注意大分类和小分类，注明该分类药品所在的货架位置。

（二）复盘

由复盘人对药品展开盘点，先检查盘点与实际是否一致，是否有遗漏区域；再和初盘人一样，核对每个品种的规格、批号、数量等，并如实记录差异情况。

（三）抽盘

对某些贵重或特殊药品，有必要进行加盘或者抽盘。应做到：对整个区域的抽点视同复点；抽点药品要选择卖场内的死角，或体积小、单价高、量多的商品；抽点用红色盘点表，注明为抽点；抽点是对初点和复点无差异商品的抽验。

任务 6-2　药品门店核算

案例分析

案例：

某药品经营企业有60家连锁门店，在新医改形式下，盈利参差不齐，运作不理想，存在部门设置不完善、制度流程职责不明确、营销严重不合理现象，特别是财务管控，漏洞百出，没有费用考核、财务审计，更没有盈亏状况分析，严重影响了企业发展。该公司老总立即改变思路，从别的医药公司重金请来运营核算高手，从每一家门店的进销存、地理位置、门店员工业务熟悉程度等进行调查分析，总结出经验，更新营业方法和手段，药店经过不长时间就有了起色。

分析：

药品门店核算是企业内部管理和经济效益最直接的反映。如何做好门店核算工作至关重要，该案例可以看出，药品门店核算起到了关键性作用。

一、认识门店核算

门店核算是通过记账、算账，对药品流通过程中的人、财、物的消耗和经济成果进行对比分析，达到以最少的人力、物力消耗，做最大的经营业务活动，并取得相应的资金积累。药品零售企业几乎每天都要结算，尤其是药品连锁销售企业。

药品企业通过经济核算，有利于企业按照市场经济规律而发展；有利于保证药品流通，合理利用人力、物力、财力，节约费用开支；有利于发现企业经营中的不完善或者薄弱环节，加强经营管理，提高经济效益性；有利于绩效分配，使企业责、权、利明确，调动企业、部组、职能部门的积极性；有利于企业按正确的经济方向积极开展市场竞争。

二、门店核算方法

药品销售企业在经营过程中，需要对各类支出进行核算，包括门店租金、人员管理费、药品成本价、销售额、水电费、税费、装修费、交通费等。如果在某些环节出现误差，将直接影响经营利益。一般药店的费用可以分为固定成本和可变成本。

1. 固定成本与可变成本　固定成本即固定费用，即短期内不随企业的变化而变化的费用，包括设备费用如装潢、经营设备折旧、租金、保险费等；维持费用如水电费、消耗品费、事务费、工杂费等。可变成本即可变费用，是指产品成本中随产量变动而变动的费用，如奖金、营业税额等。

2. 营业额估算　对于开店之后第一个年度的营业额，可以依照市场调查、药店位置条件、经营能力与同行之间的比较而加以估算。第二年以后则可根据宏观经济情况和居民的消费支出情况，结合商店的年度增长情况予以估算。若中途有改扩建计划时，在对营业额的估算时要将其考虑在内。

核算毛利时，很多工作人员往往在经营过程中对某个产品单独计算，比如某供货商配送某生产厂家的板蓝根颗粒，进货价是7.8元/袋，售货价是15.6元/袋，如果该店进货1件（50袋），那么该单品的毛利为（15.6-7.8）×50=390元；另一种方法叫估算法，即对本店每个月营业额按照进货的点数（利润百分比）进行核算，按照药品利润点乘以月营业额，就等于该月的毛利润。如某药店本月销售60 000元营业额，本店一般利润点是15%，那么该店的毛利为：60 000×15%=9 000元。

一般的药品零售企业的核算几乎都用"药品进销差价"来进行核算。因为药品的零售金额一般是固定的，所以采购成本与零售价之间的差额可记入"药品进销差价"，药品的销售成本用以下公式计算。

$$药品销售成本=本月药品销售总额 \times（1-药品进销差价率）\qquad 式（6-1）$$

$$药品进销差价率=（原库存药品进销差价+本期购入药品进销差价）/$$
$$（原库存药品售价+本期购入药品售价）\times 100\%；\qquad 式（6-2）$$

$$本期销售药品应分摊的药品进销差价=本期药品销售收入 \times 药品进销差价率 \quad 式（6-3）$$

$$本期销售药品的成本=本期药品销售收入-本期已销售药品应分摊的$$
$$药品进销差价 \qquad 式（6-4）$$

$$期末结存药品的成本=期初库存药品的进价成本+本期购进药品的进价成本-$$
$$本期销售药品的成本 \qquad 式（6-5）$$

【例6-1】某药店2021年7月原库存药品的进价成本为10万元，售价总额为11万元，本月购进该商品的进价成本为7.5万元，售价总额为9万元，本月销售收入为12万元。有关计算如下。

$$药品进销差价率=（11-10）+（9-7.5）/（11+9）\times 100\%=12.5\%$$

$$已销药品应分摊的商品进销差价=12 \times 12.5\%=1.5（万元）$$

$$已销售药品的成本=12-1.5=10.5（万元）$$

$$期末结存药品的成本=10+7.5-10.5=7（万元）$$

3. 门店相关计算

$$进货折扣率 = （原价格 - 折后价格）/原价格 \qquad 式（6-6）$$

利润就是营业收入减去一切开支费用。药品销售企业在经营的一定时期内，企业营业收入的金额大于全部支出的金额称之为盈利；反之，称之为亏损。

毛利润：销售收入与销售成本的差值称之为毛利。

毛利率：销售毛利与销售额的百分比称之为毛利率。

销售扣率：指药品实际进价与零售价或者批发价之比，直观地反映药品销售的毛利水平。

销售税金：是按国家法律规定的纳税所实现的税款，具有法令性。零售企业缴纳的销售税金包括国税（增值税）和地税两部分，是按药品的销售收入计算的。

$$毛利 = 商品销售收入 - 商品销售成本 \qquad 式（6-7）$$
$$毛利率 = 毛利商品销售额 \times 100\% \qquad 式（6-8）$$
$$销售扣率 = （进价/批发价）\times 100\% \qquad 式（6-9）$$
$$销售税金 = 销售收入 \times 税率 \qquad 式（6-10）$$

【例6-2】某药店10月份销售额为10.5万元，销售成本为8.8万元，试计算药店本月实际毛利及毛利率。

$$毛利 = 10.5 - 8.8 = 1.7（万元）$$
$$毛利率 = （1.7/10.5）\times 100\% = 16.2\%$$

【例6-3】某药店上季度销售额为594 000元，核定毛利率为20%，费用率为10%，税率为4.92%，计算药店上季度营业利润。

$$毛利 = 594\ 000 \times 20\% = 118\ 800（元）$$
$$费用 = 594\ 000 \times 10\% = 59\ 400（元）$$
$$税金 = 594\ 000 \times 4.92\% = 29\ 224.8（元）$$
$$营业利润 = 118\ 800 - 59\ 400 - 29\ 224.8 = 30\ 175.2（元）$$

🔗 **知识链接**

国税、地税及税点

中国每年财政收入的90%以上来自税收，其地位和作用越来越重要。

国税、地税是针对税务机关来说的。国税，即国家税务总局，负责中央税、中央地方共享税的征收管理；地税，即地方税务局，负责地方政府固定收入的税种、共享税中的个人所得税、部分企业所得税的征收管理，以及教育费附加、社保费的征收。

税点，起税点的简称，又称"征税起点"或"起征点"，是指税法规定对征税对象开始征税的起点数额。征税对象的数额达到起征点的就全部数额征税，未达到起征点的不征税。

客流量：是指单位时间内经过店铺门口的顾客的数量。

进店率：指单位时间内进入店铺的顾客数量占经过店铺门口的顾客数量的比例。

客单量：指顾客进店购买药品的量。

成交率：指单位时间内店铺里达成成交的顾客数量占进店顾客数量的比例。

三、销售差错率指标的核算

门店在药品销售过程中会发生长款和短款现象。长款是指实收销货款多于应收销货款；短款是指实销收货款少于应收销货款。长、短款报告单如表6-5所示。

表6-5 长、短款报告单

应收金额		长、短款	原　因
实收金额			
柜组意见			
审批意见			

财务负责人：　　　　　审核人：　　　　　报告人：

在进行药品核算时首先应严控长款、短款差错率的出现，如果出现，应分别核算，不得相互抵消，如果长款、短款之和与销售的比率超过差错率指标，则应该及时查找原因，并做出相关处理。其计算公式为：

$$差错率＝（长款＋短款）/药品销售额 \times 100\% \qquad 式（6-11）$$

差错率是指门店在经营过程中发生的长、短款额所占药品销售额比例的最高限额。

【例6-4】某药店参茸品柜台本月销售额为24万元，其中参类物品发生长款750元，海马补肾类物品发生短款150元，石斛补品发生短款380元，求门店销售差错率。

解：门店销售差错率＝[（750+150+380）/240 000] $\times 100\%=0.53\%$

四、核算资料归档

对整个核算过程中所记录的工作资料按照对账和结账两部分进行分类收集归档。

1. 对账 为了确保柜组账册记录和核算资料的真实可靠，门店要认真执行对账、清账制度。对账的目的是把账簿上所反映的资料进行内部核对（柜组内部）、内外核对（柜组之间），做到账证相符（账簿与凭证）、账账相符（总账与所属明细账）、账物相符（账面数与实物数），现金账要天天核对现金与账面余额是否相符。在对账中发现差错和疑问，应及时查明原因，加以更正与处理。供应商结算应付账款前首先要与采购部门进行对账，采购部门或门店应查对退货、票到货未到、短缺、质量拒收等供应商送货差错，检查是否有冲红，确定应结算货款，然后与财务账核对，确认应付款，最后由企业负责人决定付款。

2. 结账 为了总结门店某一时期（月度、季度、年度）的经营业务实绩，必须按期进行结账。所谓结账就是把一定时期内所发生的经济业务全部登记入账后，结算出各账户本期发生额和期末余额，结束本期账簿记录。结账的基本要求：确保账簿记录的完整性；门店核实全部柜组库存商品，并计算总余额；按规定支付供应商应付账款，并按规定方法做好结账记录。

🔗 **知识链接** ·

冲红

非正常入库形式，用负数抵消叫冲红。冲红后再按照正确的方法记录凭证。比如某些药品的退库（现场已经领用，但因某些原因退库），盘点时一般要求将多余药品退库，终止使用。一般都要填写红色的退单以冲销原来的全部金额或多计的金额。

● · · · · **小结** ·

1. 药品盘点的目的是获取本店经营的盈亏信息，以便及时调整经营方法和决策。

2. 药品盘点的步骤包括盘点前准备、确定盘点时间、确定盘点任务、盘点、查清差异原因、盘点结果处理等。

3. 门店核算是通过记账、算账，对药品流通过程中的人、财、物的消耗和经济成果进行对比分析，达到以最少的人力、物力消耗，做最大的经营业务活动，并取得相应的资金积累。

4. 长短款就是盘存的款项比账面数字的多或少。盘存多于账面，称为长款；盘存少于账面，称为短款。

5. 利润就是营业收入减去一切开支费用。

思考题

一、简答题

1. 药品盘点的原则包括哪些？
2. 药店盘点操作有哪几个步骤？
3. 什么是门店核算？
4. 什么是销售差错率？

二、计算题

1. 某药品批发企业已购进一批药品，已知进价为 10 000 元，销售价为 12 000 元，求这批药品的毛利及毛利率。

2. 某药店 1 月份销售额为 23 万元，销售成本为 19.5 万元，试计算药店本月实际毛利及毛利率。

3. 某药店第三季度销售额为 65 000 元，核定毛利率为 15%，费用率为 11%，税率为 4%，计算药店第三季度营业利润。

4. 某药店 A 柜台本月销售额为 12 万元，其中 B 类药品发生长款 500 元，C 类药品发生短款 100 元，D 类药品发生短款 380 元，求门店销售差错率。

（李小燕）

药店药学服务技术

项目七
药学服务与健康管理

学习目标

知识目标

- 掌握药学服务的工作内容；用药教育的内容。
- 熟悉药学服务的对象范围；健康管理的基本步骤、服务流程；健康促进的工作内容。
- 了解药学服务的含义、意义和发展；健康教育的含义及传播。

能力目标

- 能够明确药学服务的工作内容。
- 能为服务对象进行适宜的用药教育指导工作。

素质目标

- 具有从事药学服务工作的良好职业道德、高度责任感和使命感。
- 具有运用专业知识进行药学服务和健康管理的意识。

导学案例

情景描述：

　　社区居民张大爷，67岁，患有2型糖尿病，就诊后决心遵从医嘱调整饮食，医生建议张大爷可以关注"健康中国"公众号，张大爷通过公众号掌握了很多关于健康的科普知识，特别是针对多种慢性病在饮食、运动等方面的要求，甚至可以在多个平台参与到"健康大家谈"直播中，与专家"面"对"面"沟通。

　　为推进健康知识普及行动，充分发挥专家的技术支持作用，为人民群众提供科学的健康科普知识，2020年初健康中国行动推进办公室向社会公布了国家健康科普专家库第一批成员名单，继而开展一系列直播活动，力争聚合国家级专家资源，打造科普栏目，使广大人民群众受益。

学前导语：

　　2019年国务院制定并发布《健康中国行动（2019—2030年）》，旨在帮助每个人学习、了解、掌握有关预防疾病、早期发现、紧急救援、及时就医、合理用药等维护健康的知识与技能，增强自我主动健康意识，不断提高健康管理能力。同时《国务院关于实施健康中国行动的意见》（国发〔2019〕13号）提出，从国家战略层面把健康融入政府的所有政策之中，全方位、全周期地维护和保障人民的生命健康。

思政要点：

　　健康中国、人民至上

任务 7-1　药学服务

案例分析

案例：

我国的头部医药零售连锁经营企业，在当地都具有一定的影响力。这些企业能树立"大健康"理念，以顾客为中心，除销售药品外，能根据顾客需求，提供建立健康档案、健康指导、药学服务等，深受顾客欢迎。

分析：

药店通过建立顾客家庭资料数据库，了解顾客的基本情况和需求，进而定期地提供医疗保健方案供顾客选择。在这样的经营理念指导下，顾客对该企业所提供的服务比较满意，企业也得以不断壮大。

一、认识药学服务

（一）药学服务简介

1. 药学服务的含义　药学服务是指药学从业人员应用药学专业知识，向社会公众（包括医务人员、患者及其家属和其他关心用药的群体）提供直接的、负责任的且与药物应用相关的技术服务，以期提高药物治疗的安全、有效、经济和适宜性，从而达到改善和提高人类生活质量的目的。

2. 药学服务的要素　药学服务最基本的要素是以患者为中心提供与"药物应用"相关的"服务"。具体而言，药学服务是药学从业人员以改善和提高服务对象的生命质量为出发点，主动提供的专业知识和相关信息，并直接对治疗结果负责的过程。这一服务具有专业性和较强的社会属性，要求以能够提供合格药品为基础，体现药学专业人员这一群体对社会公众在用药方面的关怀和责任，服务于治疗性用药，关注预防性用药和保健性用药。

3. 中国药师药学服务范畴　包括门诊调剂服务、住院药学服务、专科药师药学服务、治疗药物监测服务、静脉用药配置服务、药学基因组学服务、药师咨询服务、药店药学服务、药学情报服务、药事管理与药物治疗管理服务等。

4. 临床药学服务

（1）临床药学服务含义：药学服务是在临床药学工作的基础上发展起来的，临床药学是在医院特定环境下开展与医院临床工作相接触的药学工作，主要以临床医务人员和患者为服务对象，以供应药物和指导、参与临床药物治疗为职责。

（2）临床药学服务模式：临床药学人员的工作范围不仅仅限于药房，而是通过建立药学实践制度提供临床服务，协助医生做出正确的治疗决策，如提供药物信息、开展治疗药物监测、询问和记录用药史等。

5. 社会药房药学服务

（1）社会药房（药店）药学服务含义：社会药房（药店）药学服务就是药店从业人员运用专业知识，向顾客提供合格的药品及以药物治疗为目的相关服务，包括与药物销售相关的安全、有效用药指导，疗效和不良反应的监护，以及药物销售之外的疾病治疗指导、健康教育等。

（2）药店在药学服务中的作用：药店是提供药学服务的重要供应主体，更是医疗机构的重要补充载体。随着我国医疗保险制度的改革，处方药与非处方药分类管理制度的实行，药店在医疗保健体系中发挥的作用越来越重要，公众对药学服务的需求也越来越高，特别是针对特殊用药人群，如婴幼儿、老年患者及慢性病患者等。药店药师在正确的推荐药品、介绍使用方法外，还要做好销售记录，采用回访的方式监测药品的使用过程，如发现问题及时进行跟踪处理。

（二）药学服务的意义

药学服务是围绕患者的健康所开展的各项活动和服务，其总体目标是：使患者得到安全、有效、经济、合理的药物治疗，改善人们生活质量。药学服务的意义具体表现为以下几个方面。

1. 指导合理用药　药学服务不仅包括提供合格的药品，更重要的是关注疾病治疗过程中的合理决策，包括协助医护人员制订适宜的药物治疗方案、确定准确的剂量和正确的用药方法等。

2. 节约医疗卫生资源　通过对药学服务的实施收集用药信息、与医疗机构相互沟通患者的用药信息、参与实施患者的个体化用药方案、对治疗过程进行监测、对药物使用的研究与评价，合理配备资源，为医疗卫生政策的调整提供技术支持，节约有限的医疗卫生资源。

3. 提高公众健康水平　在开展健康信息收集、健康检查及健康风险评估的基础上，以多种形式帮助公众纠正不良的生活习惯，控制健康危险因素，促进公众合理膳食，适宜进行身体活动，正确保健，实现促进健康的目标，降低疾病的发生率、复发率、并发症和死亡率。

4. 实现自我价值　提供合理药学服务是药学从业人员运用自身技能的过程，承担相应责任的同时获得社会的尊重与认可，有利于提高工作积极性和责任心，为展现自我、实现自我价值提供舞台。

（三）药学服务的发展

1978年，美国学者Hepler首次提出药学服务的概念并得到了一致认可，该观念于20世纪90年代进入我国，并在一定领域内进行了发展延伸，从而使药物应用的安全性和有效性得以显著提升，有力维护了公众健康，促进了医疗水平的提升。

1998年，世界卫生组织（WHO）发布的《药师在自我保健和自我药疗中的作用》提出：社会药房药师应发挥五项功能，即药师作为交流者、合格药品的提供者、培训者和监督者、合作者以及健康促进者，向患者和其他医药专业人员提供质量合格的药品和优良的药学服务。

作为社会药房药学服务的平台，中国非处方药物协会于2003年正式发布并实施了《优良药房工作规范》，提出药学服务是以患者或顾客的健康为中心所展开的各项活动和服务，标志着我国医药行业与国际药学服务标准的接轨，该规范不仅适应我国医药卫生体制改革和药品分类管理制度的建立，满足大众自我保健观念日益增强的要求，同时发挥了社会药房在医疗保健体系中的作用。

2017年，国家卫生和计划生育委员会、国家中医药管理局印发的《关于加强药事管理转变药学服务模式的通知》中提出，破除"以药养医"，要推进药学服务从"以药品为中心"转变为"以患者为中心"。2018年，国家卫生健康委员会、国家中医药管理局在《关于加快药学服务高质量发展的意见》中指出，要进一步提高对药学服务重要性的认识，积极推进"互联网＋药学服务"健康发展，加快药学服务转型，促进药学服务的高质量发展。2021年，国家医疗保障局会同国家卫生健康委员会公布了《关于建立完善国家医保谈判药品"双通道"管理机制的指导意见》，首次将定点零售药店纳入医保药品的供应保障范围，并实现与医疗机构统一的支付政策，以推动定点零售药店发展，提升药学服务的质量。

🔗 知识链接

互联网＋药学服务

2005年，为了全面贯彻《国务院办公厅关于加快电子商务发展的若干意见》，规范互联网药品购销行为，原国家食品药品监督管理局制定了《互联网药品交易服务审批暂行规定》，允许取得互联网药品交易服务机构资格证书的企业开展互联网药品交易服务。2018年，国家卫生健康委员会和国家中医药管理局联合印发了《关于加快药学服务高质量发展的意见》，其中明确提出积极推进"互联网＋药学服务"健康发展。

"互联网＋药学服务"模式对信息获取具有便捷性、个体化、高效率等优势：不同群体可通过网络平台获取用药信息，只需一部手机或电脑并且不受时间和地点的限制；患者与药师通过平台进行个性化用药咨询可以减轻患者心理压力；部分偏远地区患者可以获得用药咨询服务，合理配置资源，拓宽用药咨询服务范围。这种新型的药学服务模式势必为疫情严重时期，居家不能外出或自身行动不便但需用药的患者提供便利。

二、药学服务对象

药学服务的对象是广大公众，包括患者及家属、医护人员和卫生工作者、药店顾客和健康人群。

其中重点人群包括：①用药周期长的慢性病、长期或终生用药者；②病情和用药复杂，患有多种疾病，需同时合并应用多种药品者；③特殊人群，如特殊体质者、婴幼儿、老年人、孕妇及哺乳期妇女等；④用药效果不佳，需要重新选择药品或调整用药方案者；⑤用药后易出现明显的药品不良反应者；⑥应用特殊剂型、特殊给药途径者，药物治疗窗窄而需做监测者。

三、药学服务人员的要求

无论是医院的药师还是药品经营企业的药学人员，都应具备良好的职业道德、完备的专业知识及技能，这也是从事药学服务人员的必备素质。

（一）职业道德

药学服务道德是一般社会道德在药学服务领域中的表现，是从事药学服务工作者的职业道德，它具有很强的专属性、广泛的适用性和鲜明的时代性。高尚的药学服务道德要求，药学技术人员既要掌握扎实的药学知识与技能，又要有良好的人文精神，以适应新形势下对药学服务的要求。

药学服务道德规范包括以下基本内容。

1. 对服务对象的道德规范

（1）仁爱救人，文明服务：药学技术人员必须把服务对象的健康和安全放在首位，对待服务对象要有仁爱之心，同情、体贴患者疾苦，在药学服务工作过程中，要维护用药者的合法权益，尊重服务对象的人格，公平对待、一视同仁，保证合理的药物治疗。

（2）严谨治学，理明术精：药学服务工作具有很强的技术性，药学技术人员应努力完善和扩大自己的专业知识，以科学求真的态度对待药学服务实践活动，保证药品质量，提供合格药品，开展药学服务，全力维护公众用药安全有效。

（3）济世为怀，清廉正派：药学服务工作是一项解除患者疾苦，促进人体健康的高尚职业，药学服务工作者在工作中，应为服务对象保守秘密，确保其享有接受安全、有效治疗的权利，自觉抵制各种诱惑，不利用自身在专业上的优势欺诈患者，谋取私利。

2. 对社会的道德规范

（1）坚持公益原则，维护人类健康：药学技术人员在实践中运用自己掌握的知识和技能为服务对象工作的同时，还肩负着对社会公共利益的维护责任，药学技术人员以发展药学事业为目标，只能为自己的服务获取公正合理的报酬，做到对服务对象负责与对社会负责的高度统一。

（2）宣传医药知识，承担保健职责：药品的应用不仅在于治疗疾病，更强调预防疾病发生的作用，药学技术人员应向社会宣传医药卫生知识，积极开展健康教育，实现社会公众的安全、合理用药。

3. 药学技术人员间的道德规范

（1）谦虚谨慎，团结协作：谦虚的态度是一切求知行为的保障，药学技术人员要孜孜不倦地钻研业务知识，以谦虚谨慎的态度向他人学习，尊重他人的价值和能力，与有关人员和机构通力合作，对同事应主动热情地给予帮助，保持良好的业务关系，以促进药学服务质量的提高。

（2）勇于探索创新，献身医药事业：解除人类疾病痛苦，不断满足社会公众日益增长的对健康的需求，不断在科学发展的道路上探索新理论、新技术、新产品是药学技术人员的神圣使命和职责，药学技术人员应树立献身于药学事业的精神，追求至善至美的境界，不断促进药学服务事业的健康发展。

（二）专业知识

提供药学服务的人员必须具有药学与中药学专业的教育背景，掌握扎实的药学与中药学专业知识以及临床医学基础知识，知悉药学服务相关的药事管理与法律法规知识。

（三）专业技能

1. 药历书写技能

（1）药历：药历是药师为参与药物治疗和实施药学服务为患者建立的用药档案。依据医院药房或社会药店的工作性质、病例危重状况、服务对象的不同，药历可能有不同的模式，同时内容繁简有别、重点各异。

（2）药历的基本内容：药历的基本内容一般包括①患者基本情况；②病历摘要；③用药记录；④药物治疗干预措施；⑤结果评价。

2. 沟通技能 沟通是药学从业人员与患者之间保持良好药患关系的基础，通过药学从业人员与患者之间的沟通与交流，药学从业人员可以获取患者相关信息和问题，如用药史和过敏史等，患者则获得有关用药的指导，有利于提高用药的安全性、有效性和依从性，减少药害事件的发生，有效解决患者在药物治疗过程中的问题，解除患者的疑虑和顾忌。药学从业人员通过与患者深入、频繁的沟通可以树立药学从业人员的职业形象，增加价值感并提高公众对其认知度。

3. 投诉应对技能 及时、正确和妥善处理患者投诉可改善药学服务，增进患者对药学从业人员的信任，增强药学服务的效果，又可不同程度避免药学服务纠纷的产生。投诉问题多集中在药学服务提供者的服务态度、药品的质量、用药后不良反应以及药品的价格等方面。面对投诉应遵循患者利益至上、及时处理不拖延的原则，积极给予反馈。

四、药学服务内容

药学服务的主要内容包含了患者用药相关的全部需求，药学从业人员开展药学服务的具体工作内容主要包括以下几个方面。

（一）处方调剂

处方调剂是联系和沟通医、药、患之间的重要纽带，处方调剂过程中药师不仅直接面向患者，还应履行告知医师处方问题、拒绝调剂严重不合理用药或者用药错误处方的职责。我国《处方管理办法》明确规定了处方调剂的程序和质量规范，赋予药师关于处方的责任，包括处方审核、处方调配、书写药袋或粘贴标签、处方核对、发药及用药交代。

（二）药物重整

药物重整是指对患者药物清单与患者既往服用的所有药物进行比较，以避免漏服、重复用药、剂量错误、产生药物相互作用等用药问题的用药方案优化方法。通过准确、完整地收集患者用药信息进行药学专业审查复核，可以有效减少患者用药数量，降低由于用药错误导致的医疗资源浪费。

（三）治疗药物监测

治疗药物监测的核心是个体化药物治疗，通过药物分析、定量计算、临床干预，药师参与制订适合患者的个体化药物治疗方案，提高药物疗效、降低毒副作用，同时通过合理用药最大化节省药物治疗费用。

（四）药物警戒

药物警戒是发现、评价、认识和防范药物不良作用或任何其他药物相关问题的活动。药物警戒的监测对象不仅局限于药物不良反应，而是贯穿在药品前期研发和上市后的全生命周期中，包括涉及临床可能发生的任何药源性损害如药品误用、滥用、用法错误等情况。2019年，《药品管理法》首次引入建立药物警戒制度，明确规定了药品上市许可持有人、药品生产企业、药品经营企业和医疗机构主动开展药物警戒的义务。

🔗 **知识链接** ···

世界药物警戒史的里程碑——"反应停"事件

1953年，诺华制药的前身CIBA制药在研发抗菌药物时合成了沙利度胺，因其无抗菌活性而被放弃。但德国格兰泰制药发现其对恶心、呕吐等早孕反应的抑制作用明显，于1957年以商品名"反应停"作为非处方药在全球46个国家上市并被广泛应用。随着海豹样肢体畸形新生儿的频现，毒理实验表明该药对灵长类动物有很强的致畸性，该公司迅速召回市场上的全部产品，但世界上还是出现了1万多名海豹样肢体畸形的患儿，因服用沙利度胺药物造成的流产、早产、死胎更是不计其数。

（五）用药咨询

用药咨询是我国开展较广泛的药学服务项目，也是保障患者用药安全的主要途径。不同的咨询对象需要药师提供不同角度的药品相关知识：绝大多数患者不能掌握较全面的医学或药学知识，药师提供用药咨询应包括药品适应证、用药方法、用药剂量、用药疗效、药品贮存及药品价格等内容；医师对于最新的药品信息需求十分迫切，因此药师应着重从国内外新药动态、新药临床评价、药物相互作用等方面向医师提供用药咨询服务；护理工作主要在于执行医嘱和实施药物治疗（包括但不限于注射给药和口服给药），需要更多地获得关于药物剂量、用法，特别是注射用药物配制溶剂、稀释容积与浓度、滴注速度和配伍禁忌等信息；公众常自行前往药店购买药物进行自我药疗，因此药师应主动承接公众自我保健的咨询，尤其是在常见病症的健康管理和补充营养素等方面给予科学的用药指导。

（六）健康教育

对公众进行健康教育是药学服务的一项重要内容，通过开展卫生健康知识讲座、提供健康教育科普资料及微信平台等途径普及健康知识，倡导科学、文明、健康的生活方式，帮助树立正确的健康观，降低或消除影响健康的行为危险因素，提高公众健康素养，促进人们合理利用医疗卫生资源。

任务 7-2 健康管理

案例分析

案例：

张女士，62岁，三年前确诊患有中度高血压，随即在居住地社区卫生服务中心建立了个人慢性病管理档案，该基层医疗机构定期为张女士提供体格检查、健康评估及健康指导等服务，张女士的血压得到有效控制。

分析：

在我国人口老龄化形势不断加剧的背景下，依据《国家基本公共卫生服务规范》，基层医疗机构为辖区老年人提供有效的健康管理服务。服务的内容有生活方式评估、体格检查与辅助检查、健康评估、健康指导等项目。开展老年人健康管理服务能有效控制慢性病，提高老年人的健康水平。

一、认识健康管理

（一）健康管理简介

1. 健康管理的含义　健康管理是对个体或群体的健康进行全面监测、分析和评估，提供健康咨询和指导，并对健康危险因素进行干预、管理的全过程，其核心是对健康危险因素的管理，具体地说，就是对健康危险因素的识别、评估、预测以及干预、管理。

2. 健康管理的宗旨　健康管理的宗旨是有效地利用有限的资源达到最好的健康效果。其理念是：病前主动防、病后科学管、跟踪服务不间断。具体做法则是：提供有针对性的科学健康信息，创造条件并采取行动来改善健康，重点在于慢性非传染性疾病的预防和健康及疾病危险因素的控制。

🔗 知识链接

追本溯源

治未病作为祖国医学传统文化的重要组成部分，可谓古人对健康管理最朴素的概括，其可追溯到距今已有两千余年历史的中医学典籍《黄帝内经》。

《素问·四气调神大论》指出："圣人不治已病治未病，不治已乱治未乱，此之谓也。夫病已成而后药之，乱已成而后治之，譬如渴而穿井，斗而铸锥，不亦晚乎？"意思是医术高明的医生能在病情潜伏之时掌握病情并早期治疗，若疾病已经发生才给予治疗，就如同口渴了才挖井取水，临到打仗才铸造兵器，为时已晚。这一段文字是现有记载中对治未病思想的最早概括，以治未病理念推进健康管理的发展是祖国传统医学与现代西方医学相结合的典范。

（二）健康管理的目标

1989年世界卫生组织（WHO）指出，健康不仅是没有疾病，而且包括躯体健康、心理健康、社会适应良好和道德健康。健康管理的主要目标包括：减少健康危险因素，预防疾病高危人群患病，易化疾病的早期诊断，提高临床效用和效率，避免可预防的疾病相关并发症的发生，消除或减少无效或不必要的医疗服务。健康服务领域中的管理就是以改善个人和人群健康状态从而达到最大健康效益的过程。

（三）健康管理的特点

健康管理有以下几个特点：标准化、量化、个体化和系统化。

1. 标准化　标准化是对个体和群体的健康进行科学管理的基础，没有标准化就无法保证信息的准确、可靠、科学性。健康管理服务的主要产品是健康信息，是建立在循证医学、循证公共卫生的标准、学术界已经公认的预防和控制指南及规范上的。

2. 量化　对个体和群体健康状况的评估，对健康风险的分析和确定，对干预效果的评价，都离不开科学量化指标，只有科学量化，才能满足科学"可重复性"的要求，才能科学可靠，经得起科学的考验。

3. 个体化　健康管理的具体做法就是为个体和群体提供有针对性的科学健康信息并创造条件采取行动来改善健康，没有个体化就没有针对性，就不能充分地调动个体和群体的积极性，达不到最大的健康效果。

4. 系统化　要保证所提供健康信息的科学可靠及时，前提一定要有一个强大的健康信息支持系统。

🔗 知识链接 ....

循证医学

从20世纪末起，临床研究证据逐渐替代医生临床经验，成为医疗活动应用决策的主要依据，循证医学也发展为指导全球医疗活动的主流方法。循证医学的含义是指临床实践需结合临床医生个人经验、患者意愿和来自系统化评价和合成的研究证据。循证医学要求医学临床活动应在遵循"当前可获得的最佳证据"原则下进行，并结合医生临床经验与患者意愿，力求最大程度保证医疗决策的科学性和有益性。

（四）健康管理的基本策略

1. 健康管理的核心　健康危险因素是健康管理的核心，是能够使人群发病和死亡风险升高的因素，一般常见慢性非传染性疾病都与吸烟、饮酒、不健康饮食、缺乏身体活动等多种健康危险因素有关。依据可否干预分为：①可改变的危险因素，如吸烟、饮酒、膳食和身体活动等，是健康教育和干预的重点。②不可改变的危险因素，如年龄、性别、种族和遗传等固有因素。不可改变的危险因素无法干预，但可以依据性别、年龄段、种族、民族以及家族间患病的风险进行预测。

　　可变因素和不可变因素的累积，形成了肥胖、高血压、血脂异常等中间危险因素。社会经济、文化因素以及生活环境都是慢性病的远端危险因素，与疾病存在着密切的关联。慢性疾病往往由多种危险因素引发，见图7-1。

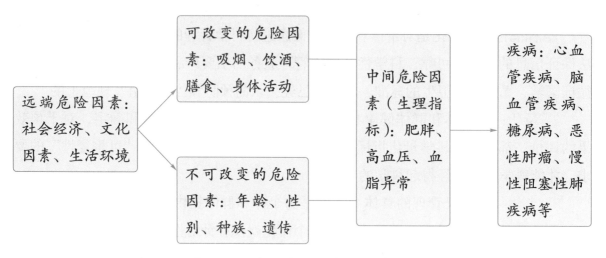

图7-1　常见慢性病及其共同危险因素之间的关系

　　2. 健康管理的策略　　健康管理的服务对象包括没有疾病但可能有不健康生活习惯的健康人、亚临床状态的人即高危人群、已明确诊断患有疾病的患者。健康管理的基本策略是通过健康评估和控制健康风险达到维护健康的目的，根据对象不同可分为生活方式管理和疾病管理。其中，生活方式管理是应用非临床手段对健康人及高危人群进行健康评估及分层管理，包括干预和管理饮食、身体运动以及心理状态；疾病管理是将就医、治疗和生活方式均纳入管理，配合、辅助临床治疗，加强治疗效果。

二、健康管理的基本步骤

　　健康管理的目的是对个人的健康状况进行评价，为个人提供有目的、有针对性的健康指导，从而改善他们的健康状况。

　　1. 收集服务对象的健康信息　　健康信息包括个人的一般情况（性别、年龄等）、目前健康状况和疾病家族式、生活方式（膳食、身体活动、吸烟、饮酒等）、体格检查（身高、体重、血压等）和其他医疗机构实验室检查（血、尿实验室检查等）、超声检查、心电图等。

　　2. 评价健康及疾病危险因素　　根据已收集掌握的个人健康信息，按照健康人群、亚健康人群、慢性患者群，制订健康管理计划，对个人目前的健康状况及未来患病或死亡的危险性进行评估。其核心目的是帮助个体综合认识健康风险，鼓励和帮助其纠正不健康的行为和习惯，制订个性化的健康干预措施同时对其效果进行评估。

3. 开展健康风险干预和健康促进　　在以上步骤的基础上，通过规范的服务与个体化督导，使健康计划变成服务对象的实际行动，帮助个人采取行动，纠正不良生活方式和习惯，降低或控制健康危险因素，实现个人健康管理计划的目标。

健康管理的以上三个步骤是连续的、长期的、不可间断性的，在实施健康改善措施的一段时间后，需进行健康评价，判断健康管理的效果，再重新进行计划的调整和改善，只有长期的坚持才能达到健康管理的效果。

三、健康管理的服务流程

健康管理的服务流程包含以下五部分。

1. 健康调查与健康体检　　健康调查一般通过问卷来了解个人的一般情况，既往病史、家族式、生活方式和习惯等。健康管理体检是以人群的健康需求为基础，按照早发现、早干预的原则来选定体格检查的项目，可以根据个人的年龄、性别、工作特点等进行调整，检查结果对后期的健康干预活动有指导意义。

2. 健康评估　　通过系统分析个体的健康史、家族史和生活方式等问卷以及体检结果获得的资料，可以为服务对象提供一系列的评估报告，其中包括用来反映各项检查指标状况的个人健康体检报告、个人总体健康评估报告、精神压力评估报告等。

3. 健康咨询　　在完成上述两个步骤以后，个人可以通过健康管理服务机构得到健康咨询服务。内容包括以下几个方面：解释个人健康信息和健康评估报告对其健康的影响，制订合理可行的个人健康管理计划，提供健康指导，制订随访跟踪计划等。

4. 健康管理后续服务　　个人通过多种方式接受健康咨询后，可接收到健康信息、健康指导及个性化的健康改善行动计划。监督随访是健康管理后续服务的一个常用手段，随访的主要内容是检查健康管理计划的现实状况，并检查主要危险因素的变化情况。另外，健康教育也是后续服务的重要措施之一，在营养调整、生活方式改变和疾病控制方面有很好的效果。

5. 专项的健康及疾病管理服务　　除了以上常规的健康管理服务外，可以根据具体的实际情况为服务对象提供专项的健康管理服务，对已患有慢性病的个体，可以选择针对某些特定疾病或疾病危险因素的服务：如糖尿病管理、心血管疾病及相关危险因素管理、精神压力缓解、戒烟、运动、营养及膳食咨询等；对未患病的个体，可进行个人健康教育、生活方式改善咨询、疾病高危人群的教育等服务项目。

任务 7-3 健康教育

🔍 案例分析 --

案例：

张某，27岁，感冒后到药店购买多种感冒药，有中药也有西药，因自身体重较大，主观判断后自行加倍剂量服用药物，数日仍未见好转且伴有发热和腹泻等症状，前往医院就诊期间出现休克，医生立即对其进行抢救，经血液病原检测确诊为单纯疱疹病毒感染，最终因多系统功能衰竭抢救无效死亡。

分析：

该患者在服药过程中选择了多种西药、中药，而复方感冒药中多含有对乙酰氨基酚成分，服用过量可能出现中毒甚至导致死亡。药店店员在为前来购药的感冒患者实施药学服务过程中，应主动对其进行安全用药教育，如一定严格遵守药品说明书用药，不乱吃、混吃感冒药。一般来说，成人摄入对乙酰氨基酚一次不应超过500mg，两次用药间隔时间不宜低于6小时，每日摄入最大量不应超过2 000mg，疗程不应超过3天。

一、认识健康教育

（一）健康教育简介

1. 健康教育的含义　健康教育是指通过有计划、有组织、有系统的信息传播和行为干预，帮助人们树立健康观念、掌握卫生保健知识，自觉地采纳有益健康的行为与生活方式，并对教育效果作出评价，从而消除或减轻影响健康的危险因素、预防疾病、促进健康和提高生命质量。整个实施过程需要有完整的计划、具体的实施步骤，并制订能够有效评价是否达到健康教育目标的方法和项目活动等。

2. 健康教育的内容　主要包括健康知识教育、健康行为教育及用药教育等，具体内容的选择可根据受教育对象的个体特征、生活习惯、疾病等进行调整。

3. 健康教育的意义　通过健康教育可以帮助人们学习、了解、掌握有关预防疾病、早期发现、紧急救援、及时就医、合理用药等维护健康的知识与技能，增强自我主动健康意识，促进人们合理利用医疗卫生资源，提高健康管理能力。

（二）健康传播

1. 健康传播的含义　健康传播是指运用各种传播媒介渠道和方法，为维护和促进人类健康而进行收集、制作、传播和分享信息的过程。通过健康传播可以促进个人及组织掌握健康知识和信息，进而采纳有利于健康的行为活动。健康传播是倡导健康生活方式和提高人民群众健康素养最经济有效的方法，是健康教育重要的手段和策略。

2. 健康传播的模式　健康传播包含五个要素。①传播者：需要具备一定的医学、药学知识及必要的传播技巧等多项技能，可以是医学相关人员、药学相关人员、非专业人员（须经过系统培训），也可以是团体（如报社、电台、电视台、网络平台等），传播者的自身素质及水平直接影响到传播效果；②信息：有效的信息应该具有科学性、针对性和指导性，并且目标明确，实现目标的方法切实可行，信息直接决定了健康传播的效果；③受传者：一般都是社会大众，由于个体差异对健康信息的需要呈现多样化，因此会呈现不同的传播效果；④媒介：一般指在健康教育的传播中采用的手段，如电话、报纸、广播、电视等与传统媒体，也包括近年来快速发展的互联网技术和手机服务；⑤效果：健康传播的目的不仅是使受教育者了解知识，更重要的是改变其不良行为，还包括发病率、死亡率的下降以及生活质量的提高等。

知识链接

拉斯韦尔五因素传播模式

拉斯韦尔提出：一个描述传播行为的简便方法，就是回答下列5个问题①谁？②说了什么？③通过什么渠道？④对谁？⑤取得什么效果？

五因素传播模式被誉为传播学经典。

二、健康促进

（一）健康促进简介

健康促进是指个人与家庭、社区和国家一起采取措施，鼓励健康的行为，增强人们改进和处理自身健康问题的能力。

行为的改变是长期且复杂的过程，许多不良行为生活方式仅凭个人主观愿望较难改变，需要依赖于支持性的健康政策、环境、卫生服务等多方面因素，健康促进是健康中国的另一种表述形式。

（二）健康促进的工作内容

早在1986年，世界卫生组织（WHO）就提出了健康促进的五大工作领域，包括建立促进健康的公共政策、创造健康支持环境、开展以社区为基础的健康促进活动、发展个人技能、调整卫生服务方向等，这也是建设"健康中国"的重要内容。大力开展健康教育与健康促进，是实现广大人民群众自我保健、预防疾病、提高全民健康素质和生活质量的重要措施，是解决保障居民健康最经济的途径。

三、用药教育

（一）用药教育简介

1. 用药教育的含义　是指通过直接与患者、患者家属及公众进行交流，解答其用药疑问，介绍安全用药相关知识和疾病知识，传达正确的用药知识，纠正错误用药观念和改善用药依从性的行为。

2. 用药教育的意义　用药教育是健康教育的重要组成部分，也是疾病防治工作中十分重要的环节。通过用药教育，一方面可提高患者的依从性，增强患者对治疗的信心，更好地配合临床治疗；另一方面可显著提高患者对疾病、药物的认识，帮助患者正确、安全选择和使用药物。合理、准确地开展用药教育能够保证最大限度发挥药物的治疗作用，取得最好的临床疗效，同时最大程度降低药物对患者的伤害，提高用药安全性。

3. 用药教育的方式　包括语言教育、书面教育、实物演示、可视听辅助设备用药教育、宣教讲座、电话或互联网教育等。其中，现代化媒体已经成为一种很有效的公众信息放送途径，它使得信息的传递和获取更加便捷，扩大了顾客的参与面。

（二）用药教育的服务对象

1. 门诊患者　对门诊患者，可以在发药窗口以语言教育的方式实施用药教育。门诊用药教育应包括主动并尽可能详细地告知患者药物的使用方法、注意事项、需注意的贮存条件等信息。

2. 住院患者　住院患者的用药教育由临床药师或具有药师以上专业技术职务任职资格的人员开展，根据教育场地的不同，分为在病区进行的院内用药指导和通过电话或药学复诊等形式进行的院外随访两部分。

3. 社会公众　社会公众包括药店顾客、社区患者及关注用药知识的普通人群。通过开展有效的用药教育，对个人用药行为进行针对性干预，帮助公众形成科学、良好的用药习惯，提高居民的用药知识水平，加强对其用药行为的引导，是促使全社会形成正确用药行为、树立药品安全观的关键措施。

（三）开展用药教育工作需掌握的技能

1. 药学知识 应熟练掌握常用药品的用法用量、特殊人群注意事项、常见和严重药品不良反应、药物相互作用、储藏和运输注意事项等。

2. 获取信息能力 应熟练掌握常用医药工具书、软件、医药专业网站的检索方法。

3. 沟通能力 应具备亲和力、共情力，通过倾听、观察患者非语言信息等技巧，了解患者的具体需求，应善于引导患者，使用开放式询问，避免暗示性提问。

（四）用药教育的内容

1. 药物的合理选择 合理的选择药物可使有限的药物发挥最大的效益，减少患者的经济负担。①安全性：是合理选择药物的前提，应在考虑药物带来治疗效果的同时结合患者的病理生理情况，尽量降低患者的风险效益；②有效性：是合理选择药物的目标，明确使用该药物究竟是用于预防疾病或症状、治愈疾病、消除或减轻症状，还是阻止或延缓病程；③经济型：从经济角度出发控制药物的成本，以尽可能少的药费支出获得最大可能的治疗效益，减轻患者及社会的经济负担。

药物合理选择教育包括：①疾病的发生、发展、变化分析，了解疾病的进展程度；②疾病的主要治疗原则介绍，使患者了解治疗方案的思路；③治疗药物的种类、药物特点的讲解分析，包括使用药物的共性、个性特点，使患者理解药物对于自身疾病的适应性，有利于增加用药积极性；④详细介绍用药医嘱中有关药物的一般知识，如药物名称、作用机制、适应证、剂型特点、临床疗效及预期治疗效果；⑤了解患者想法，通过疾病、药物特点分析，消除患者对用药依从性的顾虑。

2. 药物的使用方法 根据个体差异，制订详细的用药方案，将药物以最适宜的用药剂量，按最合适的剂型、给药途径、给药时间，给予最佳的治疗时间及疗程长短，最终达到最合理的治疗目标。常用药物适宜的服用时间见表7-1。

表7-1 常用药品适宜的服用时间

服用时间	药品类别	药品举例	原因
清晨	肾上腺皮质激素	地塞米松	避免抑制内源性激素分泌
	利尿药	呋塞米、螺内酯	避免夜间排尿次数过多
	抗心绞痛药	硝酸异山梨酯、美托洛尔	疾病发作时间多为清晨和上午
	泻药	硫酸镁	迅速发挥药效
	抗高血压药	贝那普利、氯沙坦	针对控制杓型血压
	抗过敏药	氯雷他定、西替利嗪	控制白天的过敏症状

服用时间	药品类别	药品举例	原因
餐前	胃酸分泌抑制药	泮托拉唑、兰索拉唑	减少食物对药物的影响
	胃黏膜保护剂	硫糖铝	有利于药物在胃壁形成保护膜
	促胃动力药	多潘立酮、甲氧氯普胺	以利于发挥促进胃蠕动和胃排空
	降血糖药	格列美脲、那格列奈	协同促进胰岛素的分泌
	钙补充剂	碳酸钙、枸橼酸钙	避免食物对钙吸收的影响
	抗菌药物	头孢拉定、阿莫西林	进食将延迟药物的吸收
餐中	降血糖药	二甲双胍、罗格列酮	减少胃肠刺激，降低餐后血糖
	助消化药	胰酶、淀粉酶	避免被胃酸破坏
	减肥药	奥利司他	减少脂肪的吸收率
	抗抑郁药	帕罗西汀、舍曲林	减少对消化道的刺激
	非甾体抗炎药	吡罗昔康	降低胃黏膜出血的危险性
餐后	胃黏膜保护剂	铝碳酸镁、蒙脱石散	利于药物形成保护膜
	维生素类	维生素B_2	促进药物的吸收
	解热镇痛抗炎药	布洛芬、对乙酰氨基酚	减少对消化道的刺激
睡前	缓泻药	比沙可啶、液体石蜡	睡前服用，次日晨起泻下
	降血脂药	辛伐他汀、洛伐他汀	胆固醇合成的高峰期
	平喘药	孟鲁司特、沙丁胺醇	有效控制夜间或凌晨的哮喘发作
	镇静催眠药	阿普唑仑、佐匹克隆	服药后起效安然入睡
	抗高血压药	贝那普利、氯沙坦	针对控制非杓型血压
	抗过敏药	氯雷他定、西替利嗪	控制夜间过敏症状

安全合理用药必须正确使用不同剂型的药物，否则非但不能达到预期疗效，甚至可能发生危险，所以在用药前应认真阅读说明书或请示药师规范使用。常见剂型的使用方法见表7-2。

表7-2 常见剂型的使用方法

剂型	使用方法	注意事项
口服泡腾片	将药片投入100~150ml凉开水或温水中；待溶解后充分摇匀后服下	严禁直接服用或口含，药液中有不溶物、沉淀、絮状物时不宜服用
舌下片	放于舌下；含服5分钟左右	不可咀嚼或吞服，含服后半小时内不宜饮水或饮食
咀嚼片	充分咀嚼后，少量温开水送服	不可直接吞服
软膏剂（乳膏剂）	用药前洗净皮肤，涂敷药物后轻轻按摩	不宜涂敷于敏感或破损部位，出现不适应立即停药，并将局部药物洗净
含漱剂	用药前清水漱口，含漱时长应严格依照说明书	含漱后吐出，不宜咽下，含漱后不宜马上饮水和进食
滴眼剂	用手指轻轻按压眼内眦，将药液从眼角侧滴入下眼袋内	若同时使用两种药液宜间隔10分钟以上
滴耳剂	滴入药物后休息5分钟更换另侧耳；滴耳后用少许药棉塞住耳道	滴耳后有刺痛或烧灼感应立即停药
滴鼻剂	滴鼻前呼气，仰位，滴后保持仰位1分钟，再坐直，用嘴呼吸	连续用药3日以上，症状未缓解者应及时去医院就诊
气雾剂	尽量将痰液咳出，将双唇紧贴近喷嘴，头稍后仰，缓缓呼气以排尽肺部气体；深吸气同时掀压阀门，使舌头向下；屏住呼吸10秒后用鼻子呼气	准确掌握剂量，含激素类制剂用后须以温水漱口
透皮贴剂	用药前清洗皮肤，将贴片贴于无毛发的皮肤上，轻按使之边缘与皮肤贴紧	不宜热敷；皮肤有破损不要贴敷，若给药部位出现刺激症状应及时就诊
直肠用栓剂	患者取左侧卧位并弯曲右膝；戴橡胶指套或一次性橡胶手套将栓剂尖端朝前推入直肠中的适宜深度	若栓剂变软可将栓剂放入冰箱直到变硬为止，插入栓剂后尽量在1小时内不要排便
缓/控释制剂	整片或整丸吞服	严禁嚼碎或击碎后分次服用

3. 服用药品的特殊提示

（1）饮水对药物疗效的影响见表7-3。

表7-3　饮水对药物疗效的影响

药品类别	药品举例	原因
宜多饮水		
平喘药	氨茶碱、胆茶碱	降低血容量，服用后易脱水
利胆药	苯丙醇、羟甲香豆素	引起胆汁过度分泌和腹泻导致脱水
蛋白酶抑制剂	利托那韦、安普那韦	可形成尿道结石或肾结石
双膦酸盐	阿仑膦酸钠、氯膦酸二钠	对上消化道黏膜产生局部刺激
抗痛风药	苯溴马隆、丙磺舒、别嘌醇	尿酸在排出过程形成结石
抗尿结石药	排石颗粒	增加尿液生成、促进结石排出
氨基糖苷类抗生素	链霉素、庆大霉素	肾毒性
磺胺、氟喹诺酮类	磺胺嘧啶、左氧氟沙星	代谢产物易形成结晶，形成结晶尿
抗胆碱药	山莨菪碱	可引起口干
限制饮水		
苦味健胃药	复方龙胆酊、健胃散	维持药物浓度，保障药效
胃黏膜保护剂	硫糖铝、果胶铋、铝碳酸镁	避免于胃部形成的保护膜被破坏
消化道黏膜保护剂	蒙脱石散	有利于吸附致病微生物
止咳药	急支糖浆、甘草合剂	药物黏附在咽喉部而发挥药效
预防心绞痛药物	硝酸甘油片、麝香保心丸	舌下用药，保持药物浓度
抗利尿药	加压素、去氨加压素	可引起水钠潴留或低钠血症
不宜热水送服		
含活性菌药	双歧杆菌三联活菌胶囊	活性菌受破坏
助消化药	胃蛋白酶	消化酶遇热易凝固变性
维生素类	维生素C	性质不稳定，受热易被破坏

（2）饮食对药物疗效的影响见表7-4。

表7-4　饮食对药物疗效的影响

饮食因素	药品类别	药品举例	原因
酒精	头孢类抗生素	头孢孟多、头孢美唑	诱发双硫仑样反应
	抗滴虫药	甲硝唑、替硝唑	诱发双硫仑样反应
	抗精神病药	氯丙嗪	诱发双硫仑样反应
	非甾体抗炎药	阿司匹林、对乙酰氨基酚	加重胃肠道反应
	镇静催眠药	地西泮、苯巴比妥	增强镇静催眠作用
	抗过敏药	苯海拉明、氯苯那敏	加重中枢抑制作用
	抗凝血药	肝素、双香豆素	延长药物半衰期
	降血糖药	二甲双胍、阿卡波糖	降低血糖水平
	抗痛风药	别嘌醇	降低药物效果
	抗癫痫药	苯妥英钠	加速药物代谢，降低药效
茶叶	含金属离子药	葡萄糖酸钙、硫酸亚铁	茶叶中鞣酸与药物成分相互结合形成沉淀影响药物吸收、降低药效
	含蛋白质药	胃蛋白酶、淀粉酶、胰酶	
	含生物碱药	麻黄素、阿托品	
	含苷类药	地高辛、三七	
咖啡	中枢神经抑制药	佐匹克隆、艾司唑仑	拮抗药物作用
醋	磺胺类	磺胺嘧啶	降低药物溶解度引起结晶
	抗痛风药	秋水仙碱、别嘌醇	不利于尿酸的排泄
	氨基糖苷类	链霉素、庆大霉素	降低抗菌活性，增强肾毒性
葡萄柚汁	抗高血压药	硝苯地平、非洛地平	葡萄柚的成分可抑制药物代谢酶，提高药物浓度
	降血脂药	辛伐他汀	
	甾体激素类药	炔诺酮、去氧孕烯	
	免疫抑制药	环孢素	
	镇静催眠药	地西泮、三唑仑	
	抗过敏药	特非那定	

（3）吸烟对药物疗效的影响：在药动学和药效学上，吸烟产生的化学物质可诱导代谢酶的活性，降低药物浓度从而影响药物治疗效果，与吸烟存在此种相互作用的常见药物，具体见表7-5。

表7-5　吸烟与药物的相互作用

药品类别	药品名称
抗凝药	华法林、肝素
H_2受体拮抗剂	西咪替丁
中枢兴奋药	咖啡因
平喘药	茶碱
镇静催眠药	地西泮、阿普唑仑
精神治疗药物	氯丙嗪、氯氮平
抗心律失常药	利多卡因、美西律

4. 用药安全　安全合理用药可以更好地帮助人们防治疾病、促进健康，反之则可能损害健康甚至危及生命。在用药过程中，除选用适当的药物外，还必须清楚如何安全用药，及早进行防范及应对措施教育，如服药前应提醒患者药物可能出现的不良反应，以及用药过程中应注意的事项，让患者有知情权和心理准备，学会发现或判断。

🔗 知识链接 ....

全国安全用药月

原国家食品药品监督管理局于2011年确定在每年九月举办的一项重点宣传活动，通过搭建多种传播交流平台，贴近生活、贴近群众，在全国范围内有针对性地开展安全用药教育，被称为"全国安全用药月"。此类活动可以充分发挥药师、药学专家及相关专业团体的作用，宣传安全用药理念和使用知识，对人们安全用药进行解读和科普教育，形成有效的科普干预，切实发挥药师的药学服务作用。

5. 用药依从性　用药依从性是指患者是否按医师或药师的指导合理用药，包括能否按照医师要求的剂量、服药次数、用药时间坚持用药，是否出现擅自增减剂量、更换药品甚至停用药品的现象等。

（1）导致患者依从性差的原因：依从性差与很多因素相关，用药者没有充分理解用药指导和用药说明；主观上不愿意服药；忘记服药；认为药费过于昂贵；不能自行服用或使用药物；用药者无法获得药物等。

（2）开展用药依从性教育：药学技术人员除了必须具有为患者高度负责的强烈责任心、优良的业务素质及娴熟的业务技能外，还需要有较强的语言沟通能力和表达能力。提高患者用药依从性，应做到：①以患者为中心，尊重患者合理用药要求与知情权；②了解患者的需求，对患者的痛苦及困难给予体贴和关心；③加强与患者的监护人、陪护人之间的沟通，建立良好的医（药）患关系；④与患者的交流沟通要有条理性、专业性，方式方法适宜，符合专业规范和职业道德准则。

小结

1. 做好药学服务，有助于科学指导合理用药、节约医疗卫生资源、提高公众健康水平以及实现药学从业人员的自我价值。
2. 无论是在医院还是药品经营企业，从事药学服务的人员都必须具备良好的职业道德和职业素养、完备的专业知识及专业技能。
3. 健康管理从对服务对象健康信息的收集到对个人健康状况的评价，以提供有目的、有针对性的健康指导，从而改善其健康状况。
4. 合理用药包括药物的安全性、有效性、经济性，使有限的药物发挥最大的效益，同时减少患者的经济负担。

思考题

1. 药学服务的对象是谁？
2. 药学服务的具体工作有哪些？
3. 简述健康管理的基本步骤。
4. 简述健康管理的服务流程。

（陈元岭）

项目八
常见症状的药品推荐

学习目标

知识目标

● 掌握发热等常见症状的常用药品、用药指导及健康教育。

● 熟悉发热等常见症状的常见病因、临床表现。

● 了解发热等常见症状的诊断要点。

能力目标

● 能根据病情及顾客需求恰当推荐对症治疗药品。

● 能根据实际，为顾客进行合理用药指导。

● 能根据实际，为顾客提供适宜的健康服务。

素质目标

● 具备运用唯物辩证思维进行问症荐药的能力及提供基本健康服务的能力。

● 具有严谨认真、耐心细致的工作态度，较强的岗位责任心和职业道德。

● 具备良好的沟通、表达、交际能力及团队合作意识。

导学案例

情景描述：

　　顾客到药店为其5岁女儿购买止泻药，店员在交谈后得知，孩子长期食欲不振、消瘦、腹胀、腹泻，判断为脾胃虚弱、饮食不当导致长期消化不良进而引起腹泻，考虑到长时间腹泻可能存在肠道菌群失调，遂为其推荐小儿健胃消食片和双歧杆菌三联活菌胶囊，并耐心细致地做了用药指导和育儿方面的一些健康教育。同时建议，如孩子用药7天后仍未见好转，应及时到医院就诊，确定病因。

同一症状可见于多种疾病，同一疾病往往也伴随多种症状，面对顾客购买缓解症状药品时，不应盲目推荐，应先根据症状和/或伴随症状的特点，辨证判断是否荐药，或推荐适宜药品，并尽早明确病因，进行对因治疗。对原发病明确的，仍以治疗原发病为主；不明原因的，建议及早到医院确诊，同时做好相应的用药指导和健康宣教。药物作用存在两重性，需指导顾客学会观察药物疗效和不良反应，及时就医。对症治疗时间不宜过长，如用药后症状未消失、无缓解或短时间内反复发作，建议及时就医。

思政要点：

辨证用药，一分为二

任务 8-1　发热的药品推荐

◎ 案例分析

案例：

2022年初，李先生到店购买退热药，自述早起测体温37.6℃。店员了解后告知，新型冠状病毒肺炎疫情常态化防控期间药店不得向有发热症状人员销售退热药，建议其立即到定点医院就医检查。同时请李某留下个人信息后，立即上报给相关部门。

分析：

发热是人体对致病因子的一种全身性防御反应，且热型是临床诊断疾病的重要依据之一，因此病因未明时不宜盲目退热，体温不太高时（小儿体温低于38.5℃时），不建议使用退热药。根据新型冠状病毒感染疫情防控要求，体温超过37.3℃者，零售药店不得向其销售退热药，建议立即到当地定点医院检查就诊，并将人员信息及时上报相关部门。对购买退热、止咳、抗菌、抗病毒四大类监测范围内药品的人员实行实名登记，统一上报至省级"零售药店常态化疫情监测警戒系统"。

一、认识发热

（一）发热

人体的正常体温一般在36~37℃，当机体在致热原作用下或各种原因引起体温调节中枢功能障碍时，体温升高超过正常范围称为发热。当直肠温度高于37.6℃、口腔温度高于37.2℃、腋下温度高于37℃，或一日之内体温相差在1℃以上，即为发热。临床上为测量方便多采用腋下测体温法。发热的分度，以腋下温度为标准，体温37.3~38℃为低热、38.1~39℃为中等度热、39.1~41℃为高热、体温 >41℃为超高热。

（二）发热的病因及表现

发热最常见的病因是感染，尤其是细菌感染；也可由非感染性因素引起，如变态反应性疾病、内分泌代谢性疾病、血液病、结缔组织疾病、恶性肿瘤、体温调节中枢失调等；还可由药物、物理化学性损害和生理性因素引起。

发热往往伴有其他症状，如感冒及流感引起的发热常伴有头痛、四肢酸痛、咽痛、畏寒、乏力、鼻塞、流涕、打喷嚏或咳嗽等症状；水痘、麻疹引起的发热常伴有皮疹；急性结膜炎、流脑引起的发热常伴有结膜充血；风湿热、风湿病引起的发热常伴有肌痛、关节痛；肺炎引起的发热为持续高热，24小时内体温持续在39~40℃，伴寒战、高热、胸痛、咳嗽等症状；伤寒引起的发热也为持续高热（稽留热），但起病缓慢，无寒战，脉缓、玫瑰疹、肝脾肿大；化脓性感染或疟疾引起的发热为高热，伴间歇性的寒战、大汗。

🔗 **知识链接**

人体体温

人体各个部位的温度不尽相同，如直肠温度平均为37.2℃，口腔温度比直肠低0.3~0.5℃，腋窝下温度又比口腔低0.3~0.5℃。一天之中，清晨2~6时体温最低，7~9时逐渐上升，下午4~7时最高，继而下降，昼夜温差不会超过1℃。体温在性别、年龄上也略有不同，如女性略高于男性、新生儿略高于儿童、老年人相对低于青壮年。

二、常用解热镇痛药

《国家非处方药目录》收载的常用解热镇痛药为解热镇痛抗炎药，如对乙酰氨基酚、布洛芬、阿司匹林和贝诺酯等。

（一）化学类药品

1. 非处方药

（1）对乙酰氨基酚（扑热息痛）：是世界卫生组织（WHO）推荐的较为安全的药物，解热作用强，镇痛作用较弱，可作为退热首选药。起效快，作用缓和持久，不良反应少，但大剂量对肝脏有损害，严重者可致昏迷甚至死亡。一次500~1 000mg，一天最大剂量不超过2 000mg，用药间隔至少6小时。

（2）阿司匹林：解热镇痛作用较强，降低发热者体温，对正常体温几乎无影响。

（3）布洛芬：是世界卫生组织（WHO）推荐得较为安全的药物，解热作用与阿司匹林相似但更持久，适用于婴幼儿，针对儿童高热（超过39℃）有强大的退热效果。

（4）贝诺酯：本药为对乙酰氨基酚和阿司匹林的酯化物，有解热镇痛抗炎作用，对胃肠道刺激小。

（5）尼美舒利：选择性抑制环氧合酶Ⅱ的非甾体抗炎药，相比布洛芬、对乙酰氨基酚解热作用起效更快，不良反应相当。本药对中枢神经和肝脏均有一定的损害，12岁以下的儿童禁止使用尼美舒利。

2. 处方药

（1）柴胡注射液：常用于治疗感冒、流行性感冒及疟疾等的发热，但儿童禁用。

（2）高热持续惊厥（一次发作持续≥30min）或周期性惊厥，需要积极治疗，同时给予地西泮。

（二）中成药

1. 感冒发热　详见感冒药（第九章），如风热感冒可选用感冒清热颗粒、清热解毒口服液、热炎宁颗粒等。

2. 清热药　可选用具有清热开窍的药物，如安宫牛黄丸，用于高烧不止、神志昏迷患者。因本品含麝香，孕妇慎用；含朱砂、雄黄，不宜过量久服，肝肾功能不全者慎用；治疗过程中如出现肢寒畏冷、面色苍白、冷汗不止、脉微欲绝时，立即停药。

三、常用解热镇痛药的用药指导

1. 重视对因治疗　退热属于对症治疗，通过药品使体温降至正常，并解除伴发的症状（如惊厥、疼痛等），还可采用物理降温等方式配合治疗。热型是临床诊断疾病的重要依据之一，病因未明时不宜盲目退热，以免掩盖病情，影响疾病的诊断，最好在医生的指导下，积极查找发热原因，明确诊断，及早治疗原发病。

2. 避免不良反应

（1）胃肠反应：多数解热镇痛药（肠溶制剂除外）有明显的胃肠道刺激作用，宜在餐后用药，不宜空腹使用；因酒精也会加重胃肠道黏膜损害，所以使用本类药物时，不宜饮酒或饮用含有酒精的饮料；胃、十二指肠溃疡者，上消化道出血或有穿孔病史者禁用。

（2）过敏反应：大多数解热镇痛药之间有交叉过敏反应，如患者对解热镇痛药或其中成分有过敏史者，不宜再使用其他同类药物；对有特异体质者，使用后可能发生皮疹、血管性水肿、哮喘等反应，应当慎用。

🔗 知识链接 ....

阿司匹林哮喘

无论既往是否有哮喘病史，当口服阿司匹林后数分钟内或数小时内出现的哮喘发作，称阿司匹林哮喘。阿司匹林性哮喘并非一定都是内服阿司匹林引起，许多解热镇痛药都可引起类似哮喘的发作。这些药物包括非那西丁、对乙酰氨基酚、氨基比林、安替比林、保泰松、吲哚美辛、布洛芬等。此外，一些复方制剂因含有阿司匹林和氨基比林的成分，服用后也可能引起阿司匹林性哮喘。

3. 用法指导　①解热镇痛药用于解热一般不超过3天，如症状未缓解或消失应及时就医，不得长期服用；②发热持续3日不退，或伴随有寒战、胸痛、咳嗽；儿童发热在39℃以上同时神志不清；严重疼痛、频繁呕吐；长期反复发热或有不明原因的发热时，应去医院就诊；③不宜同时使用两种以上的解热镇痛药，以免引起肝、肾、胃肠道的损伤。常用退热药因生产厂家、剂型及药品活性成分含量不同，应用时用药方法和剂量需严格按照使用说明书使用。

4. 特殊人群用药注意事项　①阿司匹林、对乙酰氨基酚有一定的致畸作用，孕妇禁用；布洛芬用于妊娠晚期可使孕期延长，妊娠及哺乳期妇女禁用；②病毒感染伴有发热的儿童、青少年（16岁以下）使用阿司匹林退热时，有发生Reye综合征的危险，因此禁用阿司匹林，可选用对乙酰氨基酚；③对乙酰氨基酚有一定的肝毒性，不适合3岁以下肝功能发育不全的儿童使用，老年人及肝肾功能不全者慎用；④1岁以下儿童应用退热药应在医师指导下使用。

1. 下列关于解热镇痛药的使用叙述错误的是（   ）

A. 退热属对症治疗，可能会掩盖病情

B. 应严格掌握用量，避免滥用，老年人应减量

C. 多数宜在餐后服用

D. 因阿司匹林无致畸作用，故在怀孕的前3个月推荐使用

E. 不宜同时使用两种以上解热镇痛药

答案：D

解析：阿司匹林虽无致畸的影响，但并可影响凝血功能，并不推荐怀孕前3个月使用。

2. 通常下列哪个药是退热的首选（   ）

A. 对乙酰氨基酚

B. 阿司匹林

C. 安乃近

D. 布洛芬

E. 尼美舒利

答案：A

解析：对乙酰氨基酚是WHO推荐的较安全的解热镇痛药，可作为退热首选药。

四、健康教育

1. 观察病情　发热是一种常见症状，常出现于许多疾病的早期，是对致病因子的一种全身性防御反应，发热时人体免疫功能明显增强，体内的吞噬细胞活性增强，抗体产生增多，有利于炎症的修复和清除病原体，促进疾病的痊愈。体温不太高时（小儿低于38.5℃时），建议患者不必用退热药，最好是多喝开水，应用物理降温，同时密切注意病情变化。当体温超过40℃（小儿超过39℃）则可能引起惊厥、昏迷，甚至严重后遗症，应及时应用解热镇痛药及镇静药。

2. 生活指导　宜注意控制饮食，建议进食营养丰富，易消化的清淡食物，少量多餐；多喝水、果汁，补充高热消耗的大量水分，有利于毒素和代谢产物的排出。发热期间注意多休息，保证充足的睡眠，夏季注意调节室温。

3. 物理降温　经常保持皮肤的清洁，用温热水擦浴，以避免堵塞汗腺，并及时

更换衣被，保持干燥；对高热者可用冰袋和凉毛巾冷敷，或用50%的乙醇擦拭四肢、胸背、头颈部以帮助退热。

任务 8-2　头痛的药品推荐

案例分析

案例：

顾客张先生最近一段时间持续头痛，今到店购买止痛药。店员小李在交谈中得知，张先生刚升任部门经理，压力较大，睡眠不好，加之经常出差，比较劳累，遂为其推荐正天丸和维生素B_1，并建议合理安排工作，劳逸结合，保证充足的睡眠时间，适当运动，学会放松心情。

分析：

大多数头痛与精神因素有关，因此注意心理健康，保持乐观情绪，劳逸结合，学会科学休息，是防治头痛的有效措施。同时要明确引起头痛的原因，积极治疗原发病，不可盲目使用止痛药。

一、认识头痛

（一）头痛

头痛是指头颅内外各种性质的疼痛，包括额部、顶部、颞部及枕部的疼痛，可见于多种疾病，大多数无特异性，如全身感染发热性疾病往往伴有头痛，精神紧张、过度疲劳也有可能引发头痛。但反复发作或持续性的头痛可能是某些器质性疾病的信号，应当认真检查，明确诊断，及时治疗。

（二）头痛的病因及表现

1. 原发性头痛

（1）紧张性头痛：又称为肌收缩性头痛，临床上极为常见，以女性为多。一种头部的紧束、受压或钝痛感，更典型的是具有束带感，较常见，且多反复发作，发作前有明显的诱发因素，如工作或学习压力过大、紧张、焦虑等。发作时，可扩散至颈、肩、背部，呈轻、中度疼痛，疼痛时有麻木、发硬、紧绷感等。

（2）偏头痛：也是一种常见的头痛类型，疼痛集中于头的一侧，呈搏动性，常伴有恶心、呕吐。约60%的偏头痛患者有家族史，成年后发病者女性多于男性，发病次数不等，但女性成年患者的发作周期与月经周期有关。

（3）三叉神经性头痛：表现为一侧面部（颞侧）短暂的、闪电样剧烈疼痛，常难以忍受。多反复发作，发作时，疼痛部位可放射至鼻、颊、上颚、牙，甚至整个半侧头部。

（4）丛集性头痛：发作时无先兆，固定于一侧眼及眼眶周围的剧烈疼痛，多在夜间发作。初感一侧眼及眼眶周围胀感或压迫感，数分钟后迅速发展为剧烈胀痛或钻痛，可扩散至同侧额颞部及顶枕部，并伴有疼痛侧球结膜充血、流泪、流涕、出汗、眼睑轻度水肿等症状，但少有呕吐。发作时间一般可持续15~180分钟，后症状迅速消失。发作呈丛集性，每天发作一到数次，且时间大致相同，甚至会在恒定的时间发作，每次发作的症状和持续时间几乎相同。

2. 继发性头痛

（1）颅脑病变

1）脑血管病变性头痛：属突发性头痛，伴恶心、呕吐及意识障碍，有脑出血或蛛网膜下隙出血的可能性，多见于中老年人，病情危急，应建议患者立即去医院就医。

2）颅内感染性头痛：头痛是各种病因或各个部位颅内感染的首要症状，多为全头痛。如脑膜炎，脑膜及脑组织因感染出现水肿并伴有炎性渗出，导致颅内压升高引发头痛，常伴有恶心、喷射状呕吐等症状。

3）颅内占位性头痛：指颅内肿瘤、血肿、脑脓肿等引起的头痛，呈持续性胀痛或钝痛，并渐进性加剧，严重时伴有急性视力下降、呕吐、头晕等症状。初期头痛常位于病变同侧，后期因颅内压升高表现为弥漫深在的持久性钝痛，晨起较重，咳嗽、大便用力或打喷嚏时往往头痛加重。

（2）颅外病变

1）鼻窦炎性头痛：各类鼻窦炎，尤其是慢性鼻窦炎可引起头痛，当用力擤鼻涕时疼痛加重。根据病变部位的不同，头痛部位也不尽相同，如额窦病变，则头痛时眼睛上方、前额下面会有触痛；上额窦病变，则面颊、上颌及牙齿会疼痛。

2）青光眼性头痛：头痛部位多在眼眶的上部或眼球周围，主要是眼压过高引起的，并伴有视力障碍。

（3）全身性疾病

1）感冒发热性头痛：此类型头痛最常见，表现为感冒初起，低热或不发热，但头痛明显，并伴有全身肌肉酸痛或其他感冒症状。

2）高血压性头痛：高血压常伴有头晕、头胀等症状，也有头部沉重或颈部僵硬。多发于早晨，疼痛部位位于前额、枕部或颞部，可能是颅外颈动脉系统血管扩张、脉搏振幅增高所致。

二、常用缓解头痛药品

（一）化学类药品

使用止痛药缓解头痛仅为对症治疗，应及早明确头痛的病因，积极治疗原发病。临床使用止痛药要依据头痛的病因、性质、部位、特点做到有针对性的个体化用药。《国家非处方药目录》收载的用于缓解头痛的药品主要是解热镇痛药，如对乙酰氨基酚、布洛芬、阿司匹林、双氯芬酸钠等。

1. 非处方药

（1）感冒发热性头痛：如是单纯头痛伴全身酸痛，可建议选用对乙酰氨基酚、阿司匹林、布洛芬、萘普生、复方对乙酰氨基酚等；如头痛还伴有鼻塞、流涕等症状，则应建议选用抗感冒药。

（2）紧张性头痛：建议养成良好的生活习惯，劳逸结合，戒烟限酒，不饮浓茶、咖啡。除此之外，可应用谷维素联合维生素B_1，也可服用中成药正天丸或通天口服液等。

（3）鼻窦炎性头痛：建议进行局部治疗，用呋麻滴鼻液，或0.05%盐酸羟甲唑啉滴鼻液，或0.1%盐酸赛洛唑啉滴鼻液滴鼻。

2. 处方药

（1）紧张性头痛：长期精神紧张者，推荐应用地西泮片。

（2）反复性偏头痛：推荐应用抗偏头痛药，如麦角胺咖啡因片、罗通定片、天麻素、苯噻啶、舒马普坦、佐米曲普坦。

（3）三叉神经性头痛：使用阿司匹林、复方对乙酰氨基酚无效时，应当在医师的指导下使用卡马西平、苯妥英钠或氯硝西泮等药物。

（二）中成药

中医将头痛分为外感头痛和内伤头痛。中药因其药性不同，须在中医辨证的基础上，合理选用相应中成药进行治疗。

1. 外感头痛

（1）风寒头痛：风寒之邪外袭所致的头痛。头痛时作，痛连项背，遇风加剧，恶风畏寒；苔薄白，脉浮紧，伴有鼻塞流涕。治宜疏风散寒、通络止痛。宜选用川芎茶调散、风寒感冒颗粒、通天口服液、头风痛胶囊、正柴胡饮颗粒、九味羌活丸、都梁丸、天麻头痛片等。

（2）风热头痛：风热之邪外袭所致的头痛。头痛而胀，甚则头痛如裂，发热恶风，面红目赤，口渴喜饮，大便秘结，小便黄赤；舌红苔黄，脉浮数。治宜疏风清热、通络止痛。宜选用桑菊感冒片（颗粒）、羚羊感冒片、清热解毒口服液、芎菊上清丸、牛黄上清丸等。

（3）风湿头痛：风湿之邪侵袭所致的头痛，头痛如裹，肢体困重，纳呆胸闷，不思饮食，小便不利，大便溏薄；苔白腻，脉濡。治宜祛风除湿、散寒止痛。宜选用藿香正气水（胶囊）、川芎茶调散、九味羌活丸等。

2. 内伤头痛

（1）肝阳头痛：肝阳上亢所致的头痛。头胀痛或掣痛，心烦易怒，失眠多梦，眩晕，口苦胁痛，面红目赤；舌苔薄黄，脉弦有力。治宜平肝潜阳、熄风止痛。宜选用天麻钩藤颗粒、天舒胶囊、天麻头风灵片、全天麻胶囊、丹珍头痛胶囊、龙胆泻肝丸、复方羊角颗粒等。

（2）肾虚头痛：肾精亏损、髓海失充所致的头痛。头痛且空，腰痛酸软，眩晕耳鸣，神疲乏力，遗精带下，健忘，少寐。肾阳虚又见畏寒肢冷，舌淡胖，苔薄白，脉沉细无力；肾阴虚则见面色潮红、五心烦热、盗汗，舌红少苔，脉细数。治宜补肾益精。肾阴虚宜选用补肾益脑丸、六味地黄丸、天麻首乌片、天麻头风灵片、天麻醒脑胶囊等；肾阳虚则可选用右归丸、金匮肾气丸等。

（3）气虚血亏头痛：气血亏虚所致的头痛。头痛绵绵或隐痛，反复发作，遇劳加重，心悸不宁，气短，眩晕，乏力，自汗，面色苍白。舌质淡，苔薄白，脉细弱。治宜益气养血。气虚宜选用人参归脾丸、人参健脾丸、补中益气丸等；血虚宜选用养血清脑颗粒、清脑复神液、人参养荣丸、八珍颗粒、天麻头痛片等。

（4）痰浊头痛：痰浊上蒙所致的头痛。头痛昏蒙，重坠如裹，胸脘满闷，纳差，眩晕，倦怠乏力，呕恶痰涎。苔白腻，脉滑或弦滑。治宜化痰祛湿、熄风止痛。宜选用半夏天麻丸、正天丸、头痛宁胶囊、清脑复神液等。

（5）瘀血头痛：头痛刺痛或剧痛，经久不愈，痛处固定不移，或有头部外伤史，伴有面色晦暗，唇舌紫暗或见瘀斑瘀点，或舌下脉络充盈迂曲。苔薄白，脉细或细涩。治宜活血化瘀、通络止痛。宜选用血府逐瘀胶囊（口服液）、头痛宁胶囊、复方羌红片（胶囊）、大川芎丸、丹珍头痛胶囊、天舒胶囊、天麻头痛丸等。

1. 下列药品不能用于风热头痛的是（　　　）

A. 芎菊上清丸

B. 黄连上清丸

C. 清热解毒口服液

D. 感冒清热颗粒

E. 桑菊感冒片

答案：D

解析：感冒清热颗粒用于风寒头痛。

2. 下列对于头痛的治疗原则，错误的是（　　　）

A. 在未明确病因的情况下，止痛药连续使用不得超过5天

B. 在未明确病因的情况下，严格禁止使用止痛药

C. 不宜同时使用两种同一类止痛药

D. 妊娠期妇女禁止使用阿司匹林缓解头痛

E. 紧张性头痛可用谷维素联合维生素B_1

答案：B

解析：如遇剧烈头痛，即使未明确病因，也应酌情使用止痛药缓解，但时间不超过5天，同时应及时就医，查明病因。

三、常用缓解头痛药品的用药指导

1. 重视对因治疗　引起头痛的原因很多，常用的缓解头痛药品仅为对症治疗，并不能根除头痛的病因，也不能阻止病情的发展和并发症的发生，因此不宜长期使用，更不能盲目使用。应在医生的指导下，明确诊断，找出病因，尽早治疗原发病，以免延误病情。此外，物理磁疗、局部冷（热）敷、吸氧、针灸等非药物治疗手段均对缓解头痛有一定疗效。

2. 避免不良反应　解热镇痛药的常见不良反应是胃肠刺激（肠溶制剂除外），宜在餐后用药，或与食物同服，不宜空腹使用；酒精会加重胃肠黏膜损害，所以用药期间不宜饮酒或饮用含有乙醇的饮料；胃、十二指肠溃疡，上消化道出血或有穿孔病史者禁用；布洛芬是其中对胃肠刺激轻、耐受性最好的一种。多数解热镇痛药之间可能存在交叉过敏反应，如对该类药有过敏史者，不宜再用其他同类药；特异体质者，使

用后可能发生皮疹、血管性水肿、哮喘等反应，须慎用。

3. 用法指导　①解热镇痛药用于头痛一般不超过5天，5天后如症状未缓解，或伴有发热、嗜睡、复视、血压或眼压升高、手脚冰凉、神志不清时应及时就医，不得长期服用；②不宜同时使用两种以上的解热镇痛药，以免引起肝、肾、胃肠道的损伤。部分中成药中也含有解热镇痛药，且不同药品因生产厂家、剂型及药品活性成分含量不同，使用时应严格按照说明书中的用法用量；③中成药的选用要注意头痛的中医分型，根据辨证施治原则，不同证型的头痛应选用不同的中成药进行治疗。

4. 特殊人群用药注意事项　①阿司匹林、对乙酰氨基酚有致畸作用，孕妇禁用；布洛芬用于妊娠晚期可使孕期延长，妊娠及哺乳期妇女禁用；②对乙酰氨基酚有一定的肝毒性，不适合3岁以下肝功能发育不全的儿童使用，老年人及肝肾功能不全者慎用。

四、健康教育

1. 观察病情　头痛不是独立的病症，常见于多种疾病，头痛反复发作或持续性的疼痛，或用药后无明显缓解应及时就医。

2. 生活指导　大多数头痛与精神因素有关，应注意心理健康、保持乐观情绪、合理安排工作，劳逸结合，学会放松心情，科学休息，是防治头痛的有效措施。同时，应加强饮食调理，多喝水、多吃水果、饮食清淡、补充蛋白质和电解质；戒除烟酒、忌食巧克力或辛辣食品；长期伏案工作者，应经常锻炼身体，放松颈部肌肉。

任务 8-3　咳嗽的药品推荐

◎ 案例分析 --

案例：

顾客张某感冒后咳嗽，咽痒，咽喉疼痛，吐少量淡黄色浓痰，自述嗓子一痒就咳，一咳就持续很长时间，严重影响睡眠，今到药店购买止咳药。店员根据其描述，推荐氢溴酸右美沙芬分散片，并告诉顾客该药可能引起头晕、嗜睡等现象，建议用药期间不可开车或从事需要集中注意力的工作。如连续用药一周后咳嗽仍不见好转，建议去医院检查。

分析:

咳嗽是人体的一种保护性反射活动,有利于保持呼吸道清洁和通畅。但剧烈、频繁的刺激性干咳可影响休息与睡眠,甚致使病情加重或引起其他并发症,应适当地选用镇咳药。镇咳药要依据咳嗽的病因及表现做到个体化、有针对性用药。新型冠状病毒肺炎疫情常态化防控期间,对购买退热、止咳、抗菌、抗病毒四大类监测范围内药品的人员实行实名登记,统一上报至省级"零售药店常态化疫情监测警戒系统"。

一、认识咳嗽

(一)咳嗽

咳嗽是人体的一种保护性反射活动,是呼吸系统疾病的主要症状之一,适度咳嗽可以排出呼吸道内的异物或分泌物,有利于保持呼吸道清洁和通畅。但严重的咳嗽可使呼吸道内感染扩散,剧烈的咳嗽还可能导致呼吸道内出血,甚至诱发自发性气胸。一般情况下,轻度咳嗽有利于痰液或异物排出,不必应用镇咳药;但剧烈、频繁的刺激性干咳可影响休息与睡眠,致使病情加重或引起其他并发症,对治疗不利,应适当地选用镇咳药。

(二)咳嗽的病因及表现

咳嗽分为干咳和湿咳。咳嗽无痰或痰量甚少,称为干性咳嗽,简称干咳,常见于急性咽喉炎、急性支气管炎的初期、气管受压、胸膜炎、轻症肺结核等;咳嗽痰多,称为湿性咳嗽,简称湿咳,常见于慢性支气管炎、支气管扩张、肺炎等。不同疾病引起的咳嗽特点也不同。

1. 普通感冒 咳嗽多为轻咳、干咳,有时有少量薄白痰。

2. 流行性感冒 咳嗽多为干咳或有少量薄白痰,多伴有背痛、高热、头痛、咽痛。

3. 百日咳 为阵发性剧咳,其特征为:先是阵发性剧烈痉挛性咳嗽,接着伴有一次鸡鸣样吸气吼声。病程长达2~3个月,多发生于儿童。

4. 支气管病变 慢性支气管炎、支气管扩张,多引起连续性咳嗽,咳黄色或淡黄色痰,提示有化脓性感染;支气管扩张常伴有反复咯血;支气管哮喘的患者,除咳嗽外,常伴有呼吸困难。

5. 肺结核 咳嗽常伴有低热、消瘦、胸痛、盗汗、心率加快、食欲减退等症状,少数人有呼吸音减弱,偶可闻及干性或湿性啰音,有黄绿色痰液。

6. 肺炎 所伴随咳嗽常有高热、寒战、胸痛,咳铁锈色痰。

7. 药物的不良反应 有些药物可引起干咳，常见药物有血管紧张素转换酶抑制剂、抗心律失常药胺碘酮、抗凝血药肝素和华法林、利尿药氢氯噻嗪、抗菌药物呋喃妥因、抗结核药对氨基水杨酸钠及部分抗肿瘤药。

二、常用镇咳药

在积极治疗原发病的基础上，临床应用镇咳药要依据咳嗽的病因、性质、咳嗽特点做到有针对性的个体化用药。《国家非处方药目录》中收载的中枢性镇咳药有右美沙芬、喷托维林；外周性镇咳药有苯丙哌林。

（一）化学类药品

1. 非处方药

（1）依据咳嗽症状选药：以刺激性干咳或阵咳症状为主者宜口服苯丙哌林。

（2）依据咳嗽的频率或程度选药：剧咳者宜选苯丙哌林，其为非麻醉性强效镇咳药，起效迅速，镇咳效力比可待因强2~4倍；次选右美沙芬，与相同剂量的可待因大体相同或稍强；咳嗽较弱者选用喷托维林，其镇咳作用为可待因的1/3，大剂量可使痉挛的支气管松弛，降低呼吸道阻力。

（3）依据咳嗽发作时间选药：白天咳嗽宜选用苯丙哌林；为抑制夜间咳嗽以保证睡眠，宜选用右美沙芬，其镇咳作用显著，大剂量一次30mg时有效时间可长达8~12小时，比相同剂量的可待因作用时间长。

（4）依据咳嗽的病因选药：对上呼吸道感染（如感冒和咽炎）、过敏等引起的干咳常选用右美沙芬复方制剂，可选服酚麻美敏、美酚伪麻、双酚伪麻、美息伪麻、伪麻美沙芬等制剂。

（5）依据咳嗽的伴随症状选药：对喉头发痒、疼痛者在应用镇咳药和抗感染药物的同时于睡前服用抗组胺药氯苯那敏。

2. 处方药

（1）频繁、剧烈无痰干咳及刺激性咳嗽：可用可待因，其能直接抑制延髓的咳嗽中枢，镇咳作用强大而迅速，镇咳强度约为吗啡的1/4，尤其适用于胸膜炎伴有胸痛的干咳患者。

（2）咳嗽有痰：可服用复方甘草片；对呼吸道有大量痰液并阻塞呼吸道，引起气急、窒息者，可及时应用司坦类黏液调节剂如羧甲司坦，或祛痰剂如盐酸氨溴索，以降低痰液黏度，使痰液易于咳出。

（3）合并气管炎、支气管炎、肺炎和支气管哮喘：在应用镇咳药的同时，宜注意控制感染，凭医师处方或遵医嘱选用抗感染药物，如头孢菌素、大环内酯类抗生素、磺胺类或氟喹诺酮类，消除炎症。

🔗 **知识链接** ....

复方甘草片与成瘾性

某些药物被人们反复应用后，使用者对这些药物产生一种强烈的继续使用的欲望，以便从中获得满足感或避免停药引起的不适感，药物的这种特性为药物依赖性，又称成瘾性。复方甘草片主要成分含有阿片，久服可能引起依赖性，故不宜长期服用。一般连续服用5天，咳嗽的症状减轻即可停药。

（二）中成药

按中医理论，咳嗽一般分为寒咳和热咳。选用中药止咳药时，因药性不同，有寒、热、温、凉之分，须辨证服用。

1. 风寒咳嗽　风寒之邪犯肺所致的咳嗽。咳嗽、咽痒、咳白色清痰、遇寒加重、口不渴或渴喜热饮，舌苔薄白，脉浮或浮紧。治宜疏风散寒、宣肺止咳。宜选用通宣理肺丸、杏苏止咳糖浆、桂龙咳喘宁片、风寒咳嗽颗粒、三拗片、麻黄止嗽丸、冬菀止咳颗粒等。

2. 风热咳嗽　风热之邪犯肺所致的咳嗽。咳嗽、痰黄黏稠、汗出恶风、口干咽痛、鼻塞流黄涕，舌质红，苔薄黄，脉浮数。治宜疏风清热、宣肺止咳。宜选用蛇胆川贝枇杷膏、橘红片、复方鲜竹沥液、咳喘宁口服液、复方枇杷叶膏、牛黄蛇胆川贝液、清肺化痰丸、小儿清肺化痰颗粒、小儿肺热咳喘口服液或急支糖浆等。

3. 伤风咳嗽　外感风邪，肺卫失宣所致的咳嗽，西医称之咳嗽变异性哮喘。阵发性咳嗽，少痰或无痰，咽痒，遇刺激因素突发或加重，夜间咳嗽加剧，舌苔薄白。百日咳糖浆药性偏温，可用于伤风感冒引起的咳嗽；伤风止咳糖浆以止咳为主，兼顾化痰，并有镇静作用，适用于夜间咳嗽多痰、影响睡眠及由于过敏引起的支气管炎等，小儿要掌握好剂量。苏黄止咳胶囊可用于风邪犯肺、肺气失宣所致的咳嗽。

4. 燥咳

（1）燥邪犯肺：咳嗽，少痰或无痰，咽干咽痛，舌红少津，常伴有鼻塞、鼻干等症。治宜清燥润肺、养阴生津、化痰止咳。宜选用桑杏汤、蛇胆川贝枇杷膏、川贝清肺糖浆、雪梨膏、秋梨润肺膏等。

（2）阴虚肺燥：咳嗽，少痰或无痰，或痰中带血，咽干咽痛，舌红少津，伴有五心烦热、午后潮热、盗汗、两颧潮红。治宜养阴润肺、止咳利咽。宜选用养阴清肺丸、百合固金口服液等。

5. 急性发作咳嗽　急、慢性支气管炎引发的急性发作咳嗽，宜选用有较强抗菌消炎、止咳化痰、抗病毒作用的急支糖浆或具有抗菌消炎作用的消炎片等，也可选用具有养阴敛肺、止咳祛痰作用的强力枇杷露等。

三、常用镇咳药的用药指导

1. 重视对因治疗　咳嗽是机体的一种防御性反射活动，是多种疾病的非特异性症状，镇咳药仅为对症治疗，因此，应尽早明确诊断，确定病因，在积极治疗原发病的基础上合理选用镇咳药。对痰液较多者则应使用祛痰药，由支气管哮喘引起的咳嗽，则应适当合用平喘药，如此才能有效治疗咳嗽。

2. 合理选择药品　①干咳可单用镇咳药，对痰液较多的咳嗽应以祛痰为主，与祛痰剂合用；②支气管哮喘时，因呼气阻力增加使肺膨胀、肺牵张感受器接受刺激增强，反射性引起的咳嗽，会因支气管阻塞而使排痰更加困难，此时宜适当合用平喘药，缓解支气管痉挛，并辅助镇咳和祛痰药；③药物不良反应引起的干咳，使用镇咳药镇咳效果不明显，宜及时停用药物或更换药物；④中成药的选用要注意咳嗽的中医分型，根据辨证施治原则，不同证型的咳嗽应选用不同的中成药进行治疗。

3. 一般人群用药注意事项　①对痰液特别多的湿性咳嗽，如肺脓肿，应慎重给药，以免痰液排出受阻而滞留于呼吸道内或加重感染；②苯丙哌林对口腔黏膜有局麻作用，产生麻木感觉，需整片吞服，不可嚼碎；③对反复或持续1周以上伴有发热、皮疹、哮喘及肺气肿体征的持续性咳嗽，应及时去医院明确诊断，镇咳药连续口服1周，症状未缓解或消失应及时就医。

4. 特殊人群用药注意事项　①小儿是咳嗽的高发人群，特别是婴幼儿，要选择恰当的止咳祛痰药，小儿咳嗽适合选用兼有祛痰、化痰作用的止咳药，糖浆剂优于片剂；一般不适合使用中枢性镇咳药；②右美沙芬、喷托维林可引起头晕、头痛、嗜睡等，服药期间不得驾驶机、车、船，不得从事高空作业、机械作业及操作精密仪器；③妊娠3个月内孕妇、有精神病史者、哺乳期妇女及服用单胺氧化酶抑制剂停药不满两周的患者禁用右美沙芬；哮喘患者、痰多的患者、肝肾功能不全患者慎用右美沙芬；右美沙芬糖浆剂含蔗糖，糖尿病患者慎用；④喷托维林具有阿托品样作用，闭角型青光眼患者禁用，妊娠期和哺乳期妇女慎用；喷托维林可造成儿童呼吸抑制，5岁以下儿童不宜应用；⑤可待因仅限用于1岁以上患者，痰多时禁用，分娩期和哺乳期妇女慎用。

四、健康教育

1. 早期鉴别诊断　对家族有哮喘及其他过敏性病史的患者，咳嗽应格外注意，宜及早就医，明确诊断，积极治疗，阻止发展成哮喘。顽固性咳嗽常常是早期哮喘的一种表现形式，可能发展为典型的支气管哮喘，故应及早诊断并进行治疗。小儿突然发生的剧烈咳嗽，伴呼吸困难，可能是呼吸道吸入了异物，需及时就医。

2. 观察病情　用药后，咳嗽无缓解或加重者应及时就医。合理选用镇咳药和抗生素，镇咳药和抗生素用药不当或过度用药是感冒后咳嗽迁延不愈最常见的原因，需及时停药或换药。

3. 生活指导　重视饮食调护，采用食补养肺，如多食百合、蜂蜜、梨、莲子、银耳等养阴生津的食物，少吃辛辣燥热、刺激性食品；加强锻炼、戒除烟酒、注意保暖、多休息、保持房间空气清新等。

案例分析

案例：

顾客陈某到店购买药品，自述最近几天出现食欲不振、饱胀感、反酸水、腹痛伴随腹泻等现象。店员经过询问得知，陈某前段时间应酬较多，饮食不规律且无节制，同时观察到陈某的舌质偏红、舌苔黄腻，遂判断应是暴饮暴食导致饮食停滞肠胃、食积化热引起了消化不良，推荐使用枳实导滞丸和多酶片，并为顾客详细讲解如何使用两种药品及用药注意事项。同时告诉顾客，用药期间宜多吃清淡、易消化的食物，戒除烟酒，平时应规律饮食。

分析：

偶发性消化不良多与暴饮暴食、抽烟喝酒、喜喝浓茶、咖啡或饮食结构不合理有关，易出现饮食停滞，引起食欲不振、饱胀、嗳腐、反酸、恶心或呕吐不消化食物等症状。因此应保持良好的饮食习惯和合理的膳食结构，戒烟限酒，同时适当运动以促进肠胃蠕动，并放松精神，保持良好心态。

一、认识消化不良

（一）消化不良

消化不良是指由于胃肠蠕动减弱，食物在胃内停留时间过长等原因引起的胃部不适的总称。分为功能性消化不良和器质性消化不良，前者发生率较高，多数人均有经历。对反复发作的消化不良应尽早明确原因，诊断是否有器质性病变，及时治疗。

（二）消化不良的原因与表现

1. 原因　消化不良可偶发，也可继发于多种全身性疾病，主要原因有：①偶发的消化不良，与暴饮暴食、烟、酒、咖啡、浓茶和高脂饮食有关；②慢性持续性消化不良，与慢性胃炎、胃十二指肠溃疡、慢性胆囊炎和胰腺炎等有关；③药物影响，如阿司匹林、红霉素等；④与精神、应激及环境因素有关，尤其是紧张、抑郁等也可影响消化功能；⑤胃动力不足，老年人由于胃肠动力降低，食物在胃内停留时间过长，胃内容物排空的速度缓慢，易发生功能性消化不良；⑥儿童因消化器官发育还不完善，消化液分泌不充足，胃内酶的功能还未完善，胃及肠道内黏膜柔嫩，消化功能还比较弱，加之喂养方式不当、滥用抗生素、机体抵抗力变低等都会造成消化不良；⑦全身性疾病，如感染、儿童缺乏锌元素、发热、尿毒症、贫血、甲状腺功能减退、恶性肿瘤（尤其在进行化疗、放疗）及慢性肝炎等消耗性疾病也会有消化不良的表现。

2. 表现　①上腹痛或不适，餐后加重，或餐后上腹发胀、早饱、恶心、呕吐、食欲不佳等；②上腹正中有反酸或烧灼感，可延伸至咽喉部；③食欲不振，对油腻食品尤为反感；④常有饱胀感，打嗝、排气增多，有时可出现轻度腹泻；⑤儿童会出现腹胀、夜卧不宁、口臭、吐奶，大便稀，有酸臭味，并有大量未消化的食物残渣等症状。

🔗 知识链接 ··

消化不良的危害

1. 腹泻　消化不良导致肠内平衡被打乱，产生腹泻，长期腹泻导致营养不良。

2. 便秘　吃了太多的食物、生冷刺激的食物，堆积在一起就会导致便秘的问题，尤其是老年人和儿童，便秘又会使毒素堆积，进而危害健康。

3. 腹痛　肠道蠕动出现异常，胃肠道堆积的东西过多，直接导致呕吐、腹痛、食欲不振。

4. 胃癌　消化不良患者经常伴有失眠、焦虑、抑郁、头痛、注意力不集中等精神症状，与胃癌的发生有一定关系。遇有消化不良伴报警症状时，应做进一步检查，尤其是有肿瘤家族史，年龄在40岁以上者。

二、常用助消化药

消化不良的治疗原则为对因治疗，根据病因个体化选药。《国家非处方药目录》收载的助消化药的活性成分和制剂有：干酵母（酵母片）、乳酶生、胰酶（或多酶片）、胃蛋白酶、复合消化酶胶囊、龙胆碳酸氢钠、地衣芽孢杆菌胶囊、复合乳酸菌胶囊、口服双歧杆菌胶囊、双歧三联杆菌胶囊；促胃肠动力药有多潘立酮。

（一）化学类药品

1. 非处方药

（1）增进食欲药：对食欲减退者进行药物调理，如口服维生素 B_1、维生素 B_6；或口服干酵母片，饭后嚼碎服。

（2）助消化药：消化不良或食欲减退者，可口服多酶片（每片含胰酶300mg、胃蛋白酶13mg）；对胰腺外分泌功能不足或由于肠胃、肝胆疾病引起的消化酶不足者可选用胰酶肠溶片，餐前整片吞服；偶发消化不良或进食蛋白食物过多者可选乳酶生或餐前服用胃蛋白酶；胃蛋白酶，饭前或饭时服用。

（3）胃肠促动力药：对暴饮暴食、老年人因胃肠功能障碍或餐后伴有上腹痛、上腹胀、嗳气、恶心、呕吐者可选用多潘立酮片，饭前15～30分钟服用。

（4）微生态制剂：肠道菌群失调者可补充微生态制剂，如双歧三联活菌胶囊、复方嗜酸乳杆菌片、地衣芽孢杆菌活菌胶囊等。①双歧三联活菌胶囊含有双歧杆菌、乳酸杆菌和肠球菌，可直接补充正常的生理菌群，维持肠道正常菌群的平衡，达到止泻的目的，餐后半小时温水服用，婴幼儿服用时可将胶囊内容物用温开水或温牛奶冲服；②复方嗜酸乳杆菌片含嗜酸乳杆菌，在肠内可抑制腐败菌的生长，防止肠内蛋白质的发酵，减少腹胀和止泻；③地衣芽孢杆菌胶囊，服用后以活菌形式进入肠道，对葡萄球菌、酵母样菌等致病菌有拮抗作用，而对双歧杆菌、乳酸杆菌、拟杆菌、消化链球菌有促进生长作用，从而可调整菌群失调达到治疗目的，此外，还可促使机体产生抗菌活性物质、杀灭致病菌以及通过夺氧生物效应使肠道缺氧，有利于大量厌氧菌生长。

2. 处方药

（1）精神因素导致的消化不良：应予以解释和安慰，必要时口服地西泮。

（2）功能性消化不良：伴胃灼烧、嗳气、恶心、呕吐、早饱、上腹胀者可选用能增强胃肠道运动、改善消化不良症状的莫沙必利或依托必利，餐前服用。

（3）胆汁分泌不足或消化酶缺乏引起的消化不良：可服用复方阿嗪米特肠溶片，餐后服用。

（4）慢性胃炎、胃溃疡、十二指肠炎等导致的消化不良：可口服抗酸药、胃黏膜保护药或抗菌药，积极治疗原发病。

（二）中成药

中医认为，功能性消化不良属于"脘痞""胃痛""嘈杂"等范畴，其病在胃，与肝脾密切相关，须辨证施治，一般以健脾和胃、理气消胀为主。

1. 中医分型

（1）肝胃不和：胃脘胀痛，脘痛连胁，胸脘痞满，纳呆嗳气，喜叹息，烦躁易怒，或焦虑不寐，随情志因素而变化，舌苔薄白，脉弦。治宜疏肝理气、和胃降逆。

（2）饮食停滞：脘腹胀满，嗳腐吞酸，纳呆恶心，或呕吐不消化食物，舌苔厚腻，脉滑。治宜消食化滞、和胃降逆。

（3）脾虚痰阻：胃脘痞满，餐后早饱，嗳气，不思饮食，口淡无味，四肢乏力沉重，常多自利，舌苔白腻，脉沉濡缓。治宜健脾益气、和胃化湿。

（4）寒热互结、气不升降：胃脘痞满不痛，灼热嘈杂吞酸，口苦，肠鸣泄泻，舌苔薄黄而腻，脉弦数。治宜辛开苦降、和胃消痞。

2. 常见中成药

（1）消积化食药：①山楂丸。用于肉食引起的积滞，但胃酸多、胃灼热者不宜服用。②保和丸。用于饮食不节导致的胃脘胀满，食欲不振，舌苔厚腻。③鸡内金片。脾胃不和造成的食积腹胀、食欲不振等。④沉香化滞丸。用于胃脘撑胀导致的腹部不适，具有消食、除胀、通便功效，老年体虚或大便溏泻者，应酌情减量。⑤六味安消胶囊。用于胃脘胀痛、大便秘结、食积化热者，该药里含少量大黄，可除胀消食、清热通便。

（2）舒肝片：适用于肝郁气滞、宿食停滞之消化不良，症见情志抑郁、两胁胀痛、饮食无味、呕吐酸水，周身疼痛。

（3）枳实导滞丸：消积导滞，清热利湿，用于饮食过度或食物不洁，停滞于胃肠之消化不良，症见脘腹胀满、口中反酸，腹痛泻痢，舌红苔黄腻，体虚者慎用。

（4）午时茶颗粒：解表和中，消积化滞，用于外感风寒、内伤食积之消化不良，症见食欲不振、腹胀腹痛、呕吐泄泻、倦怠畏寒，无积滞或不属风寒感冒者不宜。

（5）藿香正气水（丸、软胶囊）：解表散寒，化湿和中。用于外感暑湿或寒湿中阻之消化不良，症见胸脘满闷、恶心嗳气、腹胀便溏、头重如裹、肢体困倦、口中黏腻，忌生冷油腻。

（6）消食健胃片：开胃消食，消积。用于不思饮食、脘腹胀满、恶心厌食、消化不良者。

📋 **证书考点**

双歧杆菌三联活菌制剂治疗腹泻的主要机制是（　　　）

A. 补充正常的细菌

B. 减少腹胀和腹泻

C. 维持肠道正常菌群的平衡

D. 抑制肠道内腐败菌的生长

E. 拮抗致病菌作用，促进有益菌生长

答案：C

解析：双歧三联活菌胶囊含有双歧杆菌、乳酸杆菌和肠球菌，可直接补充正常的生理菌群，维持肠道正常菌群的平衡，达到止泻的目的。

三、常用助消化药的用药指导

1. 合理选择药物　根据病因个体化选药。器质性消化不良应做进一步检查，明确诊断，积极治疗原发病。根据病情使用抑酸剂和胃黏膜保护剂，有幽门螺杆菌感染者应根除治疗。

2. 用药注意事项　①助消化药多为酶或活菌制剂，宜应用新鲜制品，送服时不宜用热水；②抗菌药可抑制或杀灭助消化药中活菌制剂的活性，使效价降低，吸附剂可吸附药物，降低疗效，合用应间隔2~3小时；③酸和碱均可降低助消化药的效价，避免同服酸碱性较强的药物和食物，胃蛋白酶在强酸性环境（pH 1.5~2.5）中消化力最强；④中成药的消导剂与泻下剂的功用有所不同，应予区别；泻下剂多属攻逐之剂，适用于病势急之实证；而消导剂则多属渐消缓散之剂，适用于病势较缓，病程较长者，其作用虽较缓和，一般不宜久用，一旦消积即应停止用药；⑤干酵母和乳酶生过量可能发生腹泻；胰酶可能导致的不良反应偶见腹泻、便秘、恶心及皮疹，其在酸性条件下易被破坏，故须用肠溶片餐前整片吞服；⑥胰酶对急性胰腺炎早期患者禁用，对蛋白及制剂过敏者禁用；与阿卡波糖、吡格列酮合用，可降低降糖药的药效；与等量碳酸氢钠同服可增强疗效，也可与西咪替丁合用，后者能抑制胃酸的分泌，升高胃肠的pH，防止胰酶失活，增强其疗效；⑦婴幼儿不可久用药物，症状缓解后及时停药；⑧中成药的选用要注意消化不良的中医分型，根据辨证施治原则，不同证型的消化不良应选用不同的中成药进行治疗。

四、健康教育

1. 观察病情　较轻微的消化不良可采用腹部轻柔按摩或饭后散步；较重的消化不良，可在饭后1~2小时参加体育运动或体力劳动，增加身体热量的消耗，尽快缓解。

2. 生活指导　①细嚼慢咽，不暴饮暴食，避免食用不易消化的食物及饮用各种碳酸饮料；②戒烟酒；③避免生冷、刺激性食物及高脂饮食，高脂食物能使胃排空延缓；④避免精神紧张，劳累过度，解除心理压力。

1. 世界卫生组织（WHO）推荐的两种较为安全的解热镇痛药：对乙酰氨基酚和布洛芬。对乙酰氨基酚可作为退热首选药；布洛芬适用于婴幼儿，针对儿童高热（超过39℃）强效退热。解热镇痛药用于解热一般不超过3天，如症状未缓解或消失应及时咨询医师，不得长期服用。

2. 头痛的病因很多，要对因实行药物治疗。常见的感冒发热性头痛宜首选对乙酰氨基酚等解热镇痛药；紧张性头痛可服用谷维素、维生素B_1；反复性偏头痛宜用麦角胺咖啡因片；三叉神经痛宜选用卡马西平。头痛多与精神因素有关，应注意心理健康，劳逸结合，放松心情，保证充足的休息时间。

3. 咳嗽是人体的保护性反射，剧烈咳嗽需药物治疗。以剧咳、刺激性干咳、阵咳为主者宜选用苯丙哌林；夜间咳嗽宜选用右美沙芬，白天咳嗽宜选用苯丙哌林；感冒伴随的咳嗽常选用右美沙芬复方制剂；频繁、剧烈无痰干咳、胸膜炎伴有胸痛的干咳患者宜选用可待因。

4. 助消化药多为酶制剂或活菌制剂，宜应用新鲜制品，送服时不宜用热水。胰酶可与等量碳酸氢钠同服；胃蛋白酶在强酸性环境（pH1.5~2.5）中消化力最强。

● ···· 思考题 ··

1. 简述发热的诊断标准及热度分型。
2. 简述外感头痛的中医诊断要点及常用药品。
3. 简述咳嗽的中医分型及常用药品。
4. 简述微生态制剂类助消化药的用药注意事项。
5. 简述功能性消化不良的中医分型及诊断要点。

（王　心）

项目九
常见疾病的药品推荐

学习目标

知识目标

- 掌握感冒等常见病的药品推荐、用药指导及健康教育。
- 熟悉感冒等常见病的病因及临床表现。
- 了解感冒等常见病的诊断要点。

能力目标

- 能根据病情及顾客需求合理推荐药品。
- 能为顾客合理地进行用药指导。
- 能根据实际情况为顾客提供适宜的健康服务。

素质目标

- 具备深厚的专业知识和良好的职业技能。
- 具有科学严谨、耐心细致的工作态度。
- 具有人文关怀精神，关心、尊重顾客。

导学案例

情景描述：

45岁的李女士因手足癣引起不适到药店购买药品。店员小刘仔细检查其患处发现，李女士手癣呈水疱散在分布，且局部皮肤潮红，判断李女士为水疱型手足癣。小刘询问李女士是否使用过药品，李女士自述曾自行外用0.1%依沙吖啶溶液浸泡患处，但效果不明显。小刘解释0.1%依沙吖啶溶液对间擦型或糜烂型手足癣有一定的治疗效果，但对水疱型手足癣作用效果不理想，推荐李女士外搽复方苯甲酸搽剂，且详细交代了用法、用量及用药注意事项，并强调若用药部位有烧灼感、红肿等不良反应要立刻停药，并将局部药物洗净，必要时向医师咨询。

学前导语：

手足癣症状复杂多样，通常需要对症治疗，多数患者由于缺乏药学专业知识，经常出现"药不对症"等现象。因此面对用药咨询患者，药学技术人员只有具备深厚的专业知识、良好的职业技能以及科学严谨的工作态度，才能对患者进行正确的用药指导和健康服务，同时也能使患者正确对待用药后的药品不良反应并减少危害。

思政要点：

科学严谨、理明术精

任务 9-1　感冒的药品推荐

🔍 案例分析

案例：

小张最近升任销售部经理，精神压力很大，昨天出差回来感冒，表现为咳嗽，流清涕，鼻塞严重，晨起头痛，发热，身体乏力，提不起精神。店员小王为小张测得体温为38.6℃，并详细询问了小张的病情，了解到小张还要带病坚持工作后，小王向其推荐了美息伪麻片，并详细讲解了其白片和黑片的不同作用、用法用量和注意事项。最后建议小张解除精神压力，注意休息，增加饮水量。

分析：

过度疲劳和生活规律紊乱等，可使全身或呼吸道局部防御功能降低而引发感冒。药物治疗多采用复方制剂，解除感冒引起的头痛、发热等症状，以减轻患者痛苦、缩短病程并预防并发症。同时注意休息和多饮水，促进感冒康复。

一、认识感冒

（一）感冒

感冒是由呼吸道病毒引起的上呼吸道（主要是鼻、咽部）感染性疾病。感冒一年四季均可发病，尤以冬、春季较为多见。儿童、老年人、营养不良、体质虚弱、妊娠期妇女、疲劳和生活规律紊乱者均为易感人群。根据病原体、传播和症状的不同分为普通感冒（感冒）和流行性感冒（流感）两种类型。

1. 普通感冒　俗称伤风，由多种病毒如鼻病毒、腺病毒、柯萨奇病毒、冠状病毒等感染所致。普通感冒最为常见，其发病率高，影响人群面广，具有自限性，严重时可继发细菌感染，但不会造成大流行，亦少见并发症。

普通感冒发病较急，初期常有局部的卡他症状，后期可能会出现全身症状。局部症状主要为呼吸道症状，初始表现为咽干或咽痒、鼻塞、打喷嚏、流清水样鼻涕等；进展期可出现流泪、声音嘶哑、咳嗽、胸痛等。全身症状可有畏寒、乏力、全身不适，有时有轻度发热、头痛、四肢痛、背部酸痛、食欲不振、腹胀、便秘等。

2. 流行性感冒　由甲、乙、丙及变异型流感病毒引起的急性呼吸道疾病，我国以甲型流感最为常见。发病有季节性，北方常在冬季，南方多在冬春两季。流感主要以打喷嚏和咳嗽等飞沫传播为主，潜伏期多为2~4日，通常无症状，但具有传染性。流感病毒容易发生变异，其传染性强，传播迅速，人群普遍易感，易造成大流行，且并发症较多。

流感发病急骤，常有接触史，局部和全身症状均较重。临床表现以高热（可达39~40℃）、乏力、畏寒、头痛、全身肌肉酸痛等症状为主，而呼吸道症状较轻，可伴或不伴鼻塞、流鼻涕、咽喉痛、干咳、胸骨后不适、颜面潮红、眼结膜充血等局部症状。流感病程通常为4~7天，少数患者咳嗽可能持续数周之久。

（二）感冒中医分型

中医根据感冒的临床表现及致病因素不同可将常见的感冒分为三种类型，分别是风寒感冒、风热感冒和暑湿感冒，感冒中医分型见表9-1。

表9-1　感冒中医分型

分型	常见症状	特点
风寒感冒	恶寒重、发热轻、鼻塞、流清涕、喷嚏、咳嗽、吐稀白痰、头痛、肌肉疼痛、无汗、咽痒等	多发于冬春季

分型	常见症状	特点
风热感冒	发热重、头胀痛、面红目赤、咽喉肿痛、鼻流黄涕、咳嗽、痰黏或黄稠、口渴喜饮等	四季都可发生
暑湿感冒	发热、汗出不畅、头昏脑涨、身重倦怠、口干口渴、胃口较差、恶心、呕吐、腹泻、腹痛等	多发于夏季暑热季节

除上述三种常见的感冒类型外，还有外寒内热型感冒、时行感冒、气虚感冒和阴虚感冒等。

二、常用感冒药

（一）化学类药品

感冒药主要是针对感冒引起的头痛、发热、咳嗽等症状对症治疗，以减轻患者痛苦、缩短病程并预防并发症。由于感冒症状复杂多样，采用单一用药不可能缓解所有症状，一般多采用复方制剂，主要包括解热镇痛药、减轻鼻黏膜充血药、抗组胺药和镇咳药四种成分。此外，有些复方制剂还含有中枢兴奋药、菠萝蛋白酶、人工牛黄或葡萄糖酸锌等。

1. 非处方药

（1）解热镇痛药：主要有对乙酰氨基酚、布洛芬和阿司匹林等，可迅速缓解感冒引起的发热、头痛、关节痛、肌肉痛或全身酸痛等症状。

（2）减轻鼻黏膜充血药：主要有伪麻黄碱、麻黄碱等，可减轻鼻窦、鼻腔黏膜血管充血、缓解鼻塞症状。

（3）抗组胺药：主要有氯苯那敏、苯海拉明、氯雷他定等，可缓解打喷嚏、流鼻涕、流眼泪等卡他症状。

（4）镇咳药：主要有右美沙芬，可缓解咳嗽症状。

（5）菠萝蛋白酶：能够改善局部体液循环，具有抗炎、消除水肿的作用。

（6）其他：①人工牛黄，有解热、镇静及协同解热镇痛药等作用；②葡萄糖酸锌，可提高机体抗病毒的能力。

2. 处方药　临床确诊或高度怀疑流感且有发生并发症高危因素的成人和小儿患者，不论基础疾病、流感疫苗免疫状态以及流感病情严重程度如何，应及时就医，在医师的指导下合理使用各类药物。

（1）抗病毒药：①M$_2$离子通道阻滞剂。如金刚烷胺、金刚乙胺，但仅对甲型流感病毒有抑制作用。金刚乙胺为金刚烷胺的衍生物，作用与金刚烷胺类似，但抗甲型流感病毒的作用比金刚烷胺强4~10倍，且抗病毒谱广，毒性低，预防和治疗作用兼有。②神经氨酸酶抑制剂。如扎那米韦、奥司他韦，对甲、乙型流感均具有作用，能有效地预防流感和缓解症状，宜及早用药，在流感症状初始48小时内使用可明显缩短流感持续的时间。

（2）中枢兴奋药：常用的有咖啡因，可加强解热镇痛药的疗效和抵消抗组胺药所引起的嗜睡作用。

（3）其他：如伴有细菌感染引起咳嗽、高热时应及时加用抗菌药和镇咳祛痰药。

治疗感冒多采用复方制剂，常用感冒药的复方制剂见表9-2。

表9-2 常用感冒药的复方制剂

通用名	所含成分						
	对乙酰氨基酚	伪麻黄碱	氯苯那敏	右美沙芬	咖啡因	盐酸金刚烷胺	其他组分
复方酚咖伪麻胶囊	+	+	/	/	+	/	菠萝蛋白酶
氨酚伪麻那敏片	+	+	+	/	/	/	
盐酸伪麻黄碱缓释胶囊	/	+	+	/	/	/	
双扑伪麻分散片	+	+	+	/	/	/	
酚麻美敏片	+	+	+	+	/	/	
美扑伪麻片	+	+	+	+	/	/	
氨酚伪麻美芬片Ⅱ	+	+	/	+	/	/	
氨麻苯美片	+	+	/	+	/	/	盐酸苯海拉明
氨酚伪麻美芬片	+	+	/	+	/	/	
氨麻美敏片Ⅱ	+	+	+	+	/	/	
氨咖黄敏胶囊	+	/	+	/	+	+	人工牛黄
氯芬黄敏片	/	/	+	/	/	/	双氯芬酸钠、人工牛黄

通用名	所含成分						
	对乙酰氨基酚	伪麻黄碱	氯苯那敏	右美沙芬	咖啡因	盐酸金刚烷胺	其他组分
特酚伪麻片	+	+	/	/	/	/	特非那定
复方氨酚烷胺片	+	/	+	/	+	+	人工牛黄
复方氨酚烷胺胶囊	+	/	+	/	+	+	人工牛黄
小儿复方氨酚烷胺颗粒	+	/	+	/	+	+	人工牛黄
小儿氨酚黄那敏颗粒	+	/	+	/	/	/	人工牛黄
复方氨酚葡锌片	+	/	/	/	/	/	葡萄糖酸锌、板蓝根
锌布片（颗粒）	/	/	+	/	/	/	葡萄糖酸锌、布洛芬
布洛芬缓释胶囊	/	/	/	/	/	/	布洛芬

⮞ 学以致用

工作场景：

小李，男，25岁，三天前由于外出没带雨伞，淋雨20分钟且衣着单薄，第二天早起后出现打喷嚏、流清水样鼻涕等症状，自行在家服用特酚伪麻片，一次2片，一日3次，两天后症状无缓解，且病情加重并出现咳嗽症状，遂来药店咨询并购买药品，请为该顾客制订用药方案。

用药分析：

1. 该顾客为普通感冒，主要以打喷嚏、流鼻涕等卡他症状为主。

2. 特酚伪麻片主要含有对乙酰氨基酚和伪麻黄碱等成分，两者分别用于缓解发热和鼻塞的症状，故不适用于小李的病情。

3. 针对小李打喷嚏、流鼻涕及咳嗽的症状可服用含有氯苯那敏（或苯海拉明）及右美沙芬的复方制剂。

（二）中成药

感冒有多种类型，应根据中医辨证论治的观点对症选药，才能达到有效的治疗效果，常见治疗感冒的中成药见表9-3。

表9-3　治疗感冒的中成药

感冒分型	治疗原则	推荐药物
风寒感冒	辛温解表、宣肺散寒	风寒感冒颗粒、正柴胡饮、九味羌活丸、通宣理肺丸、荆防颗粒、感冒解毒颗粒、午时茶颗粒、感冒清热颗粒等
风热感冒	辛凉解表、疏散风热	桑菊感冒片、维C银翘片、双黄连口服液、银柴颗粒、芎菊上清丸、热炎宁颗粒、板蓝根颗粒、银翘解毒丸、羚羊感冒片等
暑湿感冒	解表和中、清暑利湿	藿香正气口服液（丸、滴丸）、六合定中丸、四正丸等

三、常用感冒药的用药指导

1. 合理选择药品　治疗感冒的药品种类繁多，名称各异，多数药品组方成分相同或相近，药物作用也大同小异，因此使用前要仔细阅读药品说明书，以了解药物组分，避免重复用药和药物过敏等不良反应，切忌盲目联合用药。中成药的选用要注意中医的感冒分型，根据辨证施治的原则，不同证型的感冒选用不同的中成药进行治疗。

2. 用法指导　①感冒药治疗一般不得超过7天，病情仍不好转，需及时就医；②麻黄素滴鼻剂治疗鼻黏膜肿胀不宜超过3日；③感冒多由病毒感染引起，若无细菌感染，不需要应用抗生素；④中成药藿香正气水在服药期间忌烟、酒，且饮食宜清淡，因含乙醇（酒精）40%~50%，服药后不得驾驶飞机、车、船，不得从事高空作业、机械作业及操作精密仪器；对本品及酒精过敏者禁用，过敏体质者慎用；本品不宜长期服用，服药3天症状无缓解或吐泻严重者应及时去医院就诊。

3. 特殊人群用药注意事项　①体弱的老年人、婴幼儿，应在医生的指导下用药，切不可盲目用药，以免发生意外，如病程3天不愈或症状比较严重，应停药就诊；②对≤2岁婴幼儿、孕妇及哺乳期妇女应避免使用含有阿司匹林、抗病毒药成分的感冒药；③孕妇，特别是孕期前4周，药物对孕早期胎儿器官形成有一定的影响，最好不用药或在医师指导下用药；④妊娠早期及哺乳期妇女禁用含有右美沙芬及抗组胺药成分的感冒药；⑤从事驾车、高空作业或操作精密仪器者工作期间避免使用含有抗组胺药、中枢性镇咳药、抗胆碱药成分的感冒药。

4. 用药禁忌　①患有心脏病、高血压、糖尿病、甲状腺功能亢进、肺气肿、青光眼、前列腺增生者需慎用含有伪麻黄碱成分的制剂，防止原基础疾病加重；②青光眼患者禁用氯苯那敏或苯海拉明；③服用含解热镇痛成分的制剂时应禁酒，同时肝肾功能不全者、血小板减少者、有出血倾向者、上消化道出血及穿孔病史者应慎用或禁用解热镇痛药；④消化性溃疡或支气管哮喘患者，不应使用含有阿司匹林的感冒药。

四、健康教育

1. 观察病情　感冒一般为自限性疾病，病程多在一周左右，应关注病情发展，采取合适的治疗方法来缓解症状。如症状较轻，可尽量不用药或少用药，勤开窗通风换气，保持室内空气清新，是预防感冒最为简便、有效的办法；若出现低热可适当采取物理降温的方式，如温水擦浴、冷敷等缓解发热；若感冒症状比较重，出现鼻塞、打喷嚏、流鼻涕、咳嗽、咳痰，甚至高热则需要选用合适的感冒药进行对症治疗。

2. 防止交叉感染　养成良好的卫生习惯，注意个人卫生，勤洗手，避免脏手接触口、眼、鼻，减少被感冒病毒侵袭的机会。减少外出活动，咳嗽、打喷嚏时应使用纸巾，避免飞沫传播，防止将病毒传染给其他人。注意与感冒患者的隔离，流感季节尽量不要去人群密集的场所，以免发生交叉感染。

3. 生活指导　避免辛辣、油腻食物，保证营养，最好以清淡、细软的食物为主，适当补充一些蛋白质、水果、蔬菜来保证机体抵抗力。不能服用人参或西洋参，否则会使症状加重。感冒期间避免受凉和过度疲劳，保证充足睡眠，多饮温水，忌烟酒，忌剧烈运动，防止并发心肌炎、肺炎等。

任务 9-2　晕动病的药品推荐

案例分析

案例：

小王所在的公司即将在下周举行素质拓展训练，员工需一起乘坐2小时轮船前往训练场地，小王平时严重晕车，因而在出发前两天来药店进行咨询，询问店员乘坐轮船是否也会出现晕船，如出现晕船症状可服用什么药物进行预防。

分析：

一般情况下，晕车的人也会晕船、晕机，店员建议小王在出发前要缓解紧张情绪，保持心情愉快，了解一般乘船的注意事项，若担心出现晕船现象，可在登船前服用苯海拉明片或茶苯海明片等药物进行预防。

一、认识晕动病

（一）晕动病

晕动病是指由汽车、轮船或飞机运动时所产生的颠簸、摇摆或旋转等任何形式的加速运动，刺激人体的前庭神经而发生的疾病。由于运输工具不同，可分别称为晕车病、晕船病、晕机病。

（二）晕动病的病因及表现

晕动病的发病机制尚未形成统一共识，可能与前庭刺激、视觉因素和其他因素如高温、高湿、噪声、通风不良、特殊气味、情绪紧张、睡眠不足、过度疲劳、饥饿或过饱、身体虚弱、内耳疾病等因素有关。

本病常在乘车、航海、飞行或其他方式运行数分钟至数小时后发生。初起时感觉上腹不适，继而恶心、面色苍白、出冷汗，随即有眩晕、精神抑郁、唾液分泌增多和呕吐，可伴有血压下降、呼吸深而慢、精神萎靡、四肢无力及眼球震颤，严重呕吐引起失水和电解质紊乱。症状一般在停止运行或减速后数十分钟至几小时内消失或减轻，亦有持续数天后才逐渐恢复。重复运行或加速运动后，症状又可再度出现，也有经多次发病后症状减轻，甚至不发生。

二、常用防治晕动病药品

晕动病的防治原则为根据以往发病经历提前预防，治疗药物主要包括抗组胺药、抗胆碱能药或钙通道阻滞剂等，也可根据中医辨证论治的观点选用中成药滋补肝肾。

（一）化学类药品

1. 非处方药 常用非处方药一般为抗组胺药，主要包括苯海拉明、茶苯海明、异丙嗪、盐酸美克洛嗪等。苯海拉明有较强的抗晕镇吐作用；茶苯海明是苯海拉明与氨茶碱的复合剂，是目前最常用的防治晕动病药；异丙嗪抗胆碱作用亦较强，防治晕动病效果较好；盐酸美克洛嗪作用比较持久，对前庭疾病引起的眩晕也有效。

2. 处方药　①抗胆碱能药。常用药物为氢溴酸东莨菪碱片和东莨菪碱贴片等，用于防治晕动病所致的恶心、呕吐反应，贴片通过贴于耳后进行给药；②钙通道阻滞剂。常用药物为桂利嗪，是一种较安全的防治晕动病药，较少发生中枢不良反应，可增强脑血液供应，提高对前庭刺激的耐受能力。

（二）中成药

肝肾阴虚患者，平素头晕目眩，耳鸣健忘，腰膝酸软，五心烦热，舌红，少苔，脉细弦数，在乘坐车、船或飞机时发作眩晕，恶心呕吐。宜滋补肝肾，可用杞菊地黄丸、六味地黄丸或左归丸等。

三、常用防治晕动病药的用药指导

1. 合理选择药品　除了使用防治晕动病的药物外，旅途中，如有胃胀的感觉时，可服用助消化药；如有想呕吐的感觉时，可服促胃肠动力药多潘立酮，降低呕吐中枢的神经活动；精神紧张时，可服用镇静药。

2. 用法指导　①口服药物宜在旅行前1~2小时，最少30分钟前服用；②苯海拉明持续时间短，约4~6小时，不适合用于长途旅行；③茶苯海明口服后在胃肠道吸收迅速而完全，预防晕动病应在出发前30分钟服药，可维持8小时的作用时间；④异丙嗪的作用时间约6~12小时；⑤盐酸美克洛嗪作用比较持久，可维持12~24小时；⑥东莨菪碱贴片宜在出发前一晚或出发前5~6小时贴在耳后皮肤上，其作用时间长达3天，乘车结束后取下贴片；⑦服用晕车药后，在持续时间未满时，不可任意追加服用，但如果行程太长，须酌情再服用一次。

3. 用药注意事项　①药物过敏性皮试前72小时应停用抗组胺药，以免出现假阴性反应结果；②防治晕动病药避免与感冒药、抗组胺药（过敏药或鼻炎药）、镇静药、镇痛药、镇咳和祛痰药等合用，以免加重不良反应；③服药后宜多饮水，防止口干，抗组胺药可见胃肠道刺激症状，餐后服药可减轻胃肠道反应；④对呕吐严重而致脱水者，应到医院就诊。

🔗 **知识链接** ....

常用防治晕动病药的不良反应与用药禁忌

1. 抗组胺药　主要不良反应为头晕、乏力、嗜睡、反应迟钝、注意力不集中、共济失调等中枢抑制症状。服药期间不得驾驶飞机、车、船，不得从事高空作业、机械作业及操作精密仪器。新生儿、早产儿、青光眼患者、妊娠早期妇女、哺乳期妇女、前列腺增生患者及对本类药物过敏者禁用。

2. 抗胆碱药　主要不良反应为口干、声哑、畏光、心悸、视力模糊、排尿困难、便秘等，如剂量过大，可引起谵妄、激动不安甚至惊厥。服药期间不得驾驶飞机、车、船，不得从事高空作业、机械作业及操作精密仪器；青光眼、前列腺增生、严重器质性心脏病、幽门狭窄及麻痹性肠梗阻者亦禁用。

3. 钙通道阻滞剂桂利嗪　主要不良反应为嗜睡、疲惫，某些患者可出现体重增加（一般为一过性），长期服用偶见抑郁和锥体外系反应，如运动缓慢、强直、静坐不能、口干、肌肉疼痛及皮疹。有本药品过敏史或有抑郁症病史的患者禁用此药。

四、健康教育

1. 避免诱发因素　应积极寻找诱发因素，并加以避免。①外出前要保持心情愉快，因为恐惧和焦虑、消化功能不佳、睡眠差与过度劳累都容易导致晕动病，因此，在乘坐交通工具前一定要尽量避免这些因素；②在旅途中尽量选择颠簸较轻的位置，如车、飞机的前排座位，船的后排座位；③在交通工具上不要看书、看报或玩手机，尽量凝视固定的物体；④避免身处比较密闭的环境，条件允许时可打开窗户，呼吸新鲜空气，也可通过聊天、听音乐来分散注意力；⑤乘坐交通工具前不能空腹、过饱，尽量不要食用油腻、辛辣或进食大量难以消化的食物，避免出发前饮酒。

2. 生活指导　有晕动病史者可提前使用药物进行预防，要保证充足的睡眠，避免过度劳累，注意劳逸结合，保持生活的规律性。患者平时也可以适当增加适应性训练或平衡功能训练，如含有摇摆和旋转方式的运动，通过循序渐进的运动可增强内耳前庭器官对不规则运动的适应能力，以达到减轻晕动病症状的目的。

任务 9-3　过敏性鼻炎的药品推荐

案例分析 --

案例：

张女士，17岁，自述过敏体质，自立夏以后每天早上一起床就喷嚏不断，并伴随有较多的清涕，且打喷嚏常连眼泪也带出，狼狈不堪。起初自认为是感冒，遂服用感冒药，但半个月的时间过去后并没有明显好转，反而偶尔还出现夜间咳嗽或喘不上气，无法睡安稳。张女士觉得烦恼无比，今到店咨询。

分析：

鼻痒、阵发性喷嚏、流清涕、鼻塞是过敏性鼻炎的常见症状。冷空气、过敏原（如花粉、螨、霉菌和宠物皮毛等，由花粉引起的称为花粉症或花粉症）、刺激性气体（如油漆、油烟、杀虫剂等）和运动后均可诱发。过敏性鼻炎患者常常误认为自己是感冒或其他呼吸道疾病而误治，因此需及时发现，有效防治。

一、认识过敏性鼻炎

（一）过敏性鼻炎

过敏性鼻炎是一种由基因与环境互相作用而诱发的多因素疾病，以突发和反复发作的鼻塞、鼻痒、打喷嚏、流清水样鼻涕为主要症状，常有过敏史。过敏性鼻炎是一个全球性健康问题，可导致许多疾病并致劳动力丧失，其危险因素可能存在于所有年龄段。

过敏性鼻炎的发病原因与遗传、变应原暴露等因素有关。过敏原主要分为吸入性过敏原和食物性过敏原，吸入性过敏原是过敏性鼻炎的主要原因，如螨、花粉、动物皮屑、真菌等。在过敏性鼻炎不伴有其他系统症状时，食物变态反应少见；在患者多个器官受累的情况下，食物变态反应常见。对婴儿来说，食物性过敏原多见牛奶和大豆；对成人来说常见的食物性过敏原包括花生、坚果、鱼、鸡蛋、牛奶、大豆、苹果、梨等。

（二）临床表现

过敏性鼻炎的主要典型症状是鼻塞、流涕、鼻痒、打喷嚏。

1. **鼻塞**　间歇性或持续性，单侧或双侧，轻重程度不一。

2. 流涕　常有大量清水样鼻涕，有时可不自觉从鼻孔滴下，以急性发作期明显。

3. 鼻痒　多为阵发性鼻内痒，伴有嗅觉障碍、鼻塞，甚至有眼部、软腭、耳、咽喉痒感及头痛，因鼻黏膜肿胀或息肉形成可引起嗅觉障碍，嗅觉障碍可为暂时性或持久性。

4. 打喷嚏　每天阵发性发作，连续打喷嚏每次多于3个，多在晨起或夜晚或接触过敏原后立刻发作，并有流水样或稀薄黏液样涕。

（三）诊断标准

临床表现打喷嚏、清水样涕、鼻塞、鼻痒等症状出现2项或以上，每天症状持续1小时，可伴有眼痒、结膜充血等眼部症状。体征常见鼻黏膜苍白、水肿、鼻腔水样分泌物。应原皮肤点刺试验阳性、血清特异性IgE阳性等。

二、常用治疗过敏性鼻炎药品

（一）化学类药品

1. 抗组胺药　过敏性鼻炎首选第二代抗组胺药如氯雷他定、西替利嗪，具有H_1受体选择性高、无镇静作用、抗胆碱作用与抗组胺作用相分离的特点，表现为中枢神经系统不良反应较少，称为非镇静抗组胺药（NSA）。但由于部分第二代抗组胺药长期使用时引发心脏毒性较多，现已被第三代药物如左旋西替利嗪、去甲阿司咪唑等逐渐取代，其镇静作用少，心脏毒性发生率低。

2. 白三烯受体拮抗药　如孟鲁司特钠片，对二氧化硫、运动和冷空气等刺激及各种变应原如花粉、毛屑等引起的速发相和迟发相变态反应均有抑制作用，对于过敏性鼻炎尤其是鼻塞严重的患者有效。孟鲁司特钠联合抗组胺药的疗效比两药单独使用要好。

3. 糖皮质激素　对于任何类型的变态反应性疾病均有效，具有强大的抗炎作用与免疫抑制作用，被广泛用于治疗各种变态反应性疾病包括过敏性鼻炎。为使药物直接到达病灶可以选用糖皮质激素类鼻喷剂如丙酸倍氯米松喷鼻剂、布地奈德鼻喷雾剂等，此类药物可直接到达病灶，疗效显著，迅速缓解症状，不良反应少，全身反应轻，是治疗过敏性鼻炎的一线药物。

4. 缓解鼻塞症状药　盐酸羟甲唑啉喷雾剂，该药连续使用3~7天后，可能会造成药物性鼻炎或停药后症状反弹。所以一般是短期使用（儿童不超过3天，成人不超过1周），用于缓解症状。

5. 鼻腔生理盐水冲洗　鼻腔生理盐水冲洗是一种安全、方便、价廉的治疗方法，通常用于鼻腔和鼻窦炎性疾病的辅助治疗。使用生理盐水或2%高渗盐水进行鼻腔冲洗，可清除鼻内刺激物、变应原和炎性分泌物等，减轻鼻黏膜水肿，改善纤毛-黏液屏障的防御与清除功能。

知识链接

喷雾剂的用药注意事项

1. 使用前清洁双手，核对药品名称、用法用量等信息。

2. 将示指与中指放在喷头的两侧，拇指放在瓶底以握紧药瓶，轻轻摇动药瓶，使药液充分混匀。如果第一次使用或一段时间未用，请检查喷雾剂喷雾是否正常，可将喷嘴远离身体，向下按压几次，至喷雾器喷雾正常为止。

3. 用药前患者应擤净鼻涕，轻轻用鼻呼吸，保持头部直立，身体向前微微倾斜，用手指轻轻压住一侧鼻孔，将鼻喷雾器的喷头慢慢放入另一侧鼻孔中，保持瓶子直立。用鼻吸气，同时用手指按压瓶子喷出药液。

4. 压住喷雾器将喷头从鼻孔中移开，用口呼气，将头后仰，以便药物能够留至鼻腔后部，用纸巾擦去鼻腔自然流出的液体。

5. 如果需要使用第二喷，重复以上步骤。另一侧鼻孔也是同样的步骤。用完药后用纱布或纸巾将喷头擦拭干净，盖严瓶盖。

6. 将药品避光、干燥密闭保存，并放在儿童不易接触的地方。

（二）中成药

中医认为过敏性鼻炎因脏腑功能失调所致，正气亏虚、卫外不固、外邪入体，而气虚主要与肺、脾、肾三脏相关，多为风寒、风热、异气之邪侵袭鼻窍所致。中药因其药性不同，须在中医辨证的基础上，合理选用相应中成药进行治疗。

1. 鼻炎康片　清热解毒，宣肺通窍，消肿止痛。用于肺经郁热所致的急慢性鼻炎和过敏性鼻炎，主要症状为脓涕、黄涕。

2. 通窍鼻炎片（颗粒）　散风固表，宣肺通窍。用于风热蕴肺、表虚不固所致鼻塞、流清涕或浊涕、前额头痛等。

3. 苍耳子鼻炎胶囊　疏风，清肺热，通鼻窍，止头痛。用于风热型急慢性鼻炎、过敏性鼻炎、鼻窦炎。

4. 辛夷鼻炎丸　祛风、清热、解毒。用于鼻炎，为治鼻渊头痛、鼻塞流涕之要药。

5. 鼻渊通窍颗粒　疏风清热，宣肺通窍。用于外邪犯肺所致的急性鼻窦炎。

6. 藿胆丸　芳香化浊，清热通窍。用于湿浊内蕴、胆经郁火所致鼻塞、流清涕或浊涕、前额头痛。

7. 香菊片　祛风通窍，解毒固表。用于风热袭肺、表虚不固所致的急慢性鼻窦炎、鼻炎。

三、常用治疗过敏性鼻炎药品的用药指导

1. 合理选择药品　①糖皮质激素对全身性真菌感染者、糖皮质激素过敏者禁用。有严重精神病史、癫痫、活动性胃十二指肠溃疡、新近胃肠吻合手术、严重糖尿病、高血压、青光眼、骨质疏松患者禁用。未能用药物控制的病毒、细菌、真菌感染者禁用。心脏病或急性心力衰竭、高血压、高脂蛋白血症、肾功能损害或肾结石、重症肌无力、甲状腺功能减退症患者慎用。妊娠期及哺乳期妇女慎用。②应用抗过敏药和糖皮质激素治疗可减轻对过敏原的反应并抑制炎性反应，但治疗时间一般不宜过长。同时，大剂量使用可能使儿童或青少年生长发育缓慢，应给予注意。③中成药的选用要注意过敏性鼻炎的中医分型，根据辨证施治的原则，不同证型的过敏性鼻炎选用不同的中成药进行治疗。

2. 用法指导　①久用滴鼻剂可致药物性鼻炎，药液过浓或滴入次数过多可致反应性充血，故宜间断给药，每次间隔4~6小时。②在服用或滴用抗过敏药后4小时内不宜从事车辆驾驶、高空作业、精密仪器操作。不宜与中枢神经系统抑制药、抗精神病药氯丙嗪等合用；不宜同时饮酒。③过敏性鼻炎的典型症状和感冒症状相似，应注意区别，如无法确定，不可乱用药物，应及时就医确诊并进行合理治疗。④15岁及以上的患者口服孟鲁司特钠片，每日一次，每次10mg；2~4岁儿童患者要选用孟鲁司特钠咀嚼片。

3. 用药注意事项　对季节性过敏性鼻炎，应提前2~3周用药，季节过后不能立即停药，应继续使用2周左右。

四、健康教育

1. 避免接触变应原　过敏性鼻炎预防重于治疗，因此综合治疗管理的基础就是避免接触过敏原。保持室内环境及所有使用物品清洁，及时清除灰尘；定期清理日常衣物、布料制品，做到常洗、常晒、常除螨；及时清除室内的积水，维持适宜湿度可以有效防止真菌、霉菌滋生。花粉过敏季节，出门一定要戴口罩，注意选择密闭性好的

口罩，预防过敏原；对动物皮毛过敏的患者应注意避开过敏原。

2. 尝试脱敏疗法　脱敏治疗以小量、多次逐步增加过敏原（如花粉）注射剂量，直至患者体内产生抗体。脱敏疗法的不足之处在于：①费用高；②可能发生全身及局部不良反应；③治疗时间长，疗程一般为3~5年。因此脱敏治疗主要针对疾病比较严重或常年持续性过敏性鼻炎且用其他治疗药物无效的患者。

3. 生活指导

（1）饮食指导：过敏可能与饮食、药物相关，比如牛奶、面食中的麸质、花生等坚果、海鲜、芒果等热带水果、某些抗生素等药物；也可能和蚊虫叮咬相关。诱发症状加重的因素还可能是寒冷、辛辣食物、烟酒的刺激等。所以建议患者自己养成记日记的习惯，记录诱发自己过敏的各种过敏原并尽量避免接触。用药期间宜清淡饮食，禁忌辛辣荤腥，不宜饮酒。

（2）适当运动：加强体质锻炼，增强身体抵抗力。

任务 9-4　缺铁性贫血的药品推荐

◎ 案例分析

案例：

王女士，33岁，1年前无明显诱因出现面色苍白、头晕、乏力，到医院检查，提示血红蛋白含量低，口服铁剂治疗1周。平时进食正常，睡眠好，体重无明显变化，尿色无异常，无便血及黑便。近3个月又出现头晕、乏力等现象，且月经量增多，今到药店购药咨询。

分析：

该患者1年前所患缺铁性贫血病因不明确，且未得到彻底治疗，当近期有明显失血时导致病情加重。因此需先积极治疗原发病，去除引起缺铁的原因，补充足量铁剂，加强营养。

一、认识缺铁性贫血

（一）缺铁性贫血

1. 概述　缺铁性贫血是指各种原因的缺铁导致红细胞生成减少所引发的贫血，是临床上最常见的贫血。妊娠期和育龄期女性、婴幼儿和儿童是缺铁性贫血的高危人群。

2. 临床表现

（1）贫血的症状：常见倦怠、乏力、头昏、头痛、眼花、耳鸣、心悸、气促、面色萎黄或苍白、食欲缺乏等。

（2）组织缺铁的表现：精神行为异常，如烦躁、易怒、注意力不集中、异食癖；体力耐力下降；易感染；小儿生长发育迟缓、智力低下；口腔炎、萎缩性舌炎、吞咽困难、咽部异物感、口角炎；毛发干枯、脱落；皮肤干燥、皱缩，指（趾）甲缺乏光泽、脆薄易裂，重者指甲变平，甚至凹下呈勺状（反甲）。

（二）缺铁性贫血的原因

铁参与人体内血红蛋白的组成，是一些能量转移所需的酶类的必需组分。缺铁的原因有：①慢性失血，如钩虫病、痔疮、溃疡病、多次流产、月经量过多等；②长期营养摄入不足、偏食或吸收障碍，如营养不良、萎缩性胃炎、胃功能紊乱、胃大部切除术后、胃酸缺乏、慢性腹泻等；③需铁量增加，如妇女妊娠期或哺乳期、小儿生长发育期等。

🔗 **知识链接** ···

贫血的诊断标准

1. 贫血诊断　正常成人血红蛋白量男性为120~160g/L，女性为110~150g/L；红细胞计数男性为（4.0~5.0）×10^{12}/L，女性为（3.5~5.0）×10^{12}/L。凡低于以上指标的即为贫血。

2. 贫血程度　血红蛋白在90~120g/L为轻度贫血，在60~90g/L为中度贫血，小于60g/L为重度贫血。

二、常用铁剂

查明病因、对因治疗是最基本和重要的治疗原则。对于中重度贫血同时需要补铁治疗，急性重度贫血需要输血治疗。

（一）口服铁剂

口服铁剂是治疗缺铁性贫血的首选方法，应根据血红蛋白水平估计补铁治疗的剂量。治疗的目的不仅要纠正缺铁性贫血，还应补足已经消耗的储存铁。

口服铁剂品种较多，《国家非处方药物目录》收载的铁剂药物有硫酸亚铁、富马酸亚铁、乳酸亚铁、葡萄糖酸亚铁、右旋糖酐铁和琥珀酸亚铁等。常用硫酸亚铁和富马酸亚铁，两者口服吸收良好，胃肠道刺激性小，铁利用率高。口服右旋糖酐铁、琥珀酸亚铁和多糖铁复合物的含铁量高，口服不良反应较硫酸亚铁轻，而疗效相当。各种铁剂的含铁量及作用特点见表9-4。

表9-4　各种铁剂的含铁量及作用特点

药品名称	含铁量（%）	剂量	作用特点
硫酸亚铁	20	预防量0.3g，q.d.；治疗量0.3g，t.i.d；儿童50~100mg，t.i.d	胃肠道不良反应多见：腹痛、恶心、呕吐、便秘
乳酸亚铁	19	100~200ml，t.i.d.	吸收率高
葡萄糖酸亚铁	12	成人0.4~0.6g，t.i.d.；儿童0.1g，t.i.d.	起效快，胃肠反应较轻；作用温和，铁利用度高
富马酸亚铁	32.9	成人0.2~0.4g，t.i.d.；儿童0.01g~0.2g，t.i.d.（连续2~3周）	含铁量高，起效快
右旋糖酐铁	27~30	口服50~300mg/d；注射剂每次0.1~0.2g，每周2~3次	用于其他铁剂疗效不佳者
琥珀酸亚铁	35	预防量：成人0.1g/d，妊娠期妇女0.2g/d，儿童30~60mg/d；治疗量：成人0.2~0.4g/d，儿童0.1~0.2g/d	吸收平稳，在蛋白膜保护下，避免与胃酸和胃蛋白酶作用，不良反应少见，对胃黏膜刺激性小

（二）注射用铁剂

常用的注射用铁剂有右旋糖酐铁及山梨醇枸橼酸铁，一般选用口服药治疗，仅在下列情况下才应用注射用铁剂：①肠道对铁的吸收不良，如胃切除或胃肠吻合术后、慢性腹泻、脂肪痢等；②胃肠道疾病因口服铁剂后症状加重，如消化性溃疡、溃疡性结肠炎、节段性结肠炎、胃切除后胃肠功能紊乱及妊娠时持续呕吐等；③口服制剂虽已减量但仍有严重胃肠道反应。

三、常用铁剂的用药指导

1. 合理选择药品　①首选口服铁剂，对口服铁剂反应大，出现厌食、胃出血，或有胃肠疾病、吸收不良，或需迅速纠正贫血症状时，可考虑应用注射铁剂，如右旋糖酐铁；②口服铁剂首选二价铁（亚铁），其溶解度大，易于被人体吸收；三价铁剂在体内的吸收仅相当于二价铁的1/3，且刺激性较大，只有转化为二价铁后才能被良好吸收。对胃酸缺乏者，宜与稀盐酸并用，有利于铁的吸收。

2. 用法指导

（1）选择适宜的剂量：初始治疗应采用小剂量，数日后再增加，以铁剂吸收率30%计算，一日口服180mg铁元素较好，也可避免严重的不良反应。

（2）进餐对铁剂的影响：习惯上主张铁剂在餐后即刻服用较好，餐后口服铁剂固然可减少胃肠刺激，但食物中的磷酸盐、草酸盐等可使铁剂的吸收减少。实验证明，铁剂与食物同时服用，其生物利用度为空腹时的1/2或1/3。因此，应在餐前或两餐间服用，最佳时间是空腹，有条件者可服用有机铁。

（3）疗效及疗程：口服铁剂有效的最早指标是在服后3~7天网织红细胞开始上升，第7~10天达高峰，2周后血红蛋白上升，一般约2个月恢复至正常。血红蛋白正常后，继续服用铁剂3个月，补充贮存铁。

（4）预防铁负荷过重：铁剂在胃肠道的吸收有黏膜自限现象，即铁的吸收与体内储存量有关，体内铁储存量过多时铁吸收减少。正常人的吸收率为10%，贫血者为30%。但一次摄入量过大，会腐蚀胃黏膜和使血液循环中的游离铁过量，出现细胞缺氧、酸中毒、高铁血红蛋白血症、休克和心功能不全等中毒症状，应及时清洗胃肠和对症治疗。

3. 用药注意事项

（1）阻碍铁剂吸收的因素：①四环素类、考来烯胺等可在肠道与铁结合，影响铁的吸收；②抗酸药可使二价铁转变成三价铁，减少铁的吸收；③牛奶、蛋类、钙补充剂、磷酸盐、草酸盐等可抑制铁剂的吸收；④茶和咖啡中的鞣质等易与铁形成不被吸收的盐，影响铁的吸收。

（2）促进铁剂吸收的因素：①肉类、果糖、氨基酸、脂肪可促进铁剂的吸收；②维生素C作为还原剂可促进三价铁转变为二价铁，从而促进铁的吸收，故口服铁剂应同服维生素C。

（3）血红蛋白病、含铁血黄素沉着症、不伴缺铁的其他贫血（地中海贫血）、肝肾功能严重损害、伴有未经治疗的泌尿系感染者不易应用铁剂。

妊娠与贫血

  贫血是常见的妊娠并发症，由于胎儿生长发育，铁的需要量显著增加，仅靠一般食物供铁和依靠孕妇体内贮备铁不能满足实际需要，故25%的孕妇可能发生缺铁性贫血。妊娠期间，母体的骨髓和胎儿竞争摄取母体血清中的铁，一般情况下：胎儿总是在竞争中占优势，而且铁通过胎盘的转运是单向性的，不论母体是否缺铁，胎儿都是按其需要摄铁，即使母体极度缺铁，也不可能逆向转运，故胎儿一般不会发生严重缺铁。但若母体过度缺铁，骨髓的造血功能降低致严重贫血，红细胞计数1.5×10^{12}/U；血红蛋白50g/L、血细胞比容<0.13时，则胎儿发育迟缓，可发生早产、死胎。孕妇重度贫血时心肌缺氧，发生贫血性心脏病，甚至充血性心力衰竭。另外，贫血使孕妇的抵抗力降低，易发生感染，导致孕产期并发症及死亡率升高。

四、健康教育

1. 生活指导

（1）贫血患者多数有头晕、乏力等症状，因此不易进行高空作业；下蹲过久起立时要缓慢，以免晕倒跌伤。

（2）由于缺铁影响多种酶的功能，致使细胞免疫功能也有缺陷，容易产生感染。因此，患者衣着要适宜，随着气候的变化而增减，预防发生感冒以及其他疾病。

（3）运动可提高单核细胞吞噬功能和T细胞功能，良好的运动习惯对机体防御和综合免疫功能大有裨益。但贫血患者一般有心率加快现象，故运动不宜太激烈。一般采用散步、体操、气功、太极拳等运动方式。

（4）铁剂应放在小儿难以拿到的地方，避免小儿误服，引发意外。

（5）合理膳食同样重要，饮食上应考虑铁的补充与吸收。①宜进食蛋奶及豆制品等优质蛋白质食物；②多食含铁丰富的食物，如动物肝、海蜇、虾米、蛋黄等动物性食品，以及芝麻、海带、黑木耳、黄豆、黑豆、芹菜、大枣等植物性食品；③提倡使用铁锅烹饪，有助于铁元素的补充。

2. 定期检查　铁剂治疗量不宜长期使用，且治疗期间应定期检查血常规和血清铁水平。

1. 感冒或流感后出现发热、头痛、关节痛等症状可选用含有对乙酰氨基酚或布洛芬、阿司匹林的制剂；感冒初期有打喷嚏、流鼻涕、流泪等卡他症状可选用含有氯苯那敏、苯海拉明或氯雷他定的制剂；缓解鼻塞症状，改善鼻腔通气，可选用含有伪麻黄碱的制剂；伴有咳嗽的患者，可选用含有右美沙芬的制剂。

2. 防治晕动病口服药物宜在旅行前1~2小时，最少30分钟前使用。苯海拉明一般在旅行前1~2小时服用，持续时间约4~6小时；茶苯海明在出发前30分钟服用，可维持8小时的作用时间；异丙嗪片作用时间约6~12小时；盐酸美克洛嗪片可维持12~24小时；东莨菪碱贴片宜在出发前一晚或出发前5~6小时贴在耳后皮肤上，作用时间长达3天，乘车结束后取下贴片。

3. 过敏性鼻炎的主要病因是遗传因素和接触过敏原；其治疗首要是避免接触过敏原，其次是合理选择药物并正确使用；患有过敏性鼻炎应注意休息，保证充足的睡眠，养成良好的生活习惯，合理饮食、适当运动；时刻保持鼻腔清洁，经常清洗鼻腔。

4. 缺铁性贫血需查明病因，对因治疗是最基本和重要的治疗原则；口服铁剂是缺铁性贫血的首选方法，胃肠反应严重者可选择注射用铁剂；日常饮食方面要考虑铁的补充与吸收，合理膳食同样重要。

•···· 思考题 ·····························

1. 针对不同类型的感冒应如何选择非处方药？
2. 防治晕动病的药物有哪些？
3. 简述感冒顾客健康教育。
4. 简述过敏性鼻炎的健康教育。
5. 简述口服铁剂的用药指导。
6. 简述常用防晕动病药的作用时间。

（吴　洋　秦晓婷）

项目十
常见疾病的用药指导

学习目标

知识目标

• 掌握常用抗高血压药、降血糖药、调血脂药、平喘药的用药指导和健康教育要点。

• 熟悉高血压等疾病的诊断标准。

• 了解高血压等疾病的发病机制及分型。

技能目标

• 能根据顾客情况，指导其合理用药。

• 具备对顾客进行常用药品用药指导的能力。

• 具备对高血压、糖尿病、哮喘、血脂异常顾客进行健康教育的能力。

素质目标

• 具有较强的职业责任感。

• 具备严谨负责的工作态度及良好的团队合作意识。

• 根植"大健康"服务理念。

🔁 导学案例

情景描述：

据《中国心血管健康与疾病报告2020概要》显示：我国高血压人口有2.45亿人，中国大陆成人糖尿病患者达到1.298亿人，中国40岁以上血脂异常总体患病率高达43%。原发性高血压等疾病早期症状较轻，对日常生活的影响并不显著，可通过适宜的治疗手段得到控制，但却不易治愈，而慢性病引起的并发症才是主要的危害，也是降低患者生存质量，甚至增加死亡率的重要原因。

刘先生，患2型糖尿病十余年。因鞋子不适致左足内踝处出现一小块的皮损，随后伤口出现渗出液增多，并伴有轻微疼痛，活动时加剧。医院诊断为"糖尿病足"，经35天治疗后，创面缩小。出院时，刘先生感慨道："谁能想到小小的一个伤口，让我住了一个月的院，严重影响了我的生活"。

学前导语：

糖尿病患者是药店经常接待的顾客，大多需要长期服药，有的未经确诊自行购药，有的携带处方来买药，大多患者对自身所患疾病缺乏正确的认识，对所买药品了解不够全面，因此指导其正确用药并进行合理的健康教育，不仅有利于疾病的治疗，更有利于提高患者的生活质量，延长患者生命。

思政要点：

健康促进，提升生活质量

任务 10-1　高血压的用药指导

🔍 案例分析

案例：

张大伯高血压病史13年，经常到药店测量血压，从闲聊中得知，张大伯嗜烟好酒30余年，每日吸烟20余支，饮白酒约6两，间断服用北京降压0号（复方利血平氨苯蝶啶片），但一般头晕时服用药物，如无明显症状则不服药，今年查体时发现尿酸升高，医生嘱其改服硝苯地平缓释片（1次1片，1日1次），今日他拿处方来药店购药，询问服药期间应注意什么。

分析：

张大伯嗜烟好酒，吸烟和饮酒与高血压的发病密切相关，应嘱其戒烟限酒；北京降压0号中含有氢氯噻嗪，有导致血尿酸升高的不良反应，因此医生予以改服硝苯地平缓释片；由于平时服药不规律，应嘱其严格按照医嘱服药。

一、认识高血压

（一）高血压

高血压是引发心血管疾病的主要病因和危险因素之一，90%为原发性高血压，其发病与遗传和环境因素（饮食、精神、应激等）有关，常伴有脂肪和糖代谢紊乱及心、脑、肾和视网膜等器官改变。大多数起病缓慢、渐进，体检时发现血压升高；一般常见症状有头晕、头痛、心悸、失眠、耳鸣、乏力、多梦、激动等，呈轻度持续性，多数症状可自行缓解，在紧张或劳累后加重，也可出现视物模糊、鼻出血等较重症状。

（二）高血压的诊断和分型

国际上高血压统一标准为：在静息状态、未服用抗高血压药情况下，非同日测量3次血压，收缩压≥140mmHg和/或舒张压≥90mmHg，根据血压升高水平，又进一步将高血压分为1~3级。

高血压按照病因分类分为原发性高血压和继发性高血压，其中原发性高血压占90%以上。按照病情的急缓又分为缓进型高血压和急进型高血压，急进型高血压病情进展迅速，如不及时有效降压治疗，预后很差。

（三）高血压的治疗目的及意义

原发性高血压目前尚无根治方法，但降压治疗可明显降低脑卒中、心脑血管病死亡率与冠心病事件发生率。高血压的治疗主要包括非药物治疗和药物治疗两个方面，前者包括控制体重、减少钠盐摄入、补充钙和钾盐、减少脂肪摄入、戒烟限酒、适当运动等，但患者非药物治疗仍不能有效控制血压，需配合药物治疗，此外还应顾及可能对糖代谢、脂代谢、尿酸代谢紊乱等危险因素的影响。高血压控制目标见表10-1。

表10-1　高血压控制目标

人群	控制目标
一般人群	<140/90mmHg
合并糖尿病或慢性肾脏病	<130/80mmHg
老年人	SBP：140~150mmHg； DBP：<90mmHg但不低于65~70mmHg

二、常用抗高血压药与用药指导

常用抗高血压药物有利尿剂、β受体拮抗剂、钙通道阻滞剂、血管紧张素转换酶抑制剂、血管紧张素Ⅱ受体拮抗剂等。

（一）利尿剂

1. 常用药品　常用利尿剂类抗高血压药及适应证见表10-2。

表10-2　常用利尿药

常用药品	主药	适应证
氢氯噻嗪片	氢氯噻嗪	治疗1、2级高血压
吲达帕胺片	吲达帕胺	

2. 用药指导　①利尿剂类抗高血压药一般宜早晨或日间用药，以免夜间排尿次数增多；②中效能利尿药为排钾利尿药，长期使用易导致低血钾，应注意补钾或与保钾利尿药合用；③氢氯噻嗪长期使用易引起高血糖、高血脂及高尿酸血症，因此糖尿病、高脂血症、痛风患者慎用氢氯噻嗪；④同为中效能利尿药的吲达帕胺则对血脂、血糖无影响，糖尿病、高脂血症患者可以使用。

（二）β受体拮抗剂

1. 常用药品　常用β受体拮抗剂类抗高血压药及适应证见表10-3。

表10-3　常用β受体拮抗剂类抗高血压药

常用药品	主药	适应证
普萘洛尔片	普萘洛尔	
酒石酸美托洛尔片	美托洛尔	高血压
富马酸比索洛尔片	比索洛尔	心绞痛
阿替洛尔片	阿替洛尔	

2. 用药指导　①长期使用此类药物时应警惕停药反应，停药时须逐渐递减剂量，至少经过3天，一般为2周；②窦性心动过缓、重度房室传导阻滞者禁用；③普萘洛尔片可引起糖尿病患者血糖降低，并可掩盖低血糖时出汗、心悸等症状，因此糖尿病患者慎用；④普萘洛尔片可使支气管平滑肌收缩，会诱发或加重支气管哮喘，因此支气管哮喘患者禁用。

（三）钙通道阻滞剂

1. 常用药品　常用钙通道阻滞剂（CCB）类抗高血压药及适应证见表10-4。

表10-4　常用钙通道阻滞剂类抗高血压药

常用药品	主药	适应证
硝苯地平控释片	硝苯地平	
尼莫地平片	尼莫地平	
尼群地平片	尼群地平	老年高血压
非洛地平缓释片	非洛地平	变异性心绞痛
苯磺酸氨氯地平片	氨氯地平	

2. 用药指导　①首剂剂量过大或剂量调整期易发生低血压症状，特别是合用β受体拮抗剂时，在此期间需监测血压。宜从小剂量开始用药；②长期给药不宜突然停药，以免发生反跳现象；③孕妇及哺乳期妇女禁用；④硝苯地平控释片含有光敏性的活性成分，应避光保存，药品取出后应立即服用。

（四）血管紧张素转换酶抑制剂

1. 常用药品　常用血管紧张素转换酶抑制剂（ACEI）类抗高血压药及适应证见表10-5。

表10-5　常用血管紧张素转换酶抑制剂类抗高血压药

常用药品	主药	适应证
卡托普利片	卡托普利	
马来酸依那普利片	依那普利	
盐酸贝那普利片	贝那普利	高血压
赖诺普利片	赖诺普利	高血压伴糖尿病肾病的首选
福辛普利钠片	福辛普利	

2. 用药指导　①食物可影响药物吸收，宜餐前1小时服用；②为防止发生首剂低血压现象，应从小剂量开始服用；③双侧肾动脉狭窄、孕妇禁用；④对于刺激性干咳不耐受的患者可选用血管紧张素Ⅱ受体拮抗剂（ARB）进行替代。

（五）血管紧张素Ⅱ受体拮抗剂

1. 常用药品　常用血管紧张素Ⅱ受体拮抗剂（ARB）类抗高血压药及适应证见表10-6。

2. 用药指导　本类药物无刺激性干咳不良反应，宜长期应用，需注意避免与补钾药或留钾利尿药合用。

表 10-6　常用血管紧张素 Ⅱ 受体拮抗剂类抗高血压药

常用药品	主药	适应证
氯沙坦钾片	氯沙坦	
缬沙坦氢氯噻嗪片	缬沙坦	各级高血压，特别是不能
厄贝沙坦片	厄贝沙坦	耐受 ACEI 类所致干咳的
替米沙坦片	替米沙坦	高血压患者
坎地沙坦酯片	坎地沙坦	

除了上述五大类主要的抗高血压药外，一些中成药如复方罗布麻片、牛黄降压片、天麻素片、复方芦丁片、珍菊降压片、脉君安片、稳压胶囊等也有一定降血压作用，且复方罗布麻片、珍菊降压片、脉君安片含西药成分——氢氯噻嗪，在对患者进行用药指导时，注意提醒患者，避免重复用药。

📋 证书考点

1. 患者，女性，62岁。高血压史多年，心脏扩大。心功能差，合并有慢性阻塞性肺疾病，该患者不宜选下列哪种抗高血压药（　　　）

A. 硝酸甘油　　　　　　B. 缬沙坦　　　　　　C. 氯沙坦
D. 普萘洛尔　　　　　　E. 卡托普利

答案：D

解析：普萘洛尔为 β 受体拮抗剂，阻滞支气管平滑肌上的 β 受体会引起支气管平滑肌的收缩，加重呼吸困难的症状。

2. 患者，男性，50岁，每年冬春季常有哮喘发作，近日来上呼吸道感染，并咳嗽伴有哮喘，门诊测血压亦升高，医生除给予抗感染及平喘治疗外，尚考虑给予抗高血压药，其中欲选择一种 β 肾上腺素受体拮抗剂，请问下列哪一种最合适（　　　）

A. 普萘洛尔　　　　　　B. 噻吗洛尔　　　　　　C. 吲哚洛尔
D. 美托洛尔　　　　　　E. 拉贝洛尔

答案：D

解析：美托洛尔为选择性 β_2 受体拮抗剂，减轻了对支气管平滑肌上 β_1 受体的作用引起的支气管平滑肌收缩。

三、健康教育

（一）了解疾病

1. 高血压的危害　向患者及家属解释引起原发性高血压的生理、心理、社会因素及高血压对机体的危害，以引起高度重视，坚持长期的饮食、运动、药物治疗，将血压控制在正常水平，以减少对靶器官的进一步损害。

2. 高血压的治疗原则　高血压的药物治疗遵循分层治疗、小剂量开始、减少波动平稳降压、联合用药、个体化治疗、长期用药原则。

> 🔗 **知识链接** ....
>
> 高血压的药物治疗原则
>
> 1. 分层治疗　全面评估患者总危险因素后，判断其高血压程度，属低危、中危、高危或很高危，医生据此为患者制订适应的最佳治疗方案。
>
> 2. 小剂量开始　采用较小的有效剂量可以使不良反应最小，如效果不满意，可逐步增加剂量以获得最佳疗效。
>
> 3. 减少波动平稳降压　为了有效地防止靶器官损害，要求每天24小时内血压稳定于目标范围内，优先选择长效制剂。
>
> 4. 联合用药　为使降压效果增大而又不增加不良反应，在单种药物治疗效果不满意时，可以采用两种或多种抗高血压药联合治疗。
>
> 5. 个体化　根据患者具体情况、不同药物特点，兼顾患者经济条件及个人意愿，综合选择适合患者的抗高血压药。
>
> 6. 长期用药　高血压患者需长期服药，禁忌突然停药。因故漏服药物者切勿自行补加药物剂量，应及时就医遵医嘱给药。

3. 简化药物治疗策略

（1）首选单药+治疗（洛尔类药物除外）：对于低危的1级高血压、高龄（≥80岁）或身体虚弱者，可单药治疗。单药治疗可选用普利、沙坦、地平、利尿药；洛尔类被排除作为单纯抗高血压药的首选，但合并心衰、心绞痛、心律失常的高血压患者，则必不可少。

（2）单片复方制剂成为第二选择：若已接受单药治疗2~4周，血压仍未达标的患者，可换用单片复方制剂。单片复方制剂作为起始降血压治疗较单药加量或自由联合治疗，血压达标效率可提高20%。

（3）单药治疗效果欠佳时可调整用药：①小剂量普利/沙坦＋地平；②全剂量普利/沙坦＋地平；③普利/沙坦＋地平＋利尿剂；④普利/沙坦＋地平＋利尿剂＋螺内酯。

（4）利尿剂的使用：推荐优先使用噻嗪样利尿剂（如吲达帕胺），如没有噻嗪样利尿剂，再考虑噻嗪类利尿剂（如氢氯噻嗪）。

（5）具体用药需遵医嘱。

（二）定期监测

1. 定期测量血压　教会患者正确使用血压计定时测量血压并记录：①初诊高血压或血压不稳者，建议每天早晨和夜晚都要进行血压监测，每次测量2~3遍，连续测7天，取后6天血压平均值作参考；②若血压控制较平稳且达标者，可以每周自测1~2天血压，早晚各1次；③最好选择清晨起床服用抗高血压药后和早餐前排尿后的固定时间进行自测，采取坐位测量血压，如实、详细记录每次测量血压的日期、时间以及所有血压读数。一般主张血压控制目标值至少在140/90mmHg以下，老年人和糖尿病患者标准单独列出。

2. 监测药物不良反应　提醒患者或其家属注意药物的不良反应，有明显不良反应需立即停药并及时就诊。定期门诊随访复查，注意有无心、脑、肾、视网膜等靶器官功能受损表现，如病情变化要随时就医。

（三）饮食治疗

清淡易消化低热量饮食，控制体重使体重指数（BMI）在理想范围内。

1. 减钠盐　钠盐摄入<6g/d，腌制品少吃或不吃。

2. 补充钙和钾盐　多吃含钾的新鲜蔬菜水果，如香菇、芹菜、西红柿、油菜、苹果、香蕉、橘子、桃子等，多饮牛奶和摄入豆制品补充钙质。

3. 减少脂肪摄入　以植物油为主，避免进食富含胆固醇的食物，如动物内脏、蛋黄、虾、蟹等，摄入脂肪的热量应控制在总热量的25%之内。

4. 限制饮酒　每日饮酒量不可超过相当于50g的乙醇量，禁饮烈性酒。

（四）运动治疗

1. 适当活动　适当运动可选用散步、打太极拳、慢跑、健身操等方式。避免剧烈运动。

2. 保证睡眠　对血压较高或有并发症的患者需卧床休息，保证充足睡眠，且保持环境安静，光线柔和。

3. 陶冶情操　选择适当文化娱乐活动，如听轻音乐、看画报、下棋、书法、绘画等，避免脑力过度兴奋。劳逸结合，学会自我心理平衡调整，保持乐观情绪，家属需对患者以理解与支持。

（五）防治并发症

长期高血压可并发心、脑、肾、视网膜等靶器官功能受损，为减少并发症的发生，应该将血压控制在理想范围内，注意减少血压波动，保持血压相对稳定，严格按照医嘱服药，不可随意增减药量或突然撤换药物，对已发生并发症者需及时到医院就诊。

1. 脑卒中　对已发生过脑卒中的患者，高血压治疗的目的是减少再次发生脑卒中，降血压过程应该缓慢、平稳，最好不减少脑血流量，可选择 ARB、长效钙通道阻滞剂、ACEI、利尿剂等，注意从单种药物小剂量开始，再缓慢递增剂量或联合治疗。

2. 合并慢性肾病　血压目标为 <130/80mmHg，终末期肾脏病时常有高血压，两者病情呈恶性循环；首选 ACEI、ARB，有利于降低尿蛋白防止肾病进展，必要时加 CCB 或利尿剂，血液透析患者仍需降压治疗。

3. 合并冠心病　应尽可能选用长效制剂，减少血压波动，控制24小时血压，尤其清晨血压高峰。稳定型心绞痛时首选β受体拮抗剂或长效钙通道阻滞剂；急性冠脉综合征和心肌梗死后患者选用 ACEI、β受体拮抗剂，预防心室重塑。

⟶ 学以致用 ---

工作场景：

一顾客，因其血压一直控制不理想，在150/90mmHg至170/110mmHg之间波动，向药店工作人员咨询现在抗高血压药有哪些？目前服用什么药效果较好？店员小王通过询问得知其工作压力很大，烟酒应酬较多，喜食偏咸及油腻食物，曾口服过多种抗高血压药，均未按医嘱系统规律服用药物，于是向其介绍常用抗高血压药的种类、常用药物及不良反应，并说明抗高血压药因人而异，均需规律用药，建议其先口服曾经应用过的硝苯地平缓释片，注意监测血压，并嘱其改变生活方式，如若效果不佳，则建议其去医院进一步就诊。

知识运用：

1. 抗高血压药的种类、代表药物及不良反应。

2. 高血压的治疗原则。

任务 10-2　糖尿病的用药指导

🔍 **案例分析** --

案例：

李大娘，患糖尿病多年，是药店的常客，定期到药店购买降血糖药。一天，她持医师处方购买降血糖药格列齐特。在准备交款时突然感觉心慌、头晕，此时是上午11点左右。店员忙将大娘扶到椅子上坐下，发现大娘面色苍白、出汗、手颤。随后给大娘吃了个糖块，15分钟后症状逐渐好转。

分析：

李大娘出现了低血糖反应。低血糖反应是降血糖药最常见的不良反应，严重时会出现休克和死亡，应注意防治。对于糖尿病顾客应积极向其宣传糖尿病疾病知识，并教会其预防低血糖反应的措施。店员应熟练掌握处理低血糖反应的方法。

一、认识糖尿病

（一）糖尿病

糖尿病是由多病因引起的以慢性高血糖为特征的代谢性疾病，是由于胰岛素分泌和/或作用缺陷所引起。长期糖、脂肪及蛋白质代谢紊乱可引起多系统损害，导致眼、肾、神经、心脏、血管等组织器官慢性进行性病变、功能减退甚至衰竭；病情严重者可发生急性严重代谢紊乱，如糖尿病酮症酸中毒、糖尿病高渗综合征。

（二）糖尿病的诊断和分型

1. 诊断　糖尿病症状加随机血糖 ≥ 11.1mmol/L；或空腹血糖 ≥ 7.0mmol/L；或 OGTT（糖耐量实验）2小时血糖 ≥ 11.1mmol/L。

2. 分型　①1型糖尿病；②2型糖尿病；③特殊类型糖尿病；④妊娠糖尿病。

（三）糖尿病的治疗目的及意义

糖尿病的病因与发病机制复杂，至今未完全阐明。多与遗传、环境、免疫等因素有关。典型症状为"三多一少"，即多尿、多饮、多食和消瘦。此病为慢性疾病，易产生多组织器官损害，主要并发症有糖尿病视网膜病变、糖尿病肾病、糖尿病神经病变、反复感染等。

糖尿病是需要终身治疗的疾病，治疗目的是使血糖正常化，纠正代谢紊乱，防治或减少并发症，提高生存质量。主要治疗包括糖尿病教育、饮食治疗、运动治疗、药物治疗以及其他心血管疾病危险因子的检测和控制。

二、常用降血糖药及用药指导

治疗糖尿病的药物包括胰岛素和口服降血糖药。

（一）胰岛素

1. 常用药品　胰岛素制剂可分为速效、中效和长效三类。常用胰岛素制剂及用药特点见表10-7。

表10-7　常用胰岛素制剂

分类	常用药物	用药特点
速效	胰岛素 重组人胰岛素注射液	一般皮下注射，3~4次/d；急救，病情需要时，静脉注射
中效	低精蛋白锌胰岛素注射液 精蛋白生物合成人胰岛素注射液 精蛋白锌重组人胰岛素注射液	皮下注射，1次/d或2次/d
长效	特慢锌胰岛素 精蛋白锌胰岛素	皮下注射，早餐前1次，1次/d

2. 用药指导

（1）给药方式：胰岛素为多肽类物质，易被消化酶破坏，口服无效；采用皮下注射或静脉注射给药。皮下注射宜选用皮肤疏松部位如上臂、大腿内侧、腹部等。

（2）保存：胰岛素需要低温保存。未开封的胰岛素应放在冰箱4~8℃保存，正在使用的可在室温下（<28℃）使用。

（3）适应证：①1型糖尿病；②口服降血糖药治疗未能控制的2型糖尿病；③糖尿病发生严重并发症者，如酮症酸中毒及非酮症高渗性昏迷；④糖尿病合并重度感染、消耗性疾病、创伤、手术、妊娠分娩等。

（4）用药注意事项：①低血糖反应，轻者表现为饥饿感、出汗、心悸、焦虑不安、面色苍白、震颤等症状，重者可出现惊厥、昏迷、休克，甚至死亡。出现低血糖反应时，立刻饮食含糖类的食品或饮料，严重者应立即静脉注射50%葡萄糖溶液。②过敏反应，可表现为皮疹、血管神经性水肿，严重者出现过敏性休克，使用高纯度制剂或人胰岛素可减少过敏反应的发生。③胰岛素抵抗，可通过更换制剂或对剂量进行适当调整来减轻。④局部反应，皮下注射处可出现红肿、硬结、脂肪萎缩等，预防措施为经常更换注射部位。

（二）口服降血糖药

口服降血糖药包括磺酰脲类、双胍类、胰岛素增敏药、α-葡糖苷酶抑制药、格列奈类。

1. 磺酰脲类

（1）常用药品：常用磺酰脲类降血糖药见表10-8。

表10-8　常用磺酰脲类降血糖药

常用药物	主药	适应证
格列齐特缓释片	格列齐特	轻、中度2型糖尿病，尤其是胰岛素水平较低或分泌延迟者
格列吡嗪片	格列吡嗪	
格列美脲片	格列美脲	
格列喹酮片	格列喹酮	

（2）用药指导：①肝肾功能不全、慢性心功能不全、有酮症倾向及对磺胺类药物过敏者禁用；②糖皮质激素、噻嗪类利尿药、巴比妥类药物可降低该类药物的降血糖作用；③保泰松、水杨酸钠、吲哚美辛、双香豆素等高血浆蛋白结合率的药物可增强该类药物的降糖作用，合用易引起低血糖反应。

2. 双胍类

（1）常用药品：常用双胍类降血糖药见表10-9。

表10-9　常用双胍类降血糖药

常用药物	主药	适应证
盐酸二甲双胍缓释片 盐酸二甲双胍肠溶片	二甲双胍	2型糖尿病，尤其是肥胖者

（2）用药指导：①肝肾功能不全、慢性心功能不全及酮体阳性者禁用；②乙醇能强化二甲双胍的降血糖和升高乳酸作用，服药期间应禁酒。

3. 胰岛素增敏药

（1）常用药品：常用胰岛素增敏剂类降血糖药见表10-10。

表10-10　常用胰岛素增敏药

常用药物	主药	适应证
盐酸吡格列酮片	吡格列酮	2型糖尿病尤其是伴有高血脂的患者或
罗格列酮片	罗格列酮	其他降血糖药疗效不佳的2型糖尿病

（2）用药指导：本类药物能损害肝脏，应定期做肝功能检查。

4. α-葡糖苷酶抑制药

（1）常用药品：常用α-葡糖苷酶抑制剂类降血糖药见表10-11。

表10-11　常用α-葡糖苷酶抑制药

常用药物	主药	适应证
阿卡波糖片	阿卡波糖	餐后血糖升高为主的2型
伏格列波糖胶囊	伏格列波糖	糖尿病

（2）用药指导：①提醒患者服用本药后易产生腹胀、排气增多或腹泻；②服用本药时，应在进食第一口食物时服用。

5. 格列奈类

（1）常用药品：常用格列奈类降血糖药见表10-12。

表10-12　常用格列奈类降血糖药

常用药物	主药	适应证
瑞格列奈片	瑞格列奈	尤其以餐后血糖升高为主
那格列奈片	那格列奈	的2型糖尿病

（2）用药指导：主要注意防止低血糖反应，通常在餐前15分钟内服用本药。

除了上述五类主要的降血糖药外，一线常用的降血糖药还有消渴丸，需要注意的是该药含有西药成分——格列本脲，在用药指导过程中提醒患者避免重复用药引起低血糖的发生。

三、健康教育

（一）了解疾病

糖尿病是一种需终身治疗的疾病，治疗目的在于控制血糖，减少、延缓并发症的发生，延长寿命。糖尿病的治疗强调早期、长期、综合治疗及治疗方法个体化原则。国际糖尿病联盟提出糖尿病的治疗包括饮食控制、运动疗法、血糖监测、药物治疗和糖尿病教育五个方面。其中药物治疗中各降血糖药均为处方药，使用时严遵医嘱，不能随意自行更换药物。

（二）定期监测

治疗过程做好血糖监测，定期检查血压、血脂、肝肾功能、眼底及神经系统，发现情况及时处理。国际上把糖化血红蛋白<7%，血压<130/80mmHg及低密度脂蛋白<2.6mmol/L作为糖尿病的理想控制目标。指导患者用药期间定期监测血糖，建议患者使用便携式血糖仪定期进行自我血糖监测，并做好记录，发现血糖波动过大，及时到医院就医。大多数降血糖药容易出现低血糖反应，表现为饥饿、心慌、头晕、出汗、震颤，甚至休克，用药期间提醒患者注意是否有上述症状出现，如果出现应立刻平卧并补充葡萄糖。

（三）饮食治疗

饮食治疗是各种类型糖尿病基础治疗的首要措施，饮食治疗的原则是控制总热量和体重。减少食物中脂肪，尤其是饱和脂肪酸含量，增加食物纤维含量。使食物中碳水化合物占饮食总能量50%~60%、脂肪占总能量的30%、蛋白质不超过总能量的15%，比例应合理。

在饮食治疗过程中应注意：①按时进食，能够很好地掌握进食量，有效地控制血糖和减少低血糖反应；②严格控制总热量，当出现饥饿感时，可增加含糖量比较小（含糖量<5%）的蔬菜的摄入，如小白菜、菠菜、油菜、大白菜、卷心菜、冬瓜、黄瓜、丝瓜和西红柿等；③严格控制各种甜食，包括糖、甜点、含糖饮料等；④戒烟限酒，不推荐糖尿病患者饮酒，每日不超过1~2份标准量（1份标准量为：啤酒350ml，红酒150ml或低度白酒45ml，各约含酒精15g），禁止酗酒；⑤限制进盐量，食盐<6g/d；⑥控制体重，每周测量体重1次，增长量>2kg时应及时就医。

（四）运动治疗

适当的运动有利于控制体重、提高胰岛素敏感性，改善糖代谢和血脂代谢，利于控制血压，患者应根据自身条件选择适宜的运动。一般推荐中等强度的有氧运动（如快走、慢跑、打太极拳、骑车、打高尔夫球和园艺活动等），运动时间每周至少150分钟。当血糖>14~16mmol/L、明显的低血糖症状或血糖波动较大、有糖尿病急性代谢并发症以及各种心、肾等器官严重慢性并发症者暂不适宜运动。

运动治疗时应注意：①循序渐进，长期坚持；②主张餐后运动，并在运动时随身携带含有糖的食物或饮料，当出现饥饿感、心慌、头晕、四肢无力甚至颤抖时立刻停止运动，并适当补充糖。

（五）防治并发症

糖尿病患者感染的危险性明显高于正常人，应避免出现外伤和感染。患者应养成良好的生活卫生习惯，保持全身和局部的清洁，尤其是口腔、皮肤、会阴部的清洁；做好足部护理包括经常足部按摩，避免足部受伤，保持足部清洁等；注射胰岛素注意皮肤消毒；发现感染及时就医。患者及家人应学会发现和观察低血糖反应、酮症酸中毒、高渗性昏迷等并发症，如果出现及时就医。避免酮症酸中毒的诱发因素如感染、胰岛素量不足、创伤和饮食不当等。高渗性昏迷常发生在感染、急性胃肠炎、胰腺炎、脑血管意外、使用糖皮质激素和利尿剂等情况，应注意预防和监测。

🔗 知识链接 ....

糖尿病的急性并发症

1. 糖尿病酮症酸中毒　糖尿病代谢紊乱时，脂肪分解加速，在肝脏形成大量酮体，血酮体升高，发生代谢性酸中毒。表现为糖尿病症状加重，疲乏、四肢无力、极度口渴、多饮多尿。酸中毒时出现食欲减退、恶心和呕吐，常伴有头痛、嗜睡、烦躁不安、呼吸加深加快，有烂苹果味。进一步发展出现血压下降，反应迟钝甚至消失，出现昏迷。血糖、血酮体明显升高，尿糖、尿酮体强阳性。

2. 高渗性非酮症糖尿病昏迷（简称高渗性昏迷）　糖尿病代谢紊乱的另一类型。表现为多尿多饮，随着失水增加而出现嗜睡、幻觉、定向障碍、偏盲、偏瘫等，严重出现昏迷。血糖、血钠及血浆渗透压明显升高，尿糖强阳性，多无酮体。

3. 感染　糖尿病患者常发生疖、痈等皮肤感染，体癣、手足癣等皮肤感染也比较常见；膀胱炎和肾盂肾炎是泌尿系统最常见的感染，多见于女性，易反复发作而转变为慢性；糖尿病患者肺结核发病率较正常人群明显偏高，发病后多进展较快，易形成空洞。

任务 10-3　高脂血症的用药指导

案例分析

案例：

某男，45岁，肥胖体型，吸烟10余年，6个月前到当地医院查体后诊断为高脂血症、脂肪肝，医生建议其先注意饮食控制和适当运动，并建议戒烟，患者述其遵医嘱注意饮食控制并增加运动锻炼，今日复查血脂较前有所降低，但仍比正常值偏高，到药店询问购买降脂药。

分析：

患者经过饮食控制和适当运动6个月后，血脂仍较正常值偏高，建议其口服调脂药物治疗，具体给药方案应遵医嘱。

一、认识高脂血症

（一）高脂血症

高脂血症是由各种原因导致的血浆中一种或几种脂质浓度超过正常范围的代谢综合征，通常是指甘油三酯（TG）和胆固醇（TC）升高，实际上也泛指包括低密度脂蛋白胆固醇（LDL-C）升高和高密度脂蛋白胆固醇（HDL-C）降低在内的各种血脂异常。高脂血症的发生，主要是环境因素、遗传因素、继发于某些疾病或药物等因素共同作用的结果。患者可在相当长时间内无症状，多在查体时发现，近年来其发病率越来越高且呈低龄化趋势。

高脂血症早期并没有特异的症状或不适，但它对身体的损害具有隐匿性、渐进性和全身性的特点，一旦发生心脑血管等靶器官疾病表现，其结果经常是致命性的。高脂血症的主要危害是脂质在血管内皮沉积导致动脉粥样硬化，因而是很多心脑血管疾病如冠心病、心肌梗死、心脏性猝死、高血压、脑出血、脑梗死的独立而重要的危险因素，而LDL-C增高是导致动脉粥样硬化发生发展的基本因素。

（二）高脂血症的诊断标准

高脂血症的诊断标准如表10-13所示。

表10-13　高脂血症诊断标准（mmol/L）

	总胆固醇 （TC）	低密度脂蛋白胆固醇 （LDL-C）	高密度脂蛋白胆固醇 （HDL-C）	甘油三酯 （TG）
合适范围	<5.18	<3.37	≥1.04	<1.70
边缘升高	5.18~6.19	3.37~4.12	—	1.70~2.25
升高	≥6.21	≥4.14	—	≥2.26
降低	—	—	<1.04	—

🔗 **知识链接** ··

高脂血症的分型

世界卫生组织（WHO）将高脂血症分型共分6型：①Ⅰ型，甘油三酯特别高，胆固醇正常，罕见；②Ⅱa型，胆固醇显著增高，甘油三酯正常，较多见；③Ⅱb型，胆固醇显著增高，甘油三酯稍高，较多见；④Ⅲ型，胆固醇及甘油三酯均明显增高，少见；⑤Ⅳ型，甘油三酯显著增高，胆固醇正常或稍高，又称内源性高甘油三酯血症，较多见；⑥Ⅴ型，甘油三酯很高，胆固醇稍高，又称混合型号高甘油三酯血症，少见。

这种分型方法对高脂血症的临床诊治有很大帮助，但最明显的缺点是过于繁杂。临床上从实用角度出发，简单地将血脂异常分为高胆固醇血症、高甘油三酯血症、混合性高脂血症和低高密度脂蛋白胆固醇血症。

（三）高脂血症的治疗目的及意义

积极控制高脂血症患者的血脂可显著减少心脑血管疾病的发病率和死亡率，因此高脂血症的患者必须通过各种方式来降低血脂。其中，生活方式治疗是极其重要的基础治疗，包括坚持饮食控制与有规律的运动、戒烟限酒等，对基础治疗不能控制的高脂血症则需加用降血脂药治疗，对继发性高脂血症还需要积极治疗原发病。

二、常用降血脂药与用药指导

临床常用的降血脂药种类有他汀类、贝特类、烟酸类、胆酸螯合剂等。

（一）他汀类

1. 常用药品　常用他汀类降血脂药见表10-14。

表10-14　常用他汀类降血脂药

代表药物	主药	适应证
辛伐他汀片	辛伐他汀	
洛伐他汀胶囊	洛伐他汀	
普伐他汀钠片	普伐他汀	
氟伐他汀钠缓释胶囊	氟伐他汀	目前降低胆固醇最有效药物，特别适合伴有LDL升高的高脂血症
阿托伐他汀钙片	阿托伐他汀	
瑞舒伐他汀钙片	瑞舒伐他汀	
匹伐他汀钙片	匹伐他汀	

2. 用药指导　①提醒患者服用本类药物应定期进行肝功能和肌酶学检查；②服药期间如出现全身性肌肉疼痛、僵硬、乏力，应警惕横纹肌溶解症的发生，一旦发生需立即停药；③孕妇和哺乳期妇女禁用，不能应用于儿童或青少年。

（二）贝特类

1. 常用药品　常用贝特类降血脂药见表10-15。

表10-15　常用贝特类降血脂药

代表药物	主药	适应证
苯扎贝特片	苯扎贝特	
非诺贝特胶囊	非诺贝特	高甘油三酯血症或以高甘油三酯为主混合型，低HDL-C血症
吉非罗齐胶囊	吉非罗齐	

2. 用药指导　①严重肝肾功能不全者禁用；②应用此类药时也须定期检测转氨酶与肌酸激酶。

（三）烟酸类

1. 常用药品　常用烟酸类降血脂药见表10-16。

表 10-16　常用烟酸类降血脂药

代表药物	主药	适应证
烟酸缓释片	烟酸	高甘油三酯血症或以高甘油三酯为主混合型，升HDL-C作用最强，作用范围最全面的药物
阿昔莫司分散片	阿昔莫司	

2. 用药指导　①提醒患者，在治疗初期可见颜面潮红、胃肠道不适等不良反应；②大剂量可引起高血糖、高尿酸血症、肝功能损害等，因此长期使用此类药物应定期复查血尿酸、血糖及肝功能，糖尿病、消化性溃疡、高尿酸血症、慢性肝病患者禁用本类药物。

（四）胆酸螯合剂

1. 常用药品　常用胆酸螯合剂类降血脂药见表10-17。

表 10-17　常用胆酸螯合剂类降血脂药

代表药物	主药	适应证
烟酸考来替泊片	考来替泊	高胆固醇血症
考来烯胺散	考来烯胺	

2. 用药指导　①提醒患者服用本类药物可出现食欲缺乏和便秘等不良反应；②可影响多种药物的吸收降低疗效和影响脂溶性维生素的吸收，因此服用本类药物时需在医师指导下增加同服药物的剂量并适当补充脂溶性维生素。

除以上常用的降血脂药外，一线常用降血脂的中成药如血脂康胶囊中含有西药成分——洛伐他汀，故在用药指导过程中，提醒患者避免重复用药。

➡ 学以致用 ┄┄┄

工作场景：

一顾客进药店买止痛药，述1周来无明显诱因出现四肢肌肉酸痛，自敷膏药后疼痛无明显缓解，详细询问病史得知其3个月来正在服用阿托伐他汀钙降血脂治疗。店员小张向顾客说明其肌肉酸痛考虑可能为阿托伐他汀钙药物不良反应所致，建议其立即停用该药，并到医院就诊检查血肌酶，2天后顾客家属来表达谢意，告知在医院诊断为横纹肌溶解症，目前正在接受治疗。

知识运用：

1. 他汀类调脂药物的不良反应有胃肠道反应、肝脏血清酶升高和肌病（包括肌痛、肌炎和横纹肌溶解）等，其中横纹肌溶解是他汀类药物最危险的不良反应。

2. 服用他汀类药物期间需要定期行肝功能和肌酶学检查。

三、健康教育

（一）了解疾病

向患者及家属解释高脂血症的主要危害是导致动脉粥样硬化，是很多心脑血管疾病独立而重要的危险因素，应引起高度重视，坚持长期的控制饮食、增加运动、戒烟等生活方式调节，必要时配合药物治疗，将血脂控制在正常水平，以减少心脑血管并发症的发生。临床混合型血脂异常比较多见，对混合型血脂异常仅使用一种降血脂药难以使血脂水平达标，常需要联合其他作用机制不同的降血脂药。联用不同类别降血脂药既可以充分发挥药物互补协同作用，提高血脂控制达标率，同时又可降低不良反应的发生率。临床多采用他汀类或贝特类药物联合其他降脂药的方案。

（二）定期监测

在药物治疗时必须提醒患者及家属注意观察药物的不良反应，并定期到医院复查血脂、肝功能、肾功能及肌酸激酶学检查，治疗中有明显不适，需随时到医院就诊。有冠心病、糖尿病、原发性高脂血症家族史者、40岁以上男性及绝经期后女性应每年定期做血脂、血糖、肝功能等全面检查。

饮食与非药物治疗3~6个月后，应复查血脂水平，如能达到要求即继续非药物治疗并每6~12个月复查1次，如血脂水平仍高于正常的情况则需服用调脂药物治疗。药物治疗开始后4~8周复查血脂，如血脂能达到目标值，逐步改为每6~12个月复查1次，如开始治疗3~6个月复查血脂仍未达到目标值，则调整剂量或药物种类，或联合药物治疗，再经4~8周后复查。药物治疗中要定期检查肝功能、肌酸激酶，如明显升高，则需暂停给药，遵医嘱给予对症处理。

（三）饮食治疗

饮食治疗是高脂血症的基础治疗，无论是否应用降血脂药治疗，必须进行饮食治疗。合理的膳食结构一般原则是低能量、低脂肪酸、低胆固醇、低糖、高纤维膳食，要根据理想体重及劳动强度等制订总热量，脂肪摄入量<30%总热量，脂肪酸的摄入要以富含不饱和脂肪酸的植物油为主，可以多食一些富含纤维的蔬果如蘑菇、木耳、油菜、洋葱、海带、茄子、芹菜、冬瓜等。限制饮酒，禁烈性酒。

（四）运动治疗

运动治疗也是高脂血症的基础治疗，增加有规律的体力活动，尤其是有氧运动，如步行、慢跑、游泳、骑自行车、体操等，可以有助于控制体重，使血脂水平降低。运动方式和运动量应适合患者具体情况，注意循序渐进、持之以恒，运动时运动强度不宜过大，不要超过安全最高心率（最高心率=170-年龄）。

（五）防治并发症

高脂血症的主要危害是脂质在血管内皮沉积并发动脉硬化，包括冠状动脉粥样硬化、脑动脉粥样硬化、肢体大动脉粥样硬化等，同时，血脂异常也是糖尿病的常见并发症，降血脂治疗可以显著降低糖尿病患者心血管事件的发生率，因此对糖尿病合并高脂血症患者必须积极治疗，除饮食调节、运动锻炼和戒烟等治疗性生活方式干预外，还应按危险程度决定是否应用降血脂药，低度危险者根据临床表现，考虑是否加用降血脂药治疗，中度危险、高危患者必须用降血脂药治疗。

代谢综合征的血脂异常表现为甘油三酯水平高、HDL-C水平低、LDL-C增多。甘油三酯在许多非脂肪组织器官如肝脏、骨骼肌、胰腺等沉积，从而引起肝脏及外周组织的胰岛素抵抗。防治代谢综合征的主要目标是预防临床心血管病以及2型糖尿病的发病，对已有心血管疾病者则要预防心血管事件再发。除调脂治疗外，还需积极通过生活方式和药物治疗控制血糖和血压，其中积极持久的生活方式治疗是达到上述目标的基础措施，如控制仍不达标，则需在启动生活方式治疗的基础上，再用降血脂药物治疗。

📖 证书考点

1. 下列不属于降血脂药的是（　　　）

A. 普伐他汀　　　　B. 硝酸甘油　　　　C. 阿昔莫司

D. 环丙贝特　　　　E. 考来烯胺

答案：B

解析：硝酸甘油主要通过扩张血管治疗心绞痛，没有降血脂作用。

2. 治疗高胆固醇首选（　　　）

A. 氯贝丁酯　　　　B. 洛伐他汀　　　　C. 考来烯胺

D. 烟酸　　　　　　E. 苯扎贝特

答案：B

解析：他汀类降血脂药是治疗高胆固醇血症的首选用药。

任务 10-4　支气管哮喘的用药指导

🔍 **案例分析**

案例：

患者，女，25岁，三年前开始出现咳嗽，为阵发性连声咳，夜间明显，伴喘息，无呼吸困难，常秋冬交替之际感染后咳喘发作，每年发作3~4次。3日前，因天气变冷受凉后出现咳嗽、喘息发作症状。去医院就诊后，诊断为支气管哮喘，拿着医生开具处方到药店购买药物：吸入用布地奈德混悬溶液、吸入用硫酸沙丁胺醇溶液。并询问使用这些药物需注意什么。

分析：

支气管哮喘一般不能根治，但可以通过药物治疗控制症状，维持正常的生活水平，减少急性发作频次，控制并发症的发生。作为药店店员应熟练掌握支气管哮喘常用药物及不同药物的常见不良反应。

一、认识支气管哮喘

（一）支气管哮喘

支气管哮喘（简称哮喘）是由嗜酸性粒细胞、肥大细胞和T淋巴细胞等多种炎症细胞和细胞组分参与的气道慢性炎症性疾病。主要特征包括气道慢性炎症，气道对多种刺激因素呈现的高反应性，广泛多变的可逆性气流受阻以及随病情延长而导致的一系列气道结构的改变，即气道重塑。临床上表现为反复发作性的喘息、呼气性呼吸困难、胸闷或咳嗽等症状。多数患者可自行缓解或经治疗缓解。据统计经长期规范化治疗和管理，80%以上的患者可以达到哮喘的临床控制。因此，合理的防治至关重要。

作为世界上最常见的慢性疾病之一，全球约有3亿哮喘患者。我国哮喘患病率约0.5%~5%，见于任何年龄，儿童发病率高于成人，约有40%的患者有家族史。发达国家发病率高于发展中国家，城市发病率高于农村。

（二）支气管哮喘的诊断

1. 反复发作的喘息、气急、胸闷或咳嗽，多与接触变应原、冷空气、物理或化学性刺激、病毒性上呼吸道感染、运动等有关。

2. 发作时在双肺可闻及散在或弥漫性以呼气相为主的哮鸣，呼气相延长。

3. 上述症状可经治疗缓解或自行缓解。

4. 除外其他疾病所引起的喘息、气急、胸闷或咳嗽。

（三）支气管哮喘治疗的目的及意义

虽然目前哮喘不能根治，但长期规范化治疗可使大多数患者达到良好或完全的临床控制。治疗目标是长期控制症状、预防未来风险的发生，在治疗或不治疗的基础上，能使患者同正常人一样生活、工作和学习。

二、常用平喘药与用药指导

哮喘是一种以气道过敏性炎症和气道高反应性为特征的疾病，在抗原和不良环境刺激下导致支气管平滑肌痉挛、气道狭窄与阻塞。平喘药是通过作用于不同环节，预防和缓解哮喘发作，主要包括支气管扩张药、β受体激动剂、茶碱类、M受体拮抗剂、抗变态反应性平喘药以及抗炎性平喘药、吸入性糖皮质激素类、白三烯调节剂。

（一）β受体激动剂

1. 常用药品　常用β受体激动剂类平喘药见表10-18。

表10-18　常用β受体激动剂类平喘药

代表药物	主药	适应证
沙丁胺醇吸入气雾剂	沙丁胺醇	
盐酸班布特罗胶囊	班布特罗	
盐酸丙卡特罗口服溶液	丙卡特罗	控制哮喘的急性发作症状的首选药物
盐酸环仑特罗片	环仑特罗	
硫酸特布他林雾化液	特布他林	

2. 用药指导　①控制发作症状时多用气雾剂，除用量遵医嘱外还需注意使用方法：喷药后即做深而慢的吸气，然后屏气片刻，有利于气雾在呼吸道内充分沉积，若是预防发作可采用口服给药；②原发性高血压、冠状动脉粥样硬化性心脏病、糖尿病、甲状腺功能亢进患者及孕妇慎用；③应用一种药物疗效不佳时，可更换其他β受体激动药或茶碱类，不可随意增加用量；④用药期间应密切监测血压、心率及血钾等，一旦发生快速型心律失常、血压升高、低血钾，应立即减量或停药，必要时补充钾盐；⑤长期或反复应用可产生低敏性或引起气道反应性增高，使哮喘发作加

重、病死率增加，故避免长期大剂量单独应用，可有计划地与其他类型的平喘药交替使用。

（二）茶碱类

1. 常用药品　常用茶碱类平喘药见表10-19。

表10-19　常用茶碱类平喘药

代表药物	主药	适应证
茶碱缓释片	茶碱	口服用于吸入糖皮质激素类无法控制的慢性哮喘患者，静脉注射给药用于急性发作、重症或哮喘持续状态
氨茶碱片	氨茶碱	

2. 用药指导　①用药前要有明确诊断或确定用药史。急性心肌梗死伴有血压显著降低者禁用；肝肾功能不全、甲状腺功能亢进症、活动性消化性溃疡患者慎用。②口服后常出现消化道反应，饭后服用或与氢氧化铝同服可减轻局部刺激症状；其中枢兴奋症状可用镇静药对抗。③其治疗效果与剂量和用法密切相关。④本类药不良反应的发生与血药浓度密切相关，血药浓度超过20μg/ml时易发生不良反应，有条件的医院可建议实行血药浓度监测。应严格掌握剂量，特别是静脉注射时应充分稀释，并且缓慢注射，防止急性毒性的发生，儿童更应谨慎。

（三）M受体拮抗剂

1. 常用药品　常用M受体拮抗剂类平喘药见表10-20。

表10-20　常用M受体拮抗剂类平喘药

代表药物	主药	适应证
吸入用异丙托溴铵溶液	异丙托溴铵	短效，尤其适用于夜间哮喘痰多患者；长效，多用于哮喘合并慢阻肺的长期治疗
噻托溴铵吸入粉雾剂	噻托溴铵	

2. 用药指导　妊娠早期，闭角型青光眼、前列腺增生及肠梗阻患者慎用。

（四）过敏介质阻释剂

1. 常用药品　常用过敏介质阻释剂类平喘药见表10-21。

2. 用药指导　①由于色甘酸钠气雾剂系微颗粒粉末制成的吸入剂，少数患者吸入时可引起呛咳、气急甚至诱发哮喘，用药前可先吸入少量的支气管扩张药；②酮替芬疗效优于色甘酸钠；对儿童哮喘疗效好，一般需用12周以上。用药后可出现疲倦、头晕、乏力、口干等症状，连续用药可减轻症状。

表10-21　常用过敏介质阻释剂类平喘药

代表药物	主药	适应证
色甘酸钠气雾剂	色甘酸钠	用于预防支气管哮喘的发作，对已发作的无效
富马酸酮替芬片	酮替芬	

（五）吸入性糖皮质激素类

1. 常用药品　常用吸入性糖皮质激素类平喘药见表10-22。

表10-22　常用吸入性糖皮质激素类平喘药

代表药物	主药	适应证
丙酸倍氯米松吸入气雾剂	倍氯米松	慢性哮喘的长期治疗的首选药物
吸入用布地奈德混悬液	布地奈德	

2. 用药指导　①吸入药物治疗，全身性不良反应少，少数患者可出现口腔念珠菌感染、声音嘶哑或呼吸道不适，因此喷药后须立即用清水充分漱口以减轻局部反应和胃肠吸收；②气雾吸入糖皮质激素可减少其口服量，当用吸入剂替代口服剂时，通常需同时使用2周后再逐步减少口服量，指导患者不得自行减量或停药；③口服用药宜在饭后服用，以减少对胃肠道黏膜的刺激。

（六）白三烯调节剂

1. 常用药品　常用白三烯调节剂类平喘药见表10-23。

表10-23　常用白三烯调节剂类平喘药

代表药物	主药	适应证
孟鲁司特钠咀嚼片	孟鲁司特钠	用于预防支气管哮喘的发作，尤其是阿司匹林过敏诱发的哮喘

2. 用药指导　孕妇、哺乳期妇女及幼儿慎用。

急性哮喘发作时的首选用药是（　　　）

A.沙丁胺醇吸入　　　　B.氨茶碱口服　　　　C.色甘酸钠吸入

D.麻黄碱口服　　　　　E.噻托溴铵吸入

答案：A

解析：哮喘急性发作时，应当首先松弛支气管平滑肌解除支气管痉挛的状态，进而改善患者的憋喘的症状。

三、健康教育

（一）了解疾病

使患者和家属了解哮喘的本质及发病机制，向他们解释哮喘的诱发因素，结合个人的具体情况，找出各自的促诱发因素，引起高度重视，避免诱因。通过熟悉哮喘发作的先兆表现及相应的处理办法，使患者及家属树立通过长期、适当、充分的治疗，可以增强有效控制哮喘发作的信心。

（二）定期监测

指导患者或家属识别哮喘发作的先兆表现和病情加重的征象，以便能在家中自行监测病情变化，并进行评定。学会哮喘发作时简单的紧急自我处理方法，重点掌握峰流速仪的使用方法，有条件的可记录哮喘日记。

⌗ 知识链接 --

呼气高峰流量

呼气高峰流量（PEFR）：指在测定用力肺活量过程中的最大呼气流速，即用力呼气时的最快速率，可作为患者自我检测哮喘的指标。连续记录峰流速，可为医生用药、分析病情提供客观指标。PEFR测量值 / PEFR标准值，如果比值保持在80%~100%，为安全区；如果比值在50%~80%，为警告区，说明哮喘加重，需及时调整治疗。

PEFR可用峰流速仪来测量，使用峰流速仪时，取站立位，尽可能深吸一口气，然后用唇齿部分包住口含器后，以最快的速度，用1次最有力的呼气吹动游标滑动，游标最终停止的刻度，就是此次峰流速值。PEFR下降，提示早期哮喘的发生。

（三）饮食治疗

支气管哮喘患者饮食宜清淡，忌食油炸、生冷辛辣等刺激性食物，避免诱发哮喘的发作，另外鱼、虾、蟹、蛋类、牛奶等食物也可诱发哮喘的发作，也应避免摄入；避免接触刺激性气体及预防呼吸道感染；戴围巾或口罩，避免冷空气刺激。

（四）运动治疗

在缓解期应加强体育锻炼、耐寒锻炼及耐力训练，以增强体质。发作期应避免强烈的精神刺激和剧烈运动；避免持续的喊叫等过度换气动作。

（五）防治并发症

哮喘的转归和预后因人而异。若长期反复发作而并发慢性阻塞性肺疾病、慢性肺源性心脏病者，预后不良。指导患者能够认识并发症的表现及危害而及时就医，避免延误病情。

●···· 小结 ····

1. 临床常用抗高血压药有利尿剂、β受体拮抗剂、钙通道阻滞剂、血管紧张素转换酶抑制剂、血管紧张素Ⅱ受体拮抗剂等。高血压的药物治疗遵循分层治疗、小剂量开始、减少波动平稳降压、联合用药、个体化治疗、长期用药原则。需要注意的是不同类型的高血压治疗方案各不相同，注重高血压患者的健康教育。

2. 糖尿病是一种需终身治疗的疾病。糖尿病的治疗主要包括糖尿病教育、饮食治疗、运动治疗、药物治疗、血糖监测以及其他心血管疾病危险因子的监测和控制。正确选择合理应用降血糖药是治疗糖尿病的重要方法。糖尿病的健康教育在糖尿病的治疗中同样起到很关键的作用。

3. 临床常用的降血脂药有他汀类、贝特类、烟酸类、胆酸螯合剂、胆固醇吸收抑制剂等。对于高脂血症患者而言，饮食治疗是基础治疗，无论是否应用降血脂药治疗，均必须进行饮食治疗。其中，他汀类、贝特类降血脂药用药期间需定期复查和定期检测肝功能与肌酸激酶。

4. 支气管哮喘是一种呼吸系统常见慢性疾病。支气管哮喘的治疗主要包括支气管哮喘教育、药物治疗、日常监测和预防。正确选择、合理应用平喘药在支气管哮喘的治疗中起着至关重要的作用。同时支气管哮喘的健康教育对于预防哮喘的发作起着决定性作用。

1. 常用的一线抗高血压药有哪些?

2. 糖尿病合并高血压患者、痛风合并高血压患者不宜使用哪类抗高血压药?

3. 对于一名高血压患者,你会从哪几个方面进行健康教育与指导?

4. 简述如何对高血脂患者进行健康教育。

5. 对于餐后血糖高患者应使用哪类降血糖药,服用过程中应注意哪些不良反应?

6. 对于一名糖尿病患者,你会从哪几个方面进行健康教育与指导?

（孔祥交）

项目十一
特殊人群的用药指导

学习目标

知识目标

• 掌握儿童、老年人、驾驶员等特殊人群的用药指导要点。

• 熟悉妊娠期和哺乳期妇女、肝肾功能不全者的合理用药要求。

• 了解儿童、老年人、肝肾功能不全者的用药特点。

技能目标

• 能根据儿童年龄特点合理推荐药品，并进行用药指导。

• 能根据老年人的实际情况和疾病特点合理指导用药。

• 能对驾驶员等特殊职业者进行用药指导。

素质目标

• 具备对特殊人群进行合理用药指导和健康服务的能力。

• 具有严谨认真、耐心细致的工作态度，较强的岗位责任心和职业道德感。

• 具备良好的沟通交际能力和团队合作意识。

导学案例

情景描述：

    路边的电线杆被一辆货车撞歪，在处理事故的过程中得知，货车司机因为感冒服用了2粒氨咖黄敏胶囊。开车大约20分钟，出现睡意，而且越来越困，随后出现头晕，视线越来越模糊，一个恍惚，下意识躲避左侧车辆，就撞到路旁的电杆上了。

学前导语：

    《中华人民共和国道路交通安全法》明确规定，服用国家管制的精神药品和麻醉药品不得驾驶机动车。世界卫生组织（WHO）列举出了服用后可能影响安全驾驶的七大类药物，并提出在服用这些药物后禁止驾驶车辆。

特殊人群包括孕妇、哺乳期妇女、儿童、老年人、肝肾功能减退者和特殊职业者。在使用药物时应该注意其特殊性，做到合理选择药物和正确使用，避免危险事故的发生。

思政要点：

用药安全，规矩意识

任务 11-1　儿童用药指导

案例分析

案例：

患儿，男，3岁，其母到店为其买药，自述近段时间发现孩子胸部似有隆起的现象，店员据其描述推测孩子有可能是"鸡胸"，建议家长带孩子到医院儿科进行详细检查，同时推荐小儿葡萄糖酸钙口服溶液和维生素AD软胶囊。

分析：

从患儿症状来看，初步判断为缺钙和维生素D导致的"佝偻病"，但儿童用药应严格掌握适应证，在不明确病情的情况下，及时到医院就诊，明确诊断后遵医嘱进行治疗。

儿童发育分为新生儿期、婴幼儿期和儿童期3个阶段。儿童处于生长发育迅速变化的阶段，对药物具有特殊的反应，故在不同生长发育阶段存在着不同的用药特点。

新生儿疾病多在医院处理，14岁以上的儿童给药与成年人相似。本任务主要介绍婴幼儿和儿童的用药特点及注意事项。

儿童年龄分期

胎儿期是从受精卵形成到小儿出生为止，约40周；新生儿期为胎儿娩出脐带结扎时开始至28天之前；婴儿期指自出生到1周岁之前；幼儿期指1周岁到3周岁；学龄前期指3周岁至6~7岁入小学前；学龄期指自入小学始（6~7岁）至青春期前；青春期年龄范围一般从10~20岁，女孩的青春期开始年龄和结束年龄都比男孩早2年左右。

一、婴幼儿的合理用药

（一）婴幼儿的用药特点

胃酸分泌少，胃排空时间长，多数药物尤其是弱酸性药物吸收好。另外，此期儿童皮肤角质层薄，体表面积相对大，药物透皮吸收好，使用外用药物时，应注意药物的吸收作用。药物与血浆蛋白结合率低，容易引起药物中毒；另外磺胺药、苯妥英钠、吲哚美辛、维生素K等与血胆红素竞争血浆蛋白，出现高胆红素血症，可导致胆红素脑病。肝脏功能低，酶系统发育不完善，药物代谢慢，容易引起药物中毒。肾小球滤过率低，药物排泄慢，故经肾脏排泄的药物容易中毒。

（二）婴幼儿用药注意事项

口服给药时以糖浆剂、颗粒剂、口服液（合剂）为宜；口服混悬剂在使用前应充分摇匀；使用滴剂如维生素AD滴剂不能在熟睡、哭闹时喂服，以免油脂吸入肺内引起吸入性肺炎；婴儿喂药时最好将其抱起或使头略抬高，以免呛咳时将药吐出。因婴幼儿皮下组织和肌肉较少，局部血流量少，所以一般不做肌内注射和皮下注射，常选用口服和直肠给药。严格掌握适应证和用药剂量，避免药物中毒。禁用酚酞（尤其是早产儿）、吗啡、喹诺酮类和万古霉素类药物；慎用氨茶碱、氨基糖苷类、磺胺药、氯霉素和激素类药物。

婴幼儿主要系统的用药注意事项见表11-1。

表11-1 婴幼儿主要系统的用药注意事项

药物	用药注意事项
中枢神经系统药物	婴幼儿使用吗啡、哌替啶等药物易引起呼吸抑制等毒性反应，应禁用；婴幼儿对镇静药耐受性大，在治疗小儿惊厥时，应该注意调整剂量；氨茶碱虽然不是中枢兴奋药，但是在治疗婴幼儿哮喘时，其中枢兴奋作用明显，甚至引起惊厥

药物	用药注意事项
呼吸系统药物	婴幼儿咳嗽反射不健全，易出现气道阻塞，治疗呼吸系统疾病时，以祛痰消炎为主；氨茶碱使用时，容易出现中枢兴奋症状
消化系统药物	婴幼儿腹泻时，不宜过早使用止泻药，以免肠道内毒素吸收过快而加速中毒；不宜使用导泻药，以免引起严重腹泻

二、儿童的合理用药

（一）儿童的用药特点

1. 生理特点的影响　儿童正处在生长发育阶段，新陈代谢旺盛，对一般药物的排泄比较快。儿童对水电解质的代谢功能还较差，如长期或大量应用酸碱类药物，易引起平衡失调；应用利尿药后也易出现低钠、低钾现象，故应间歇给药，且剂量不宜过大。

2. 骨和牙齿发育易受药物影响　四环素可引起牙釉质发育不良和牙齿着色变黄，故孕妇、哺乳期妇女及8岁以下儿童禁用四环素类抗生素。动物实验证实氟喹诺酮类药物可影响幼年动物软骨发育，导致承重关节损伤，因此应避免用于14岁以下的儿童。

3. 激素类药物的影响　激素类药物应慎用，一般情况下尽量避免使用肾上腺皮质激素，如可的松、泼尼松等；雄激素长期应用可使骨骺闭合过早，影响生长发育。

（二）儿童的用药注意事项

1. 明确诊断，严格掌握适应证　选择疗效确切、不良反应小的药物，特别是对中枢神经系统及肝、肾功能有损害的药物尽可能少用或不用；不可滥用抗微生物药和激素类等药物。儿童慎用或禁用的主要药物见表11-2。

表11-2　儿童慎用或禁用的部分药物

药物	主要不良反应	慎用或禁用
糖皮质激素	诱发感染、骨质疏松、发育迟缓等	发热时慎用，避免滥用
雄激素	骨骺闭合过早，影响发育	慎用，避免滥用
阿司匹林	瑞氏综合征	发热时禁用，可选用对乙酰氨基酚

药物	主要不良反应	慎用或禁用
抗微生物药		
氨基糖苷类	永久性耳聋和肾损害	禁用或在血药浓度监测下使用
喹诺酮类	影响软骨、肌腱发育	禁用
四环素类	影响骨骼发育和引起牙齿黄染畸形	8岁以下禁用
氯霉素	抑制骨髓造血	慎用，注意监测血常规
万古霉素类	耳毒性、肾毒性	慎用

2. 严格掌握剂量　避免药量不足或过量中毒；肥胖儿童按体重计算给药量有可能造成过量中毒。可采用单剂量包装，避免一日或多次剂量一次性误服等用药错误的发生。

3. 合理选择给药途径　尽量选用口服、直肠和透皮给药。口服用药时要注意避免牛奶、果汁等食物的影响；透皮用药时需注意防止小儿用手抓摸药物而误入口、眼引起意外，不宜使用刺激性较大的品种。

4. 避免不良反应　儿童应急能力较差，体质较敏感，极易产生药物不良反应。在用药过程中应密切注意药物不良反应，以免造成严重后果。

5. 其他　抗酸药、健胃药、胃黏膜保护药、收敛止泻药、利胆药应在餐前30分钟服用；胃蛋白酶、乳酸杆菌制剂等助消化药应在饭前片刻服用；铁剂等对胃肠道有刺激作用的药物应该在饭后15~30分钟内服用；驱虫药应在空腹时如清晨服用；催眠药在睡前使用。

（三）儿童用药剂量计算方法

根据儿童药动学及对药物敏感性方面的特点，儿童用药剂量应较成人更为准确。但由于缺乏适用于儿童的药品规格，有些药品说明书甚至没有标明儿童的用药剂量，因此需要药师学会计算儿童用药剂量。儿童用药剂量可按以下方法计算。

1. 按体重计算　最常用、最基本的计算方法，可算出每日或每次需用量。

　　每日（次）剂量＝患儿体重（kg）× 每日（次）每千克体重所需药量　式（11-1）

需要连续应用数日的药，如抗生素、维生素等，都按每日剂量计算，再分2~3次服用。

2. 按体表面积计算　此法计算更为准确，因体表面积与基础代谢、肾小球滤过率等生理活动的关系更为密切。

3. 按年龄计算　适用于计量幅度大且用量无需过于精确的药物，如营养类药物等可按年龄计算，比较简单易行。

4. 按成人剂量折算　此法仅用于未提供小儿剂量的药物，所得剂量一般偏小，故不常用。

$$小儿计量 = 成人剂量 \times 小儿体重（kg）/50 \qquad 式（11-2）$$

采用上述任何方法计算的剂量，还必须与患儿具体情况相结合，才能得出比较确切的药物用量。

任务 11-2　老年人用药指导

案例分析

案例：

李大爷，65岁，类风湿关节炎史20余年，因近日症状加重，到店购买糖皮质激素缓解炎症。

分析：

类风湿关节炎属于自身免疫性疾病，糖皮质激素是缓解急性期或严重发作的一类常用药物，但老年人又常患有骨质疏松，若应用糖皮质激素类药物，有可能引起骨折和股骨头坏死等不良反应，因此应谨慎使用，并做好用药指导及健康教育。老年人由于各组织器官功能的减退，加之疾病的多发，在选用药物时应慎重，需综合考虑疗效和不良反应。

一、老年人疾病分类

老年人由于组织器官老化和生理功能减退，发病率明显高于成年人群。根据老年人易患的疾病及疾病的表现特点将老年人疾病分为四类。

1. 常见病　与其他人群一样易患的疾病，如感冒、胃炎、心律失常等。

2. 慢性病　中年起病，延续到老年的疾病，如慢性支气管炎、慢性肾炎、类风湿关节炎等。

3. 老年病　老年人易患的疾病，如癌症、糖尿病、高血压、高脂血症、冠心病、痛风等；老年人特有的疾病，如动脉硬化症、老年性白内障及阿尔茨海默病等。

4. 罕见病　极少数的老年人也可患儿童常见的传染病，如麻疹、水痘、猩红热等。

二、老年人疾病特点

1. 起病隐匿，症状复杂　老年人的机体抵抗力及环境适应力均减弱，反应性低下，感觉不灵敏，故易发病且常自觉症状较轻微，临床表现往往不典型。

2. 病情多变，容易恶化　老年人各器官功能减退，机体适应能力下降，一旦发病，病情常迅速恶化。

3. 多病并存，诊治困难　老年人多病的现象极为常见。一种是多系统同时患有疾病，如集高血压、冠心病、慢性胃炎、糖尿病、胆石症等多种疾病于一身，累及多个脏器；另一种是同一系统发生多种疾病，如慢性胆囊炎、慢性胃炎、慢性结肠炎等同时存在，增加诊断和治疗上的困难。

4. 意识障碍，诊断困难　老年患者几乎不论患何种疾病，均易出现嗜睡、昏迷、躁动或精神错乱等意识障碍和精神症状，可能与老年人脑动脉硬化、血压波动、电解质紊乱及感染中毒等有关，使老年人疾病的早期诊断困难增加。

5. 并发症多而复杂　老年患者随着病情变化，容易发生并发症，主要有：①肺炎，在老年人的死亡原因中占35%，故有"终末肺炎"之称；②失水和电解质紊乱；③血栓和静脉栓塞症；④多器官衰竭，一旦受到感染或严重疾病影响，可发生心、脑、肾、肺两个或两个以上脏器衰竭；⑤其他，如出血倾向、褥疮等。

三、老年人的药动学特点

1. 吸收　老年人胃排空延缓，胃肠血流减少，黏膜吸收面积减少，以主动转运方式吸收的药物如维生素K、维生素B_6、维生素B_{12}、维生素C、铁剂、钙补充剂等吸收减少；对以被动扩散方式吸收的药物影响较小。老年人胃酸分泌减少，胃液pH升高，一些酸性药物分解增多，吸收减少。

2. 分布　老年人药物分布容积减小，心血管灌注量减少，影响药物分布。血浆蛋白含量降低，游离药物浓度增加，作用增强。如地高辛、地西泮的分布容积随年龄增长而降低。

3. 代谢　药物的肝脏代谢情况和老年人肝功能情况的个体差异都很大。老年人心排血量减少，肝脏血流量随之减少，会显著降低肝脏清除率高的药物代谢，如利多卡因、吗啡、普萘洛尔、拉贝洛尔、维拉帕米和硝苯地平等。老年人即使肝脏功能正常，长期使用药物也可增加肝脏负担，故应用主要经肝脏代谢的药物时，需减小剂量以防药物蓄积，用药过程中应注意监测，避免出现药源性肝损害。

4. 排泄　与年龄相关的最具有临床意义的改变是肾功能。血管紧张素Ⅱ、内皮素水平升高和前列腺素水平下降导致肾血流量逐渐降低，疾病（如高血压、糖尿病等）和药物也会加重肾脏损害。因此，老年人应用以肾脏排泄为主的药物时，应个体化调整剂量以避免蓄积中毒。老年人血肌酐正常并不能代表肾功能正常，尤其是高龄、低体重老年人，需根据肾小球滤过率来评估肾功能。

四、老年人用药注意事项

1. 合理选择药物　老年人的用药原则是应用最少的药物和最低有效量来治疗。除急症或器质性病变外，一般应尽量少用药物。但老年人常多种疾病并存，故选用药物时应综合考虑药物疗效和不良反应，以及药物对老年人其他疾病的影响。如肾上腺皮质激素类药物可引起骨折和股骨头坏死，合并患有类风湿关节炎和骨质疏松者应尽量不用或不能长期大剂量治疗，如必须应用，须加钙补充剂及维生素D。一般合用种类控制在3~4种，作用类型相同或副作用相似的药物尽量不合用。

2. 选择适当剂量　用药个体化是药物治疗的重要原则，老年人尤其如此。一般来说，老年人初始用药应从小剂量开始，逐渐增加到最合适的剂量，每次增加剂量前至少要间隔3个血浆半衰期。如用到成年人剂量仍无疗效，则应对老年人进行治疗浓度监测，分析疗效不佳的原因，再根据不同情况调整给药次数、给药方式或换用其他药物。这样的剂量应用原则，对主要由原型经肾排泄的药物、安全性差的药物以及多种药物同时合用更为重要。

3. 药物治疗要适度　老年人疾病控制目标应根据病情、药物不良反应及老年人身体状况分层、分段制订，不可统一标准不变。如老年高血压患者多有动脉粥样硬化，故血压降至135/85mmHg左右即可，过低会降低脑血管及冠状动脉的灌注，甚至诱发缺血性脑卒中。患急性疾病的老年人，病情好转后应及时停药，不得长期用药。需长期用药时，应定期检查用药情况是否与病情需要相符，以及肝肾功能，以便及时减量或停药。

4. 提高老年人用药依从性　老年人用药依从性一般较差，导致疗效降低，使病情反复或加重，往往需要更大剂量或更强作用的治疗药物，从而出现严重毒性。老年人依从性差的原因有：①缺乏护理人员与亲友的监督；②行动不方便，或有时打不开包装容器；③老年人理解力、记忆力差，视力、听力减退；④药物标记不清晰；⑤同时应用多种药物，特别是外形相似的药物，常常造成服错药。

临床研究发现依从性差与用药品种多少密切相关，即用药品种越多依从性越差。提高老年人依从性可通过：①简化老年人治疗方案，并做耐心解释，必要时写出简单明了的说明；尽量应用每日1次的给药方案，如抗精神病药睡前1次服用，利尿药早晨1次服用；如需每日2~3次服用，可结合进食或其他活动，易于记住与执行；②药物以糖浆剂或溶液剂较好，片剂或胶囊剂有时难以吞咽；③药物的名称与用法应写清楚，难记的名称可用形象化的颜色编号或名称来代替；④药品包装便于打开，剩余药品要妥善保管，过期药品不可使用；⑤家属、亲友、邻居应对患阿尔茨海默病、抑郁症或独居的老年人用药进行督促。

任务 11-3 妊娠期和哺乳期妇女用药指导

🔍 **案例分析** --

案例：

张女士，26岁，4个月身孕，妊娠呕吐严重，到药店购买维生素B₆，店员交代了用药注意事项，并嘱其用药后症状不能缓解时，及时就医。

分析：

孕妇用药，主要是针对其症状进行对症药物治疗，但应注意药物对胎儿的影响。本案例中，应提醒顾客多休息，缓解紧张情绪，若病情加重应到医院就诊。

一、妊娠期妇女用药指导

1. 用药原则　权衡所用药物对孕妇疾病的治疗和对胎儿可能造成损害的利弊，尽量不用或少使用药物。当疾病危及孕妇生命，必须使用药物时，应选用对胎儿影响小的药物，及时调整剂量和停药。

2. 妊娠各期用药特点　①妊娠期间慎用导泻药，易引起子宫收缩而导致流产和早产；避免饮用含有咖啡因的饮料，容易引起反酸、心悸、失眠；适当补充钙补充剂、铁剂、叶酸和维生素，以保证胎儿的正常发育。②妊娠3~12周为妊娠早期，此期间胚胎、胎儿各器官高度分化，迅速发育，胎儿对药物最敏感，此期用药要特别慎重，以免造成胎儿畸形或流产。③妊娠末期服用阿司匹林可引起产后出血。

3. 药物对胎儿可能造成的危害

（1）畸形：妊娠早期用药最易引起胎儿畸形。如雌、雄激素和孕激素常引起胎儿性发育异常；叶酸拮抗剂（甲氨蝶呤）可引起颜面部畸形、颅骨畸形和腭裂；烷化剂如环磷酰胺可引起肢体畸形、腭裂和外耳缺损；抗癫痫药苯妥英钠可引起唇裂、腭裂和智力低下；香豆素类如华法林可引起胚胎病变、胎儿中枢发育异常和颜面畸形；丙硫氧嘧啶可引起甲状腺先天肿大等。

（2）中枢神经系统损害：镇痛药（吗啡、哌替啶）、镇静催眠药（地西泮）、麻醉药和抗组胺药等中枢抑制药能抑制胎儿神经系统发育，出现娩出的新生儿不哭、不吃、体温降低、呼吸抑制和循环障碍等。

（3）其他不良反应：氨基糖苷类抗生素可引起胎儿永久性耳聋；四环素类抗生素可引起胎儿骨骼发育障碍；过量维生素D可导致新生儿智力障碍、动脉狭窄和高血压；分娩前使用氯霉素可引起新生儿灰婴综合征等。

4. 妊娠期妇女用药注意事项 ①用药时间宜短，剂量要小；②必须使用禁用或慎用药物时，最好做血药浓度监测，以便及时调整剂量；③不使用临床验证阶段的药物，以免造成危害。

绝大多数药物有致畸作用，在选用时要严格按照药品说明书和遵医嘱。孕妇禁用药物可查阅《中华人民共和国药典》妊娠期妇女禁用的药物。

5. 对胎儿有危害的部分药物 ①抗肿瘤药：甲氨蝶呤、环磷酰胺；②激素类：己烯雌酚、可的松、地塞米松；③抗微生物药：氯霉素、卡那霉素、四环素；④抗癫痫药：苯妥英钠、丙戊酸钠；⑤降血糖药：甲苯磺丁脲、氯磺丙脲；⑥抗凝药：华法林；⑦抗疟药：氯喹；⑧其他：沙利度胺、碳酸锂、丙硫氧嘧啶等。

二、哺乳期妇女用药指导

1. 用药原则 权衡对自身疾病治疗的重要性和对乳儿可能造成危害的利弊，明确用药指征，尽量避免对乳儿产生危害；选用通过乳汁排泄少的药物，减少对乳儿的影响。

2. 哺乳期妇女用药注意事项 尽量不用药，用药时间要短，用药剂量要小；选择短效药物，单剂使用；需长期用药应做血药浓度监测，避免血药浓度高峰时哺乳。注意用药和哺乳的时间间隔，根据药物半衰期调整最佳哺乳时间。一般采用哺乳后用药，最少间隔4小时。

3. 禁用药物　药物随乳汁进入乳儿体内，因乳儿血红蛋白结合率低，肝、肾功能不完善，药物更容易产生不良反应。哺乳期妇女服用的药物对乳儿的影响很大，所以哺乳期妇女应慎重用药，哺乳期妇女禁用的药物见表11-3。

表11-3　哺乳期妇女禁用药物

分类	药物
抗微生物药	喹诺酮类、磺胺类、硝基咪唑类、林可霉素、米诺环素、氯霉素、两性霉素、利巴韦林、阿苯达唑、异烟肼
血管用药	氟桂利嗪、阿托伐他丁、洛伐他丁、普伐他丁、非诺贝特、辛伐他丁、培哚普利、西拉普利、比索洛尔、卡维地洛、厄贝沙坦
其他	苯海拉明、茶苯海明、米索前列醇、非格司亭、环孢素、激素类、抗恶性肿瘤药等

任务 11-4　肝肾功能不全者用药指导

案例分析

案例：

李先生，55岁，患有癫痫史10余年，今到药店购买苯妥英钠。店员询问其肝功能情况，李先生说近日查体，医生说其肝功能受损，正在服用保肝药物。

分析：

治疗癫痫需长期、规律用药，但多数抗癫痫药均对肝功能有一定损害。由于多数药物是由肝脏代谢、肾脏排泄，因此对于肝肾功能不全者在选择药物时需更慎重，服药期间定期检查肝功能，并做好用药指导。

一、肝功能不全者用药指导

肝脏是许多药物代谢的主要场所，当肝功能不全时，药物代谢速度和程度降低，血中游离型药物增多，从而影响药物效应并可能增加毒性。因此，必须减少用药剂量及用药次数，特别是给予肝毒性的药物时更需慎重，应强调个体化给药。

（一）肝功能不全时的药动学和药效学特点

一般来说，不同程度的肝功能损害，药动学均有不同程度的改变。主要影响药物的吸收、体内分布及代谢清除。

1. 对吸收的影响　肝脏受损可致门静脉高压，降低肝脏清除率，减弱首关消除作用，使主要在肝脏代谢的药物血药浓度增高，半衰期延长，增强药物作用，也易引起药物中毒。

2. 对分布的影响　药物在体内的分布主要通过与血浆蛋白结合而转运。肝功能衰减，肝脏合成蛋白质功能减退，血浆蛋白浓度降低，药物血浆蛋白结合率下降，使游离型药物浓度增加，加强药物作用，同时不良反应也可能相应增加，尤其蛋白结合率高的药物，影响更显著。此外，肝功能不全者血中胆汁酸、胆红素含量升高，可与药物竞争性结合蛋白质，降低药物蛋白结合率，使血浆中游离型药物浓度升高。

3. 对代谢的影响　肝脏是药物代谢最重要的器官。肝功能受损，使主要通过肝脏代谢清除的药物代谢速度和程度降低，半衰期延长，血药浓度增高，长期用药可引起蓄积性中毒。对某些肝脏高摄取的药物，如阿司匹林、普萘洛尔等在肝脏摄取后由于生物转化速度降低，口服后大量原型药通过肝脏进入血液循环，血药浓度上升，作用增强；另一方面，某些需要在体内代谢后才具有药理活性的前体药如可卡因、依那普利、环磷酰胺等，则由于肝脏生物转化功能减弱，活性代谢产物生成减少，作用也降低。

（二）肝功能不全者用药注意事项

1. 用药基本原则　根据肝功能损害程度及药动学特点选择药物及调整剂量：①避免使用对肝脏损害明显的药物，如果必须使用，则在患者肾功能正常前提下选用对肝脏毒性小、主要经肾脏排泄的药物；②药物从小剂量用起，必要时进行血药浓度监测，做到用药个体化；③肝功能损害较轻者，短期口服安全范围较大的药物，可不调整剂量或药物剂量下调20%；损害较重者，给予主要在肝脏代谢且需长期用药、安全范围较大的药物，药物剂量下调30%；④注意观察体征（黄疸、肝大、肝区叩疼等），定期检查肝功能，及时调整给药剂量方案。

2. 慎用药物　肝功能不全患者应慎用对肝脏有损害的药物，见表11-4。

表11-4 肝功能不全患者慎用的药物

肝损害类型	药物
代谢性肝损害	抗癫痫药、三环类抗抑郁药、氯丙嗪、巴比妥类、口服避孕药、抗甲状腺药、免疫抑制剂（环孢素）、抗菌药（四环素）等
实质性肝损害	对乙酰氨基酚等非甾体抗炎药、异烟肼、美托洛尔、抗真菌药、利尿药、抗癫痫药等
胆汁淤积性	异烟肼、甲氨蝶呤、苯妥英钠、四环素、琥乙红霉素、丙米嗪等
肝肉芽肿	异烟肼、抗癫痫药、别嘌醇、保泰松、雷尼替丁、肼屈嗪等
肝纤维化和硬化	甲氨蝶呤、烟酸、维生素A等
肝血管病变	口服避孕药
胆管病变	氟尿嘧啶

3. 用药方案 ①由肝脏代谢，但对肝脏无明显毒性反应的药物，使用时应慎重，且须减量；②经肝脏代谢，可致肝损害的药物，避免使用；③由肝脏和肾脏两种途径消除的药物，须减量使用；④经肾脏排泄的药物，不经肝脏代谢的药物不需要调整剂量；⑤经肝脏转化才有活性产生药理作用的药物，不能使用，需要选择同类药物中不需要在肝脏转化就有药理活性的药物。

二、肾功能不全者用药指导

肾脏是药物排泄的主要器官，也是代谢的器官之一。肾功能受损时，药物吸收、分布、代谢、排泄及机体对药物的敏感性均可能发生改变。

（一）肾功能不全时药动学和药效学特点

1. 吸收 肾功能不全者肾单位数量减少、肾小管酸中毒。慢性尿毒症常伴有胃肠功能紊乱，减少药物吸收。

2. 分布 肾功能损害能改变药物与血浆蛋白结合率，也可改变药物分布容积。一般而言，酸性药物血浆蛋白结合下降；而碱性药物不变（如普萘洛尔、筒箭毒碱）或降低（如地西泮、吗啡）。多数药物分布容积增加，某些蛋白结合率低的药物如庆大霉素、异烟肼等分布容积无改变；但地高辛例外，分布容积减少。

肾功能不全所致药物蛋白结合率及分布容积改变的临床意义很难预测。一方面，药物蛋白结合率下降，游离血药浓度增高，作用增强，毒性增加；但另一方面，分布容积增加，消除加快，半衰期缩短。

3. 代谢　肾脏含有多种药物代谢酶，当肾功能受损时，经肾脏代谢的药物生物转化障碍。药物代谢也可能发生改变，如药物氧化反应加速，还原和水解反应减慢，但结合反应影响不大。

4. 排泄　肾功能损害时，主要经肾脏排泄的药物消除减慢，血浆半衰期延长。药物在体内蓄积，甚至产生毒性反应。某些药物的代谢产物仍有药理活性，甚至带有毒性，肾功能受损时，这些代谢产物在体内蓄积产生毒性反应。但肾功能损害者对苯妥英钠、苯巴比妥和普萘洛尔的排泄均较正常人快。

5. 机体对药物的敏感性　尿毒症患者常伴有电解质紊乱及酸碱失衡，如低血钾可降低心脏传导性，能增加洋地黄类、奎尼丁、普鲁卡因胺等药物的传导抑制作用；肾小管酸中毒可对抗儿茶酚胺的升压作用。无论是药物分布的改变，还是机体敏感性的改变，肾功能损害时机体对药物的反应性均可能发生改变。因此，应用时应予以考虑。

（二）肾功能不全者用药注意事项

1. 用药基本原则　①避免使用对肾脏损害明显的药物；②根据肾脏功能情况调整药物剂量，肾脏轻度、中度和重度损害时，药物剂量可分别减少到正常剂量的1/2～2/3、1/5～1/2和1/10～1/5，必要时进行血药浓度监测，做到用药个体化；③定期检查肾功能，及时调整给药剂量和给药间隔时间。

2. 慎用的药物　肾功能不全患者应慎用对肾有损害的药物，见表11-5。

表11-5　肾功能不全患者慎用的药物

肾损害类型	药物
肾小球损害	环孢素、两性霉素B、依那普利、肼屈嗪、非甾体抗炎药等
肾小管损害	一代头孢菌素类、磺胺药、过量的右旋糖酐40、苯妥英钠、两性霉素B、氨基糖苷类、利尿药、丝裂霉素、甲氨蝶呤、秋水仙碱等
肾间质损害	头孢菌素、庆大霉素、普萘洛尔、四环素、非甾体抗炎药等
肾结石	维生素D、维生素A、维生素C、磺胺药、非甾体抗炎药等

3. 用药方案　①给药间隔不变，药量减少；②延长给药间隔，药物剂量不变；③给药间隔和给药剂量同时调整；④剂量调整方法按肾功能损害程度，即内生肌酐清除率或按照血药浓度监测控制在安全有效的范围内。

任务 11-5　驾驶员的用药指导

案例分析

案例：

马先生，40岁，司机，5年高血压病史，今日抗高血压药用完，到店购买复方利血平氨苯蝶啶片。请给予正确用药指导。

分析：

北京降压0号因含氢氯噻嗪，服用后可导致尿量多，尿意频繁，对驾驶员工作带来不便，故不建议使用。对于驾驶员、高空作业、精密仪器操作者在选用药品时，应注意所用药物是否会影响精神力、视力、反应力等，并做好相应的用药指导。

驾驶飞机、车船，操作机械、农机人员和高空作业人员常因服药出现不同程度的疲倦、困乏和精神不振、视物模糊、辨色困难、多尿、平衡感下降等，影响反应力，易出现危险和事故。因此，指导驾驶员等特殊岗位人员合理用药，对确保用药安全意义重大。本任务以驾驶员为例进行学习。

一、驾驶员慎用药品

驾驶员服药后如果药物产生眩晕、嗜睡、幻觉、视力模糊、定向力障碍和多尿、多汗等副作用时，均可影响驾驶员的正常操作，因此驾驶员在使用药物时应该特别注意。

（一）引起嗜睡、眩晕或幻觉的药物

1. 镇静催眠药　对中枢神经有抑制作用，可诱导睡眠。

2. 抗组胺药　拮抗致敏物组胺，同时也抑制大脑中枢神经，尤其一代抗组胺药，表现为神志低沉、嗜睡，其强度因个体敏感性、品种和剂量而异。

3. 感冒药　多用复方制剂，组方有解热镇痛药、鼻黏膜血管收缩药或抗过敏药，后两者可缓解鼻塞、打喷嚏、流鼻涕和流泪等症状，但服药后易使人嗜睡。

4. 中枢镇咳药　右美沙芬、那可丁能引起嗜睡、眩晕；喷托维林服后10分钟可出现头晕、眼花、全身麻木，并持续4~6小时。

5. 质子泵抑制药　奥美拉唑、泮托拉唑服后偶见疲乏、嗜睡的反应。

6. 抗病毒药　金刚烷胺可引起幻觉、精神错乱、眩晕、嗜睡、视物模糊。

7. 抗血小板药　双嘧达莫约25%的人出现头痛、眩晕。

8. 血管扩张药　氟桂利嗪常使人有抑郁感、嗜睡、四肢无力、倦怠或眩晕。

（二）引起视物模糊或辨色困难的药物

1. 解热镇痛药　布洛芬偶见头晕、头昏、头痛，少数人出现视力降低和辨色困难；吲哚美辛可致视物模糊、耳鸣、色视障碍。

2. 解痉药　东莨菪碱可扩大瞳孔，持续3~5天，出现视物不清；阿托品可导致驾驶员视近物不清或模糊，约持续1周。

3. 抗心绞痛药　硝酸甘油服后可出现视物模糊。

4. 抗癫痫药　卡马西平、苯妥英钠、丙戊酸钠可引起视物模糊、复视或眩晕。

5. 抗精神病药　利培酮偶见头晕、视物模糊、注意力下降等反应。

（三）引起定向力障碍的药物

1. 抗消化性溃疡药　雷尼替丁、西咪替丁、法莫替丁能引起幻觉、定向力障碍。

2. 镇痛药　哌替啶注射后偶致定向力障碍、幻觉。

3. 避孕药　长期服用可使视网膜血管发生异常，出现复视、对光敏感、疲乏、精神紧张，还可引发定向力障碍。

（四）引起多尿或多汗的药物

1. 利尿药　阿米洛利及其复方制剂服后尿液排出过多，出现口渴、头晕、视力改变。

2. 抗高血压药　复方利血平氨苯蝶啶片（北京降压0号）服后使尿量增多，尿意频繁，影响驾驶；吲达帕胺服后3小时产生利尿作用，4小时后作用最强，出现多尿、多汗或尿频。哌唑嗪服后出现尿频、尿急。

驾驶员应慎用的药物见表11-6。

表11-6　驾驶员慎用的药物

不良反应	药物
嗜睡	镇静药、催眠药、抗组胺药（苯海拉明、氯苯那敏、茶苯海明等）、质子泵抑制药、抗精神病药等
视力模糊	解痉药（阿托品、东莨菪碱）、抗癫痫药（卡马西平、苯妥英钠）
头晕	扩血管药（硝酸甘油、麦角碱等）、解热镇痛药（布洛芬、双氯芬酸）、抗精神病药等
兴奋和幻觉	金刚烷胺、美多巴、引起中枢兴奋的药物（右美沙芬、麻黄碱等）

不良反应	药物
定向力障碍	镇痛药哌替啶、抗精神病药（氯丙嗪等）、H$_2$受体拮抗药（雷尼替丁、西咪替丁、法莫替丁）、长期服用避孕药等
多尿或多汗	利尿药、哌唑嗪、易引起低血糖反应的药物（降血糖药）等

二、驾驶员用药注意事项

用药后出现不良反应的时间和程度不易控制，对驾驶员来说，生病时既要吃药，又要保证驾驶安全，因此采取必要的防范措施，坚持合理用药尤为重要。

1. 用药时间　开车前4小时慎用上述药物，或服药后休息6小时再开车。对易产生嗜睡的药物，最佳用药时间为睡前半小时，既减少对日常生活的不便，也能促进睡眠。

2. 用药选择　有些感冒药分为日片或夜片，日片不含抗过敏药，极少引起嗜睡，在白天宜尽量选用日片。改用替代药，如过敏时尽量选用对中枢神经抑制作用小的抗过敏药如氯雷他定、地氯雷他定。禁止饮酒或含酒精饮料，乙醇为中枢神经抑制剂，可增强催眠药、镇静药、抗精神病药的毒性。

3. 其他　注意复方制剂中有无对驾驶能力有影响的引起成分。注意药品的通用名和商品名，同一药品有不同的商品名，需注意辨认，并向患者交代清楚。如患糖尿病，在注射胰岛素和服用降血糖药后稍事休息，如血糖过低或头晕、眼花、手颤，可进食少量食物或巧克力、水果糖。

> ● ···· **小结** ····
>
> 1. 儿童用药时应正确计算给药剂量，常选用口服和直肠给药方法，避免使用慎用和禁用药物。
> 2. 妊娠期和哺乳期妇女用药时应注意对胎儿和婴儿的影响，避免使用慎用和禁用药物。
> 3. 肝、肾功能减退的患者因其消除作用减弱，易导致药物蓄积中毒，所以应做好剂量和给药间隔的调整。避免使用损害肝、肾功能的药物。
> 4. 驾驶员用药时应注意用药时间和避免使用慎用药物。

（秦晓婷　王　心）

实训指导

实训 1　认识零售药店、药品和处方

任务 1-1　认识零售药店

【任务描述】

1. 实训地点　零售药店。

2. 任务　调查药店的选址、人员配备、布局等特点。

【任务分析】

1. 通过参观药店，了解其选址特点及开办流程。

2. 调查人员配备情况，明确药店人员配备要求。

3. 观察药店内布局。

【任务流程】

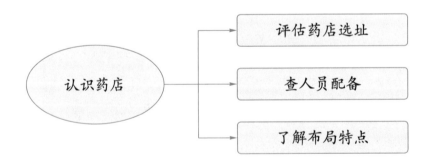

【相关知识】

1. 药店的选址　国家药品监督管理局颁布的《零售药店设置暂行规定》要求，药店的设置应遵循"合理布局、方便群众购药"的原则，科学的选址方法是经过认真调研预测，综合市场潜力、消费水平、地域环境和成本等多种因素，定量、定性综合起来评估，多方案选择，确定最佳地点。实训表1-1为某零售药店选址评估表。

实训表1-1　某零售药店选址评估表

填表人：　　　　　　　　　　　　　　　　　填表日期：

店铺地址：　　　　　　　　　　　　　　　　店铺面积：　　平方米

项目	内容	4 A	3 B	2 C	1 D	加权	得分
1	店铺位置 A. 商业中心街铺　B. 中高档专业服装市场内　C.综合购物中心内　D. 写字楼商铺/社区商铺					5	
2	商圈主要消费年龄层（岁） A. 18~35　B. 各年龄层　C. 25~35　D. 18~25					4	
3	周边店铺类型 A. 女装　B. 综合　C. 男装/鞋/童装　D. 餐饮					4	
4	行人流通量（营业时间内平均每小时流通人数） A. 1 200人以上　B. 600~1 200人 C. 60~600人　D. 60人以下					5	
5	交通情况（车流、停车） A. 非常好　B. 好　C. 普通　D. 短期内不佳					2	
6	建筑物外观 A. 非常醒目　B. 尚佳　C. 普通　D. 较陈旧					2	
7	店铺面积 A. 60平方米以上　B. 40~60平方米 C. 30~40平方米　D. 30平方米以下					4	
8	店面位置 A. 正面宽6米以上　B. 正面宽4米以上 C. 正面宽3~4米　D. 正面宽3米以下					3	
9	营业时间（商圈平均营业时间） A. 12小时以上　B. 10~12小时 C. 8~10小时　D. 8小时以下					3	

| 项目 | 内容 | 4 3 2 1 | 加权 | 得分 |
		A B C D		
10	预估营业额（年） A. 120万以上　B. 90万~120万 C. 60万~90万　D. 30万~60万		5	
	合计			
等级	A级 112~148　B级 81~111　C级 50~80　D级 50以下			

填写方法：根据店铺实际情况填写，在A/B/C/D其中一项打钩，A/B/C/D对应的分数乘以该项内容对应的加权分数为得分，所有项次得分相加为该店铺的位置环境综合分数。

2. 药店的人员配备　根据《药品经营质量管理规范》，零售药店按照相关法律法规和实际需要应配备企业负责人、驻店药师、质量负责人和营业员等药学技术人员。

3. 药店的店内布局　零售药店的布局一般分为非处方药（OTC）、处方药、消毒类、计生类、保健食品、医疗器械、药妆柜台、中草药。药品OTC（处方）柜台又按药品种类分小的柜台窗口解热镇痛药、抗炎药、祛火药、滋补药、儿童用药；按药品用途又可以细分感冒药、胃肠用药、耳鼻喉用药、眼用药、妇科用药、心脑血管用药、镇静止痛药、外用药。药品的布局除了根据药品分类外，还可根据消费人群把销量多、重点推广的药品摆在显眼的柜台。

【任务实施与评价】

每组6~8人，选派1名同学任组长，组织组内同学参观零售药店，通过参观、访谈、调查等方法进行。完成认识药店调查表（实训表1-2）。教师根据学生表现给予评价。

实训表1-2　认识药店调查表

药店名称：

参观日期：　　年　月　日

选址特点（参照实训表1-1分析）

人员配备

企业负责人_____人，执业药师_____人，质量负责人_____人，营业员_____人，其他人员_____人。

店内布局图（简要绘制）

综合评价	A	B	C	D

任务 1-2 认识药品

【任务描述】

1. 实训地点 模拟药店。

2. 任务 认识药品，检查药品的批号，阅读药品说明书。

【任务分析】

1. 通过药品摆放的布局，了解药品分类的依据。

2. 观察药品，学会查看其包装、标签，学会假药、劣药的初步鉴别。

3. 阅读药品说明书，学会通过说明书了解药品的用途、不良反应及用药注意事项。

【任务流程】

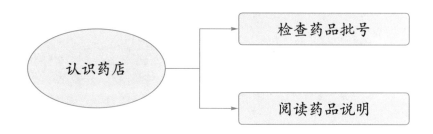

【相关知识】

1. **药品的名称与分类** 药品一般有三种名称，即通用名、商品名和化学名。我国《处方药与非处方药分类管理办法（试行）》，将药物分为处方药和非处方药两大类。我国还实行基本药物管理制度。我国《药品管理法》规定，国家对麻醉药品、精神药品、医疗用毒性药品和放射性药品实行特殊管理，以保证其合法、合理使用，正确发挥其防治疾病的作用。

2. **药品的剂型与外观质量检查** 药品的常用剂型有很多，根据其形态可分为液体剂型、固体剂型、半固体剂型、气体剂型。根据给药途径的不同，可将药品分为经胃肠道给药剂型和非经胃肠道给药剂型，其中经胃肠道给药常用剂型有散剂、片剂、颗粒剂、胶囊剂、溶液剂、乳剂、混悬剂等，非经胃肠道给药剂型主要有注射剂、喷雾剂、洗剂、软膏剂、滴眼剂、贴膜剂、栓剂等。药品外观质量检查，是指通过人的视觉、触觉、听觉、嗅觉等感官试验，对药品的外观形状、包装、容器、标签进行检查，来判定药品的质量优劣。

3. **药品的说明书与标签** 我国《药品说明书和标签管理规定》指出，药品说明书和标签由原国家食品药品监督管理局予以核准。药品的标签分为内标签和外标签。药品标签中的有效期应当按照年、月、日的顺序标注。

4. 假劣药品的鉴别 《药品管理法》规定，有下列情形之一的为假药：①药品所含成分与国家药品标准规定的成分不符；②以非药品冒充药品或者以他种药品冒充此种药品；③变质的药品；④药品所标明的适应证或者功能主治超出规定范围。有下列情形之一的，为劣药：①药品成分的含量不符合国家药品标准；②被污染的药品；③未标明或者更改有效期的药品；④未注明或者更改产品批号的药品；⑤超过有效期的药品；⑥擅自添加防腐剂、辅料的药品；⑦其他不符合药品标准的药品。

【任务实施与评价】

1. 药品准备 准备各类、不同剂型常用药品，收集不同类别的假、劣药。

2. 分组实施 每组6~8人，每人一种药品，查看包装、药品名、说明书、标签等项目，完成认识药品任务表（实训表1-3）。教师根据学生表现给予评价。

实训表1-3 认识药品任务表

药品名称	
药品分类	
药品剂型与外观	
药品生产日期	
药品有效期	
药品服用注意事项	
综合评价	A B C D

任务 1-3 认识处方

【任务描述】

1. 实训地点 模拟药店。

2. 任务 认识处方，阅读处方。

【任务分析】

1. 学会处方的分类，认识其结构。

2. 熟练掌握阅读处方的技能。

【相关知识】

1. 处方的分类 《处方管理办法》规定，处方由各医疗机构按规定的格式统一印制，其中必须包括机构名称、处方编号、患者资料、药品金额等10多个项目。麻醉药品处方、急诊处方、儿科处方、普通处方的印刷用纸应分别为淡红色、淡黄色、淡绿色和白色，并在处方右上角以文字注明。麻醉药品、精神药品、医疗毒性药品等特殊管理药品的处方、急诊处方当日有效。

2. 处方的结构 处方由前记、正文和后记三部分构成。

3. 处方的常用外文缩写 见前文。

【任务实施与评价】

1. 处方准备 收集零售药店、医院药房各类处方。

2. 分组实施 每组6~8人，每人一张处方，熟练掌握阅读处方的技能，完成阅读处方任务表（实训表1-4）。教师根据学生表现给予评价。

实训表1-4 阅读处方任务表

处方类型				
药物名称与用法				
处方调配注意事项				
综合评价	A	B	C	D

（石少婷）

实训 2　验收药品

【任务描述】

1. 地点　模拟药店仓库。

2. 任务　对新进的药品进行验收。

【任务分析】

1. 能运用药品验收的工作程序和方法进行药品验收。

2. 能正确运用知识对药品供货商资质、药品优劣质量作出判断。

3. 对不同的药品取用不同的验收方式进行验收。

【任务流程】

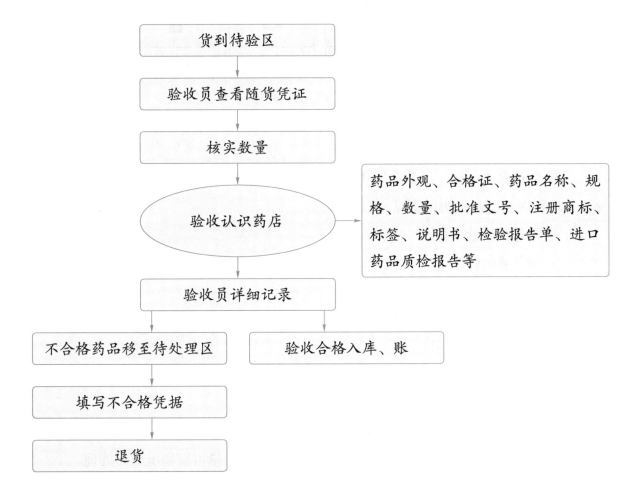

【相关知识】

（一）药品的储运标记

按储运标记要求工作，做到验收不损坏药品，见实训图2-1。

实训图2-1　药品的储运标志

（二）药品验收要点

1. 验收依据《中华人民共和国药典》《进口药品管理办法》《药品管理法》及其实施条例等相关药品验收法律法规。

2. 进行外观质量检查。

3. 药品包装的检查。

4. 相关证明文件的验收。

5. 药品的数量验收。

6. 质量可疑药品的处理。

7. 填写药品"验收记录"。

【任务实施】

每组6~8人，严格按照药品质量验收制度与程序验收药品，审查书面凭证，进行外观目检，按照有关规定填写验收记录，发现验收中的质量可疑情况及时处理。

【质量评价】

完成药品验收任务表（实训表2-1），教师根据学生表现进行评价。

实训表 2-1　药品验收任务表

验收项目	内容	评价			
		A	B	C	D
包装标识					
验收方式					
产品的数量、质量验收					
产品的质量					
不合格药品处理					
证明文件					
填写验收记录					
综合评价					

【案例分析】

案例 1　请对以下不同种类的药品进行不同内容的药品验收,可以按小组分任务并完成验收工作。

(1)验收从某医药企业采购回的抗感冒药:抗病毒口服液、氨酚伪麻美芬片Ⅱ、氨麻苯美片;

(2)验收从某制药厂采购回的首营品种:丙戊酸钠片和丙戊酸钠糖浆;

(3)验收生物制品双歧杆菌;

(4)验收采购的抗菌消炎药氨苄西林(进口药品);

(5)验收特殊管理药品:安定;

(6)验收危险品:硫酸。

案例 2　2004 年 6 月 9 日,根据厂方代表的举报,市药品监督管理局对北大西街药品商场从非法渠道购进并销售假药"和胃整肠丸"的有关情况进行查处。现场检查发现,该药品商柜台内存放有标示泰国李万山药厂生产的"和胃整肠丸"3盒,货值金额 102 元,当事人现场不能提供该药品的购进验收记录、购货凭证、供货方的资质及药品证明材料,判定该产品为假冒产品。(来源:国家药品监督管理局网站)

问题:1. 什么是假药?

2. 验收药品时应该注意哪些问题?

案例3 2008年,某市药监执法人员在检查时发现,某药店陈列的标识为"西安杨森制药有限公司"生产的盐酸氟桂利嗪胶囊(西比灵胶囊),国药准字H10930003,批号041125856,说明书存在折叠痕迹不明显、文字有修改痕迹、裁切不整齐、字迹印刷不清晰等疑点;同时,又发现标示为"西安杨森制药有限公司"生产的吗丁啉片,国药准字H10910003,批号031118060,说明书存在折叠痕迹不明显、标点符号错用、纸质较薄等疑点。经与某市食品药品监督管理局协查核实,上述两种药品均系假冒。

问题:1. 验收过程中,如何能发现有问题的药品?
    2. 如何确认药品的质量?

（孙兆辉）

实训3 药品分类与陈列

【任务描述】

1. 地点　模拟药店。

2. 任务　把验收好的药品分类摆上货架。

【任务分析】

1. 能把产品按药品与非药品、处方药与非处方药分类；按内服药与外用药分类；按药品功效进行分类。

2. 能按药品陈列要求进行摆放药品。

3. 要求陈列效果能促进药品的销售，能绘制POP。

【任务流程】

【相关知识】

1. 产品的批准文号、许可证号　见实训表3-1。

实训表3-1　产品的批准文号

产品类型	产品的批准文号格式
药品	国药准（/试）字H（Z、S、J）+8位数字
保健食品	卫食健字（四位年代号）第×××号 或国食健字G（或J）+4位年代号+4位顺序号
医疗器械注册证号	×（×）1（食）药监械（×2）字××××3 第×4××5××××6号
化妆品	国妆特/备（或进）字G+4位年份数+4位编码 或卫妆特/备（或进）字+（4位年份）+第××××号
消毒用品	卫消字（年份）第××××号或卫消进字（年份）第××××号

2. 包装标记　在药品包装上找出相应的标记，把产品按药品与非药品、处方药与非处方药、内服药与外用药、药品功效进行分类。

3. 药品分类　药片按处方管理分为处方药和非处方药；按药品作用可分为抗菌消炎药、心脑血管用药、糖尿病用药、泌尿系统用药、胃肠道用药等；按商品经营范围分为中药材、中药饮片、中成药、抗生素制剂、化学药制剂、化学原料药、麻醉药品、精神药品、易制毒化学药品等；按GSP质量管理储存分为内服药、外用药、易串味药、特殊管理药品、危险品、非药品等；按GSP储存条件分为常温储存、阴凉储存、冷藏储存、冷冻储存药品等；按《国家基本医疗保险和工伤保险药品目录》分为西药、中药、中成药。

4. 药品陈列　GMP规定，企业应当定期对陈列、存放的药品进行检查，重点检查拆零药品和易变质、近效期、摆放时间较长的药品以及中药饮片。发现有质量疑问的药品应当及时撤柜，停止销售，由质量管理人员确认和处理，并保留相关记录。企业应当对药品的有效期进行跟踪管理，防止近效期药品售出后可能发生的过期使用。药品陈列时遵循如下要求：①按剂型、用途以及储存要求分类陈列，并设置醒目标识，类别标签字迹清晰、放置准确；②药品放置于货架（柜），摆放整齐有序，避免阳光直射；③处方药、非处方药分区陈列，并有处方药、非处方药专用标识；④处方药不得采用开架自选的方式陈列和销售；⑤外用药与其他药品分开摆放；⑥拆零销售的药品集中存放于拆零专柜或者专区；⑦第二类精神药品、毒性中药品种和罂粟壳不得陈列；⑧冷藏药品放置在冷藏设备中，按规定对温度进行监测和记录，并保证存放温度符合要求；⑨中药饮片柜斗谱的书写应当正名正字；装斗前应当复核，防止错斗、串斗；应当定期清斗，防止饮片生虫、发霉、变质；不同批号的饮片装斗前应当清斗并记录；⑩经营非药品应当设置专区，与药品区域明显隔离，并有醒目标志。

5. POP　POP制作要求色彩明艳、图案美丽、广告语有创意。POP内容包括标题、副标题、说明文、装饰等。①标题是POP的重心，字体一定要清晰醒目，颜色鲜艳，字数不要过多（3~8个字）使用艳丽的颜色，除视觉引导外，还应注意利益引导和情感引导，字体可使用不同大小突出主题；②副标题充分说明POP主标题内容，副标题要比主标题小，颜色不要过于靓丽，字体号比主题小；③表述内容应控制在三项以内，最具魅力的信息应写在前面，诱使读者往下阅读，重点字眼可以用颜色或大小变化来突出；④装饰文字修饰可使字体更美观，饰框可加强版面整体感，插图可使POP更生动（可手绘或剪贴）。

【任务实施】

每6~8人为一组，每小组陈列一个商品货架并为该商品货架设计一张POP。操作完毕，小组之间相互进行评分。

1. 药品货架归类　维C银翘片、咽炎片、小儿止咳糖浆、血压计、退热贴、氯霉素滴眼液、阿莫西林、脑络通、硝酸咪康唑乳膏、氧氟沙星、硝苯地平、酚麻美敏混悬液、曲安奈德益康唑乳膏、氨氯地平、拉西地平、板蓝根、辛伐他汀片、阿奇霉素、氨苄西林、氨酚伪麻美芬片Ⅱ、氨麻苯美片、复方利血平、非诺贝特、复方二十五碳烯酸、月见草油胶丸、复方利血平氨苯蝶啶片、阿莫西林、黄连上清片、酒石酸美托洛尔、卡托普利、吲达帕胺、诺氟沙星、罗布麻、牛黄解毒片、复方醋酸地塞米松乳膏、曲咪新乳膏、复方氨酚烷胺胶囊、左氧氟沙星、氟轻松。

2. 请你为药店设计节日陈列，并制作相应的POP。

3. 对保健食品货柜进行陈列比赛，看谁的陈列既符合要求，又美观。

【质量评价】

完成药品分类任务表（实训表3-2），教师根据学生表现进行评价。

实训表3-2　药品分类任务表

任务	内容	评价			
		A	B	C	D
药品与非药品分类					
处方药与非处方药分类					
内服与外用药分类					
药品按功效分类					
整齐美观					
易见易取					
满陈列					
POP					
综合评价					

【案例分析】

案例1　春暖花开，也是易引发过敏的季节，某药店欲以"抗过敏"为主题进行陈列。如预防过敏性鼻炎的凝胶、口罩、消毒清洁用的湿巾，抗组胺的氯雷他定、盐酸西替利嗪，外用鼻喷剂缓解鼻塞症状，帮助入睡的通气鼻贴等商品进行集中陈列展示。同时以感冒相关的商品进行主题陈列。该药店在"三八"妇女节到来之前，又以女性营养素及补品，如"维生素E、维生素C、葡萄籽、番茄红素、补血养颜"等商品作为陈列主题。而到了夏季，则以"防晒、保护皮肤"及"瘦身减肥""安然度夏"等主题组织商品进行集中陈列；到了秋季，不仅有"腹泻"主题陈列，还有"抗过敏主题"等；到了冬季，主题陈列则以"冬令进补""心脑血管疾病预防"等冬季高发疾病为主。经过努力，该药店的销售营业额同比去年增加很多。

问题：1. 你认为该药店的销售营业额同比去年增加很多的原因是什么？

2. 请你为药店设计一个节日陈列方案。

案例2　药店进来一个30岁左右的男性顾客。

顾客：有没有退热贴？

店员（赶紧上前接待）：有的，您跟我来！

店员（带着顾客走向退热贴货架，边走边介绍）：有2种退热贴，一种是单贴装，一种是三贴装，核算下来，三贴装比较划算，建议您购买三贴装的退热贴。

顾客点头答应，拿着三贴装的退热贴走到收银台结账。

一个交易过程结束。

问题：1. 该货架是使用了什么陈列原则？

2. 你认为这样的陈列对于销售有什么帮助？

案例3　一位阿姨在药店门口排队等待结账，无意中发现收银台旁陈列着缓解鼻塞的通气鼻贴，想到这两晚睡觉时鼻子不通，睡不好，于是顺手拿了一包结账去了。

问题：1. 收银台陈列对药品销售有何影响？

2. 试列举收银台可以陈列哪些产品有利于销售？

案例4　某街道两边共有5家药店在营业，其中一家营业不理想，就请了药店经营专家来指导。一进入药店，所能看到之处全是大盒的保健食品，货架之间的通道只有半米，货架上产品摆放凹凸不平，有些货架是空的。因为该街道离造纸厂很近，尽管店员每天清洁，但产品盒上仍有一层灰尘。

问题：1. 你认为该药店营业不理想的原因有哪些？

2. 如果你是专家，你会给药店什么建议？

（孙兆辉）

实训 4　接待药店顾客

【任务描述】

1. 地点　模拟药店药品柜台。

2. 任务　接待服务不同顾客。

【任务分析】

1. 通过初步接触，了解顾客购买意愿。

2. 明确顾客基本情况，推荐适合药品。

3. 按照药店顾客接待步骤进行。

【任务流程】

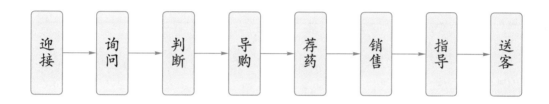

【相关知识】

1. 药店人员基本礼仪　包括药学技术人员的仪容仪表、服饰、形体仪态、语言和岗位规范等基本内容。拥有良好的药学服务礼仪是药学技术人员必备的职业素质之一。

2. 药品基本知识　能够熟悉掌握并为顾客讲解所售药品的相关基本知识。

3. 药店顾客接待规范　具备接待顾客的基本能力，并能掌握不同年龄顾客的接待技巧。

【任务实施】

每组6~8人，2人一小组，进行角色扮演，其他人观摩、评价，结束后再由其他小组两人依次进行。

【质量评价】

完成药店顾客接待任务表（实训表4-1），教师根据学生表现进行评价。

实训表4-1　药店顾客接待任务表

步骤	要点记录
迎接	

步骤	要点记录
询问	
判断	
导购	
荐药	
销售	
指导	
送客	
综合评价	A B C D

【案例分析】

案例1　一个顾客正在挑选感冒药。

店员（热情地）：先生，这种感冒药与其他的感冒药不同，它以中药成分为主，而且药效显著，相信您用了会满意的！

顾客：嗯，不过它服用起来有些不方便，还要用温水冲泡……

店员（急忙）：不会的，您可能觉得服用有些不方便，但用过的人都说疗效很好，这一点您大可放心。

顾客（瞟了一眼）：是吗？但我还觉得有些麻烦，本来我今天也没打算买，我看还是改天再说吧（扭头就走）。

问题：1. 店员在接待顾客时有什么不妥？

　　　2. 若你是店员，该怎样接待这位顾客？

案例2　一位顾客匆匆忙忙闯进店内，风风火火地问店员："你们的广告里说今天早上有免费赠送的'某某壮骨粉'，在哪儿呢？"

店员想了一想说："你问哪个啊？已经送完了。"

顾客显然对店员这种冷漠的态度很不满意，追问道："你们不是刚刚开门营业吗？怎么送得这么快？"

店员丝毫没有在意顾客的不满，说："没错啊，但是谁不想得到不要钱的东西呢？一大早就有许多顾客在外面等了，等到一开门，他们一拥而入……"

顾客似乎很不相信："真的吗？你们到底准备了多少？"

店员只敷衍了一句"有好多啊"，就开始推荐其他的保健食品了："我看这样好了，您看看这种壮骨粉，它的质量远远比那种好。便宜无好货，还不如多花几个钱买盒有效的呢！"顾客丢下一句"我对这种不感兴趣"，就生气地走了。

问题：1. 店员在接待顾客时有什么不妥？

2. 若你是店员，该怎样接待这位顾客？

案例3　一位年轻女性顾客来到药店，经店员询问得知她想给小孩补充维生素。店员便给顾客推荐了某牌子的复合维生素片，但顾客对该药品心存疑虑，因为她曾听朋友说过此药疗效不明显。店员告知合理补充维生素对孩子的身体健康有一定的帮助，但需要服用一段时间，才会有效果。顾客提出药品价钱偏贵，店员为其解释根据用量折算每天仅需花费一两元钱，却能为孩子健康保驾护航，这样的花费挺划算的，最后顾客购药离开。

问题：1. 该店员接待顾客用了哪些接待技巧？假如你是值班店员你会如何接待该顾客？

2. 完善对话情景，进行小组演练。

案例4　顾客A和B结伴来到一个药店。A顾客正在为选择何种减肥药犹豫不决，而顾客B则在店内闲逛。店员看到顾客A仍无法决定时，便提议她询问朋友的意见。

顾客A对顾客B说："我眼都看花了，你也过来帮我挑一挑嘛！"

顾客B指着某款减肥药说："我在电视见过这款产品的广告，身边也有朋友用过，都说挺好的。你要不也试试。"

这时店员顺势说："这位小姐，您太有眼光了，这款减肥药确实是店里卖得最好的。"顾客B这时高兴地说："别再犹豫了，听店员的没错啦！"

顾客A被打动了："好，就买它吧！"

问题：1. 该店员接待顾客用了哪些接待技巧？假如你是值班店员你会如何接待该顾客？

2. 完善对话情景，进行小组演练。

案例5　顾客李某，男，14岁，中学学生，因进食生冷食物，2小时前出现腹泻，水样便，自服家庭备用的吡哌酸（PPA）片，效果不佳，急来药店咨询。店员告知其18岁以下人群不宜服用吡哌酸，责怪其服药前不详细阅读药品说明书，让其到医院就诊后持处方再回来购买药品，李某不理解为何不能直接买药，店员向其解释根据他的情况需服用抗生素，抗生素类药为处方药，必须出具医生处方后药店才可以出售，李某嫌麻烦直接离开。

问题：1. 顾客存在不合理用药和需要处方药情况，假如你是店员会如何接待顾客？

2. 完善对话情景，进行小组演练。

案例6　一个小孩蹦蹦跳跳地走入药店，"阿姨，我妈妈让我买支止痒药膏，她皮炎犯了。"

店员问："要哪一种？"

小孩子犹豫不决，嘴里嘟囔着："到底要哪一种？"原来是孩子把家长告知的品牌给忘了。

店员说："你赶紧想，我忙着呢。"然后从货架上随手拿了几只药膏，问孩子"这个好不好？"孩子仍不知所措。店员开始不耐烦地说："就这个吧！"将药品塞给孩子。最后，孩子只好无可奈何地买下药品。

问题：1. 该顾客按照消费目的来分，属于何种顾客？你觉得该店员的做法是否合理？假如你是店员会如何接待顾客？

2. 完善对话情景，进行小组演练。

（李承蔚）

实训 5　处理顾客异议

【任务描述】

1. 地点　模拟药店。

2. 任务　成功说服有异议的顾客购买产品。

【任务分析】

1. 明确顾客异议产生的原因　正确认识顾客异议；熟悉常见的顾客异议类型及顾客异议根源。

2. 处理常见的顾客异议　掌握处理顾客异议的方法和不同顾客异议的处理策略。

3. 完成销售　能成功说服顾客购买产品。

【任务流程】

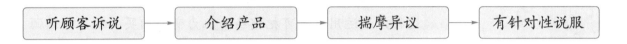

【相关知识】

（一）顾客异议的分类

顾客异议的分类详见实训表5-1。

实训表5-1　顾客异议的类型及表现特征

顾客异议的类型	表现特征
沉默型异议	客户异议不直接提出，而是表现为边看样品边摇头或欲言又止
借口型异议	以各种借口拒绝购买，常用的借口有资金不足、无权决定、需要考虑等
批评型异议	会以负面的方式批评产品或药店，说产品质量不好，服务不好
问题型异议	会提出各式各样的问题来考验你，有时提出的问题会让你无法回答
主观型异议	对店员个人有所不满，对店员的态度不友善
价格异议	不论产品价格多么具有竞争力，顾客都认为太贵了

（二）顾客异议的说服技巧

当顾客对产品提出异议时，店员应主动回应并加以说明，这种回答和解释的过程，实质上就是说服过程。一般对产品有购买兴趣的顾客才会不断提出异议。常见的说服技巧见实训表5-2。

实训表5-2　几种常见的说服技巧

方法	应用举例
"是，但是"法	这是一个广泛用来回答顾客异议的方法，一方面店员表示同意顾客的意见，另一方面又解释了顾客产生意见的原因及顾客看法不足之处
"高视角、全方位"法	当顾客提出产品某个方面的缺点时，店员则可以强调产品的突出优点，弱化顾客提出的缺点
"华丽转身"法	把顾客提出的缺点转化成优点，并作为顾客购买的理由。这种方法运用得当可把销售的阻力变为购买的动力。如顾客："这种药疗效好是好，但效果太强烈，不适合老年人用。"店员："老年人可以减半用，这不仅符合老年人的生理特点，而且疗效与青年人用全量一样。"
"问题引导"法	有时可以向顾客提问题，让顾客自己排除疑虑，自己找出答案，这比店员直接回答效果还好。如顾客："我是想买一支治脚癣的药膏，但你这支太贵了，我看过××诊所的比你们便宜多了。"店员："您注意是相同的牌子吗？"
"示范"法	就是商品操作的示范，用这种示范证明顾客的看法是错误的，而不是直接指出其错误
介绍他人体会法	是用顾客的真实体会来说服顾客。一般说来，顾客都愿意听使用者的评价，所以感谢信、表扬信、锦旗等都是说服顾客的活教材

【任务实施】

每6~8人为一组，其中2人进行顾客与店员的角色扮演，其他人观摩，学生进行评价。接着另外两人进行角色扮演，依次进行。

【质量评价】

完成处理顾客异议任务表（实训表5-3），教师根据学生表现进行评价。

实训表5-3　处理顾客异议任务表

步　骤	内　容			
听顾客诉说				
介绍药品				
揣摩异议				
针对处理				
综合评价	A	B	C	D

【案例分析】

案例1　一顾客正在挑选感冒药。

店员（热情地）：先生，这种感冒药与其他的感冒药不同，它以中药成分为主，而且疗效显著，相信您用了会满意的！

顾客：嗯，不过价格太贵了。

店员：价格是贵了点，但效果很好的。

顾客（瞟了一眼）：是吗？我又没用过怎么知道好不好。

问题：1. 该顾客异议属于哪种类型？

2. 若你是店员，你会怎样说服该顾客？

案例2　一顾客正在挑选清热解毒的药物。

店员（热情地）：先生，这种清热解毒药与其他的药不同，它见效快，效果好。您要试试吗？

顾客：嗯！我之前用过了好几个牌子的清热解毒药，效果都不好。

店员：请问您都用了哪些品牌的？

顾客：你看这个药品，包装简陋，估计效果不咋地。

问题：1. 该顾客异议属于哪种类型？

2. 若你是店员，你会怎样说服该顾客？

案例3　一顾客拿着四盒药品还在选药，一个店员走了过去。

店员（热情地）：这位小姐，您好！

顾客：不用跟着我，我自己会选。

店员：哦！好的。我只想问问您是否需要购物篮。

顾客：你们这些店员就只会介绍没用的药品给我，上次你们给我介绍的一点用都没有。

　　问题：1. 该顾客异议属于哪种类型？

　　　　　2. 若你是店员，你会怎样说服该顾客？

　　案例4　两位女顾客走进药店，一店员走了过去。

　　店员（微笑热情地）：您好！请问有什么可以帮到您的？

　　顾客1（弯腰手摸着肚子）：我今天肚子痛，有大半天了。去其他药店买过药，效果不好。

　　店员（同情地）：您痛得厉害吗？在哪个位置痛？

　　顾客2（生气地）：她痛得腰都直不起来了，你说痛不痛？！还不赶紧找药来！看你这个模样，肯定又是不懂的！给我找个有经验的店员来。

　　问题：1. 该顾客是属于哪种类型的异议？

　　　　　2. 若你是店员，你会怎样说服该顾客？

　　案例5　一位中年妇女在非处方药儿科货架前看药，拿起一盒虚汗停。

　　顾客：请问虚汗停涨价了吗？怎么要18元，那么贵！

　　店员立即回应：虚汗停。没有啊！这药一直就是这个价的。

　　顾客：怎么可能，我上个月才买过，16元罢了。

　　店员：阿姨，您在哪里买的？

　　顾客：不记得了。算了，不买了。

　　问题：1. 该顾客异议属于哪种类型？

　　　　　2. 若你是店员，你会怎样说服该顾客？

　　案例6　早上9点，一位漂亮的妇女走进药店。

　　店员：早上好！有什么可以帮到您的吗？

　　顾客：有同仁堂的乌鸡白凤丸吗？

　　店员：不好意思，同仁堂的昨天刚卖完，要明天才来货。我们店的乌鸡白凤丸还有好几个品牌，像陈李济、九芝堂，效果都很不错的。您要看看吗？

　　顾客：我一直都是买同仁堂的，没有用过其他牌子的，不知质量好不好。

　　问题：1. 该顾客异议属于哪种类型？

　　　　　2. 若你是店员，你会怎样说服该顾客？

　　案例7

　　顾客：你们卖的抗生素是国产的吧？有进口的吗？医院开的是进口的，你们的应该没那么理想！

　　店员：是的，大家都说进口的比国产的效果好。但我就认为国产的也有它的优点，如价格更惠，疗效稳定确切。

顾客：小孩扁桃体发炎了，这是医生处方。用在孩子身上的药，我想买质量好些的！

问题：1. 该顾客异议属于哪种类型？

2. 若你是店员，你会怎样说服该顾客？

案例8　一位大妈来药店买抗高血压药。

顾客：店员，你们的卡托普利卖多少钱？

店员：阿姨，你要买哪个厂家的，我们这里有三四个厂家的。

顾客：哪个最便宜？

店员：阿姨，这个吧，21块，价格比较适中，而且疗效很好。

婆婆：这么贵！算了，不买了。

问题：1. 该顾客异议属于哪种类型？

2. 若你是店员，你会怎样说服该顾客？

案例9

顾客：现在是夏季，买这么多滋补的保健食品不是很好吧！

店员：在养生方面确实讲究"秋冬进补"。但是养生不但要适应季节，也应该考虑个人体质的。

问题：1. 店员在处理顾客异议时运用了哪种方法？

2. 如果顾客说"不知这个保健食品是否适合我家的老人？"你应该怎样应对顾客？

案例10

顾客：这药品质量不会有什么问题吧？

店员：不，绝对不会，很多顾客买过都说疗效很好，绝对没问题。

问题：1. 店员在处理顾客异议时采用了什么方法？

2. 如果顾客说"这产品价格太贵了"，你又应该怎样去应对呢？

（李承蔚）

实训 6 销售药品

【任务描述】

1. 地点 模拟药店。

2. 任务 完成非处方药和处方药及含麻黄碱类复方制剂的销售。

3. 物品准备 销售清单（空白）、发票（空白）、双面复写纸、药品零售价格表、医院处方笺。

【任务分析】

1. 明确药品售前准备内容。

2. 按照非处方药、处方药及含麻黄碱类复方制剂的销售规范实施销售。

3. 明确销售过程中各人员的职责，正确完成销售。

4. 正确完成零售药品开票操作过程，正确填写零售药品的票据。

【任务流程】

（一）药品售前准备

1. 个人方面的准备 要保持整洁的仪表和保持良好的工作情绪。

2. 销售方面的准备 备齐药品、查验标签、熟悉价格、准备售货用具和整理环境。

（二）非处方药的销售过程

（三）处方药的销售过程

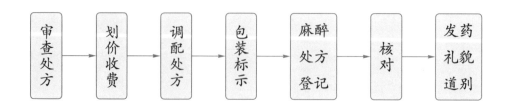

（四）含麻黄碱类复方制剂的销售过程

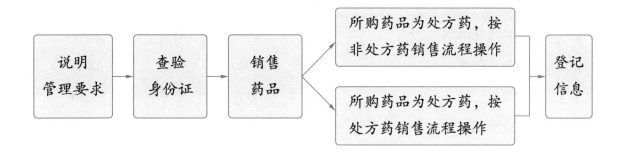

（五）零售药品开票操作过程

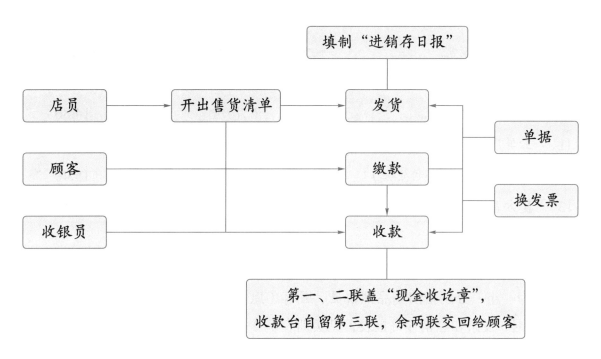

【相关知识】

1. 药品售前准备内容。

2. 非处方药药品销售的规范。

3. 处方药药品销售的规范。

4. 含麻黄碱类复方制剂销售的规范。

5. 零售药品开票操作要求和票据的填写要求。

【任务实施】

模拟药店经营的部分药品零售价格见实训表6-1。

实训表6-1　药品零售价格表

序号	药品名称	剂型	规格	产地	单价（元/盒）
1	奥美拉唑肠溶片	片剂	14片/盒	湖南	30.00
2	阿莫西林胶囊	胶囊剂	50粒/盒	广州	18.20
3	甲硝唑片	片剂	100片/瓶	广东	7.50
4	六味地黄丸	丸剂	120粒/瓶	北京	10.50
5	厄贝沙坦片	片剂	28片/盒	浙江	14.00
6	琥珀酸美托洛尔缓释片	片剂	7片/盒	上海	14.50
7	头孢拉定胶囊	胶囊剂	10粒/盒	广东	6.00
8	罗红霉素胶囊	胶囊剂	10粒/盒	江苏	7.50
9	氨苄西林胶囊（安必仙）	胶囊剂	24粒/盒	香港	7.50
10	阿奇霉素片	片剂	6片/盒	江西	14.80
11	玉屏风颗粒	颗粒剂	12袋/盒	广东	23.50
12	感冒清热颗粒（无蔗糖）	颗粒剂	10袋/盒	北京	15.40
13	复方盐酸伪麻黄碱缓释胶囊	胶囊剂	8粒/盒	天津	11.20

（一）非处方药的销售过程

3人为一组，分别扮演药品销售员、顾客（患者）和收银员，模拟销售过程，填写销售凭据、发票和经销存日报表，见实训表6-2~实训表6-4。

实训表6-2　某医药有限公司销售凭据

销售单位：　　　　　　　　　　　　　　　　　　　　　年　　月　　日

商品名称	商品规格	生产企业	批号	有效期至	单位	数量	单价（元）	金额（元）
金额合计（元）			金额合计大写					

营业员：　　　　　　　　　　　　　　　　　　　　　收银员：

实训表6-3　某省商品销售统一发票

客户名称：　　　　　　　　　　　　　　　　　　　　　　　　年　　月　　日

品名	规格	单位	数量	单价（元）	金额（元）								
					十	万	千	百	十	元	角	分	
小写金额合计													
（大写）		万	仟	佰	拾	元	角	分					

开票人：　　　　　　　　收款人：　　　　　　　　企业名称（盖章）

实训表6-4　药品进销存日报表

　　　　　　　　　　　　　　　　　　　　　　　　　　　　　年　　月　　日

通用名称	商品名称	规格	生产日期	剂型	生产企业	购货企业	有效期至	批准文号	生产批号	昨日结存	今日进货	退货或调出	今日销货	今日结存	进货累计	销货累计

项目	昨日结存	增加金额	减少金额	今日结存	传票编号
现金					自　　　号
银行存款					凭证　　张

负责人：　　　　　　　　　　　　　　　　　填表人：

（二）处方药的销售过程

　　3人为一小组，分别扮演执业药师、药品销售员和顾客（病人），模拟销售过程，完成相关表格的填写（实训表6-5、实训表6-6）。

实训表6-5 某医院处方笺

定点医疗机构编码：123456	费别：（公、自√、医保）	
科别：心血管内科	病历号：2107008	
姓名：×××	性别：男	年龄：56岁

临床诊断：高血压病

R.

厄贝沙坦片　75mg*7s　Sig.75mg　p.o.　s.i.d.

琥珀酸美托洛尔缓释片　47.5mg*7s　Sig.47.5mg　p.o.　s.i.d.

医师签名（签章）：×××

药品金额：　　　　审核/调配签名（签章）：　　　核对/发药签名（签章）：

药师提示：①请遵医嘱服药；②请在窗口点清药品；③处方当日有效；④发出药品不予退换

训表6-6 处方药销售记录表

年度：　　　　　　　　　　　　　　　　　　　　　　　　　　　　　第　页

销售日期	处方来源	医师姓名	患者姓名	患者性别	患者身份证号	患者住址	联系方式	处方内容	药师审核签字

（三）含麻黄碱类复方制剂的销售过程

3人为一小组，分别扮演执业药师、药品销售员和顾客（病人），模拟顾客购买1盒复方盐酸伪麻黄碱缓释胶囊的销售过程，完成实训表6-7的填写。

实训表6-7　含麻黄碱类复方制剂

药店:

患者姓名	性别	年龄	联系方式	身份证号	药品名称	规格	数量	执业药师	登记日期	发药人	复核人

【质量评价】

（一）非处方药的销售过程

完成非处方药药品销售任务表（实训表6-8），教师根据学生表现进行评价。

实训表6-8　非处方药药品销售任务表

步骤	内容
个人方面的准备	
销售方面的准备	
开具销售清单	
计价收费	
发药	
正式发票	
药品进销存日报表	
综合评价	A　　　　　B　　　　　C　　　　　D

（二）处方药的销售过程

完成非处方药药品销售任务表（实训表6-9），教师根据学生表现进行评价。

实训表6-9　处方药药品销售任务表

步骤	内容
个人方面的准备	
销售方面的准备	
审查处方	
调配处方	
包装标示	
核对处方药品	
发药	
处方药销售记录表	
综合评价	A　　　　B　　　　C　　　　D

（三）含麻黄碱类复方制剂的销售过程

完成含麻黄碱类复方制剂销售任务表（实训表6-10），教师根据学生表现进行评价。

实训表6-10　含麻黄碱类复方制剂销售任务表

步骤	内容
个人方面的准备	
销售方面的准备	
说明管理要求	
查验身份证	
销售药品	
含麻黄碱类复方制剂销售记录表	
计价收费	
发药	
综合评价	A　　　　B　　　　C　　　　D

【案例分析】

案例1 一名顾客来到店里到处转悠，似乎在寻找什么药品。

店员（热情地）：女士，请问您需要什么？

顾客：请问你们这有×××药品吗？

店员：有。在这边，我给您拿。（走到药品陈列处，发现刚好没有了，于是，满脸歉意）不好意思，您需要的×××今天刚好卖完了。您改天再过来吧。

顾客：哦，那我去其他药店再看看吧。

店员：好，再见。

问题：1. 店员在接待顾客时有什么不妥？

2. 若你是店员，你该怎样接待这位顾客？

案例2 一名顾客到药店购买感冒药，自述感冒已有3天，流鼻涕、鼻塞，咽喉痛而干，不咳嗽。店员小李接待了这名顾客，简单询问后，就给这名顾客推荐了一种感冒药，还热情地嘱咐这名顾客平时适当地加强锻炼，感冒时多喝些开水，家中经常通风。然后小李就送走了这名顾客，又忙着接待另一名来药店的顾客了。

问题：若你是小李，你该怎样接待这位顾客，提高其购买量？

案例3 8月的一天中午，烈日炎炎，张女士到药店购买处方药罗红霉素胶囊，执业药师小王去吃饭了，不在店里。店员小李不是执业药师，但是他觉得这么热的天，让张女士再到药店来跑一趟很辛苦，于是就直接给张女士拿了药，开具了销售清单。

问题：1. 小李这样做有什么不妥？

2. 假如你是店员，你该怎么做？

（李承蔚）

实训 7　药品盘点

【任务描述】

1. 地点　模拟药店。

2. 任务　对药店内药品进行盘点。

【任务分析】

1. 能正确操作盘点工作，并填制相关表格。

2. 填写盘点流程图。

3. 运用所学知识对盘盈、盘亏分析处理。

【任务流程】

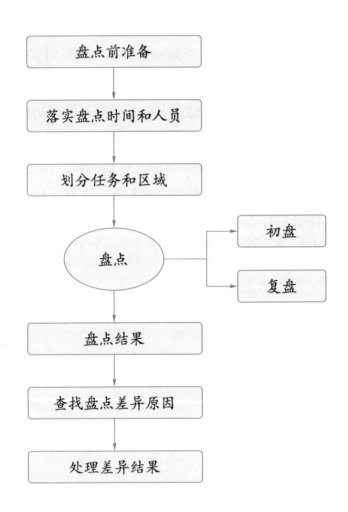

【相关知识】

1. 药品盘点的原则　真实、准确、完整、清楚、团队精神。

2. 药品盘点的时间和人员。

3. 药品盘点的内容。

4. 药品盘点结果的处理与分析。

【任务实施】

1. 盘点前准备　模拟药店盘点现场，做好盘点前的准备工作，如药品整理，盘点工具包括笔、计算器、药品盘点表、实存账存对比表等。

2. 人员分工　学生6~8人一组，按照药店药品柜组分类分别进行初点、复点、抽点及数据填写。正确划分盘点路线和区域。

3. 盘点　填写盘点表（实训表7-1），录入电脑进行对账，如有差错填写实存账存对比表（实训表7-2）。

4. 各小组对盘盈、盘亏原因进行分析，写出结论。并根据盘点结果找出问题点，并提出改善对策。

实训表7-1　药店药品盘点表

门店名称：　　　　　　货架号：　　　　　　盘点单号：

序号	药品名称	批号	规格	单位	初盘数量	销售价（元）	金额（元）	复盘	抽盘	备注
1										
2										
3										
4										
5										
6										
7										
8										
9										
10										
...										
合计										

初盘人：　　　　　复盘：　　　　　抽盘：　　　　　盘点时间：

实训表7-2 实存账存差异表

药店店名：　　　　　　　　　　　　　　　　　　　年　　月　　日

序号	药品名称	批号	规格	单位	实存		账存		对比结果				备注原因
									盘盈		盘亏		
					数量	金额（元）	数量	金额（元）	数量	金额（元）	数量	金额（元）	

盘点人：　　　　　　　　对账人：　　　　　　　　主管（经理）：

【质量评价】

教师根据学生的盘点操作对其进行评价（实训表7-3）。

实训表7-3 药品盘点的学生评价表

内容		规范	评价			
			A	B	C	D
盘点前	环境整理	是否通知供应商				
		是否提前提示顾客				
		区域划分是否合理				
		人员配备是否到位				
		是否备齐盘点单并发放				
		环境整理是否到位				
		是否准备好盘点工具（纸、蓝色和红色笔）				
	单据整理	是否整理进货单				
		是否整理调价单				
		是否整理销货单				
		是否整理报废品单				
		是否整理赠品单				
		是否整理移仓单				

内容		规范	评价			
			A	B	C	D
盘点前	商品整理	货架药品是否整齐陈列				
		不允许上架药品是否已撤出货架				
		是否一物一价，价物相符				
		待处理商品是否专地堆放有记录				
		内仓商品是否整理				
		通道死角是否有商品				
盘点中		顺序是否按区域逐架逐排、由左而右、由上而下				
		小组是否有配合，4人是否"一初点一复点一抽点一填写"				
		是否都已盘点出数量、金额和备注有效期				
盘点后		是否全部回收盘点单				
		盘点单上签名是否齐全				
		盘点单上药品数量、单位、金额是否正确				
		营业现金与备用金是否清点登记				
		盘点结果是否集中输入电脑				
		是否进行地面的清扫工作				
		店长对盘点差错进行处理				
综合评价						

【案例分析】

案例1　小霞是某医药公司的骨干，在公司上班十年，最擅长的工作就是盘点，业务熟悉的她盘点又快又准，深得老板的青睐。小敏是今年刚到公司的实习生，店长对她说，你要先熟悉药品的摆放位置，就得从盘点开始，这样进步最快。但是小敏担心出问题，所以就求助于小霞。如果你是小敏，你觉得该如何做？

问题：1. 药店药品是如何分类的？

2. 盘点的流程、方法是什么？

3. 药店盘点的注意事项。

案例2　某医药公司连锁经营企业为了提高药店影响力，于是在周末搞一场促销活动，下班后要求当班员工加班盘点和核算活动情况，由于顾客很多，加上很多药品都打特价销售，小敏在核算之后发现汤臣倍健牌蛋白质粉少了两瓶，核算数据误差较大，于是请来店长核实此事。

问题：1. 如果你是小敏，你觉得问题最容易出现在什么地方？

2. 药店搞活动，需要准备些什么，如何防止核算误差？

案例3　李先生是某企业的老总，刚从别人手里转来一家经营不善的药店，发现药店药品摆放不合理，分类有问题，为了改善药店经营不善状况，提高影响力和知名度，李先生想让业务很精通的小美去当店长，让药店经营活跃起来。

问题：1. 刚接过来的这家药店遇到的问题是什么？

2. 如果你是店长，该如何经营发展？

（李小燕）

实训 8　咳嗽顾客的药品推荐

【任务描述】

1. 实训地点　模拟药店。

2. 任务　接待自行购买止咳药的顾客，合理推荐止咳药，并进行用药指导和健康教育。

3. 补充说明　新型冠状病毒肺炎疫情期间，需按照《新冠肺炎疫情常态化防控工作指南》《强化药品流通使用环节疫情防控工作方案》的要求，做好对购买止咳药的顾客进行实名登记、统一上报工作。

【任务分析】

1. 能熟练运用所学知识，为自行购买止咳药的顾客推荐恰当有效的药品。

2. 能为顾客提供合理的用药服务，并进行恰当的健康教育。

【任务流程】

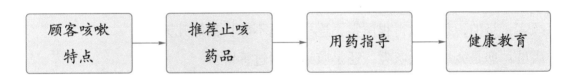

【相关知识】

1. 基础知识　引起咳嗽的病因、临床表现、咳嗽的治疗原则、常用药物、用药注意事项及健康教育。

2. 法律法规　处方药必须凭执业医师或执业助理医师处方才可调配、购买和使用。对需要双人管理的药品需严格按照规定保管、登记、销售。

【任务实施】

角色扮演，情景对话。

要求每组6~8人，2人为一个小组合，进行情景模拟演练，角色分别为药店店员和顾客。

【质量评价】

根据学生上交的任务表（实训表8-1），找出情景对话过程中所涉及的知识点，要求药品推荐合理、用药指导正确无误、健康教育合理，教师根据学生表现进行评价。

实训表8-1　咳嗽的药品推荐任务评价表

步骤	内容	评价			
		A	B	C	D
了解病情					
推荐药品					
用药指导					
健康教育					
综合评价					

【案例分析】

案例1　2021年秋天，一位顾客伴随着咳嗽声走进店里……

店员：您好！请问需要帮忙吗？您是需要咳嗽药吗？

顾客：我……（咳咳咳……）

店员：看您咳得这么厉害，是想买点止咳药吗？

顾客：是的，我咳嗽得很厉害，连觉也睡不好！都好几天了！

店员：您是突然开始咳嗽，还是咳嗽前得过感冒？

顾客：没有感冒，就是突然开始咳嗽，而且越咳越严重。

店员：咳嗽时有痰吗？

顾客：有，很多，特别早上起床的时候。

店员：容易咳出吗？是黄颜色的痰吗？

顾客：是黄色的，不太容易咳出，总感觉嗓子里有东西，就想咳嗽。

店员：还有其他症状吗？比如胸闷、咽痛？

顾客：有，喉咙干痛，尤其是咳嗽的时候，像有小刀划过一样，火辣辣的疼。痰咳不出来的时候偶尔会感觉憋闷。

店员：您平时生活规律吗？有没有比较劳累的时候，或是经常熬夜？

顾客：熬夜倒是没有，但最近的确工作比较忙，经常在外一忙就是一整天，有时水都顾不上喝一口。

店员：那您有没有用什么药？

顾客：没有，本来以为问题不大，多喝点热水，再好好休息休息，慢慢就好了，没想到变得这么严重。

店员：好的，我了解了。最近天气挺热，您工作累又常被太阳晒，应该是热邪侵肺导致了咳嗽，需得清热化痰止咳，建议您搭配蒲地蓝消炎片和盐酸氨溴索片一起吃，如果确实晚上咳得特别厉害影响睡眠，您还可以再配一瓶蛇胆川贝枇杷膏。

（药师边说边拿药给顾客看）

顾客：怎么这么多药？不就是个咳嗽？（小声嘀咕：不会趁机挣我钱吧！）

店员：您这属于热咳，不仅仅是咳嗽，还有大量黄色黏痰，且不易咳出，所以光止咳不够，还得化痰。这蒲地蓝消炎片就有不错的清热作用，还有化痰止咳的功效，又是非处方药的中成药，比较适合您的情况。盐酸氨溴索片是祛痰药，搭配着吃能尽快缓解您有痰咳不出的问题。

顾客：行吧，这些药我该怎么吃呢？

店员：蒲地蓝消炎片早、中、晚各4片；盐酸氨溴索片早、中、晚各2片；蛇胆川贝枇杷膏最后喝，早、中、晚各15ml，慢慢吞服，咽下后等10分钟再喝水。三种药都要在饭后半小时吃。

顾客：好，我知道了！这糖浆为什么喝了还要再等十分钟才能喝水呢？

店员：这样做是为了让药物在咽喉部位的作用时间长一点，效果也更好一些，不过平时可要记得多喝水哦。饮食上也需要注意，这段时间不要吃生冷、辛辣刺激性食物，也要减少高脂、油腻的食物，不可以抽烟喝酒。

顾客：哦，明白了，谢谢。

店员：不客气！（开具单据给顾客）请到收银台付款，谢谢！

（顾客拿着单据到收银台）

店员：（收单据，药品扫码）一共××元。

（顾客扫二维码付钱）

店员：这是您的药品，请拿好！祝您早日康复！

顾客：谢谢！再见！

店员：请慢走！再见！

（顾客走后，根据新型冠状病毒肺炎疫情常态化防控期间对零售药店"四类药品"的管理要求，店员将顾客购买止咳药的相关信息上传至本省"零售药店常态化疫情监测警戒系统"。）

问题：1. 店员询问时，下划线部分是否恰当？如果你是店员，应如何询问？

2. 案例中的联合用药方案其依据是什么？

3. 中医上咳嗽的分型包括哪几种？如何合理选用适宜的中成药？

案例2　王某，男，36岁，感冒后咳嗽三个月余，曾自行服用急支糖浆、头孢拉定胶囊、复方甘草合剂，咳嗽未见明显好转，医院就诊后间断服用左氧氟沙星片、苯丙哌林片、酚麻美敏胶囊和氯苯那敏片等药品进行治疗，咳嗽时好时坏。经化验、胸片、CT、结核菌素试验等检查，未发现明显异常。

问题：1. 你认为该病人咳嗽久治不愈的主要原因是什么？

2. 参考案例1，以对话的形式对案例2的顾客完成问症荐药，结合病人的实际情况，进行合理的药品推荐和用药指导，并给予健康宣教。

案例3　李某，男，64岁，两周前曾患感冒，因咳嗽、咽痒到药店购药。病人痰少，色白，不易咳出，遇寒时加重。

问题：1. 该病人咳嗽的主要原因可能是什么？

2. 参考案例1，以对话的形式对案例3的顾客完成问症荐药，结合病人的实际情况，进行合理的药品推荐和用药指导，并给予健康宣教。

（王　心）

实训 9　消化不良顾客的药品推荐

【任务描述】

1. 实训地点　模拟药店。

2. 任务　接待自行购买助消化药的顾客，合理推荐助消化药，并进行用药指导和健康教育。

【任务分析】

1. 能熟练运用所学知识，为自行购买助消化药的顾客推荐恰当的药品。

2. 能为顾客提供合理的用药服务，并进行恰当的健康教育。

【任务流程】

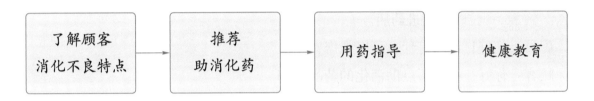

【相关知识】

1. 基础知识　引起消化不良的病因、临床表现、消化不良的治疗原则、常用药物、用药注意事项及健康教育。

2. 法律法规　处方药必须凭执业医师或执业助理医师处方才可调配、购买和使用。

【任务实施】

角色扮演，情景对话。

要求每组6~8人，2人为一个小组合，进行情景模拟演练，角色分别为药店店员和顾客。

【质量评价】

根据学生上交的任务表（实训表9-1），找出情景对话过程中所涉及的知识点，要求药品推荐合理、用药指导正确无误、健康教育合理，教师根据学生表现进行评价。

实训表9-1 消化不良的药品推荐任务评价表

步骤	内容	评价			
		A	B	C	D
顾客消化不良特点					
推荐药品					
用药指导					
健康教育					
综合评价					

【案例分析】

案例1 一位顾客走进药店。

店员：您好！请问有什么可以帮您？

顾客：你好，我想买点助消化的药品。

店员：请问是您自己用，还是给家人购买呢？

顾客：给孩子买的，他有点消化不良。

店员：孩子多大了？消化不良多久了？有没有什么症状？

顾客：8岁。就是胀气，老打嗝，还拉肚子，而且他一打嗝就有股腐烂酸臭的味道，很难闻，总说自己饱，嘴里发腻，没什么食欲，啥也不想吃。这情况有两三天了吧，就只能喝点酸奶。

店员：根据您的描述，孩子应该是积食导致的消化不良，他之前吃过什么东西吗？

顾客：也没什么，前两天去吃麻辣火锅，吃了不少东西，特别是海鲜，还喝了冷饮。

店员：孩子年纪还小，正处于长身体的时候，肠胃功能发育不完善，这又是吃辣，又是喝冷饮的，吃的东西也不少，孩子的肠胃一时无法负担，就出现了消化不良。建议您给孩子吃点保和丸（水丸）和双歧杆菌三联活菌胶囊。

顾客：这药好用吗？会不会有什么不良反应？

店员：保和丸是中成药，就是用于饮食不节导致的消化不良，这药没什么严重的不良反应，儿童也可以服用。双歧杆菌三联活菌胶囊的成分是活的有益菌，孩子脾胃功能虚弱，又有腹泻的情形，这药可以帮助维持孩子的肠道菌群平衡，也有助于缓解消化不良。

（边说边拿药给顾客看）

顾客：这药怎么吃呢？

店员：保和丸（水丸）一次一袋，一天2次；双歧杆菌三联活菌胶囊一次2粒，一天2次；两药都是饭后半小时温水送服。由于双歧杆菌三联活菌胶囊是活菌制剂，送服的水温不能超过40℃，也不可以和抗生素、活性炭、蒙脱石散等药一起合用，而且这药最好在2~8℃下避光保存。

顾客：明白了。只用这两个药就行了？

店员：先用这两个药看看疗效，如果5天后效果不佳，可以再配合吃多酶片或者到医院检查一下。

顾客：那一起买了吧，省得还得再来一次，太麻烦了。

店员：孩子毕竟还小，而且这次消化不良主要是吃得多且杂导致的，并不是经常发生，所以还是建议您先用保和丸和双歧杆菌，治病也不一定得用很多药。

顾客：哦，这样啊，那就这两种吧。

店员：在饮食上也要注意，这段时间少食多餐，以清淡、易消化的饮食为主，不吃生冷、酸辣刺激性食物，少喝饮料，特别是碳酸饮料，可以适当运动或是饭后揉腹，也有一定的促进消化作用。平时要让孩子按时吃饭，不可再暴饮暴食了。

顾客：好的，知道了，谢谢！

店员：不客气！请到收银台付款（开单据给顾客）！

顾客：谢谢你的耐心讲解！（顾客拿着单据付钱）

店员：（收单据，药品扫码）一共××元。

（顾客扫码付钱）

店员：您的药品，请拿好！

顾客：好的，谢谢！

店员：不客气，祝您的孩子早日康复！请慢走！

问题：1. 中医上功能性消化不良一般可分为哪几种类型？

2. 按中医理论，如何合理选用中成药缓解消化不良？

案例2　李先生，39岁，昨天晚饭后胃不舒服，今早起仍感觉胃里胀胀的，不想吃东西，为助消化喝了一些酸奶，反而越来越胀，已一整天未吃东西。现到药店买药，希望能缓解不适。

问题：1. 该顾客消化不良的原因是什么？

2. 参考案例1，以对话的形式对案例2的顾客完成问症荐药，结合病人的实际情况，进行合理的药品推荐和用药指导，并给予健康宣教。

案例3　张女士，47岁，2年前无明显诱因出现上腹烧灼感及饱胀不适，烧灼感餐后明显，近3个月平均每周2次，伴嗳气，无反酸、恶心、呕吐及早饱，无上腹部疼痛及胀气，无黑便、贫血、消瘦及吞咽困难。精神睡眠可，大小便如常，体力体重无明显改变。今来药店买药。

问题：参考案例1，以对话的形式对案例3的顾客完成问症荐药，结合病人的实际情况，进行合理的药品推荐和用药指导，并给予健康宣教。

（王　心）

实训 10 感冒顾客的药品推荐

【任务描述】

1. 地点 模拟药店。

2. 任务 接待购买感冒药的顾客并为其提供用药指导和健康教育；为购买体温计的顾客提供正确的使用指导。

3. 说明 此处接待的咳嗽患者正值新型冠状病毒肺炎疫情期间，新型冠状病毒肺炎疫情期间应按照《技术防控指南》要求进行。

【任务分析】

1. 能熟练运用所学知识为不同的感冒患者推荐合理有效的治疗药物。

2. 能正确指导感冒患者合理用药并进行有益的健康教育。

3. 能正确指导感冒患者使用体温计做好体温监测。

【任务流程】

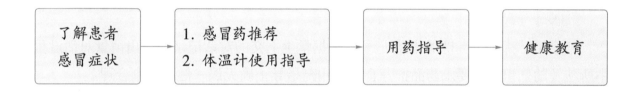

【相关知识】

1. 基础知识 感冒的分类、临床表现、常用药物治疗原则、用药指导及健康教育。

2. 传统水银体温计的正确使用

（1）使用流程：准备体温计→测量体温→读取数值→体温计浸泡消毒。

（2）注意事项：①将体温计度数甩至35℃以下，注意避开人和物体，水银端放在腋下最顶端，保证与皮肤密切接触，测量时间为5~10分钟；②腋下如有汗液，需擦干再进行测量；若测量时间未到即松开腋下，也需重新测量，时间应重新计算；③在测量体温前凡影响实际体温的因素（如饮开水或冷饮等）均应避免，喝热饮、剧烈运动、情绪激动及洗澡需待30分钟后再测量；④读数方法为一手拿住体温计尾部，即远离水银柱的一端，使眼睛与体温计保持同一水平，然后慢慢地转动体温计，见水银柱变粗时就可读出相应的温度值。读数时注意不要用手触碰体温计的水银端，以免影响水银柱而造成测量不准。

3. 电子体温计的正确使用　电子体温计能快速准确地测量人体温度，与传统的水银体温计相比，具有读数方便、测量时间短、测量精度高、能记忆并有蜂鸣提示的优点，尤其是电子体温计不含水银，对人体及周围环境无害，特别适合于有孩子、老年人的家庭及医院等场合使用。

（1）使用流程

①按压开关，体温计发出"嘀"的一声后，显示器显示上次测量的温度；②显示器"℃"符号闪烁，提示进入待测状态；③将传感头放入测量部位，显示温度值逐渐上升，同时"℃"符号不断闪烁；④基本无温度变化时，"℃"将停止闪烁，体温计发出蜂鸣声，提示可确认测量结果；⑤再次按压电源键，关闭电源。

（2）注意事项：①体温计的消毒可采用75%酒精，不能用高温消毒；②除了更换电池，请勿拆卸体温计；③保存温度：-1~60℃；保存湿度：10%~80% RH；④请勿让阳光直射体温计，远离磁场、强电环境。

【任务实施】

每组6~8人，2人一小组，测体温，角色扮演，情景对话。对各种类型的感冒病人进行问病荐药、用药指导和健康教育，将对话内容记录下来并作为评价依据。

【质量评价】

1. 评价药品推荐和健康教育记录　根据学生上交的对话记录，找出情景对话过程中所涉及的知识点，要求药品推荐合理、用药指导正确无误、健康教育合理。

2. 体温测定　体温测定的操作步骤与要点解释（见实训表10-1），请教师根据学生表现给予评价。

实训表10-1　体温测定的操作步骤与要点解释

操作步骤	要点解析	评价			
		A	B	C	D
准备体温计	将水银温度计度数甩至35℃以下				
测量体温	擦干患者腋窝汗液				
	将体温计水银端置于腋下最顶端				
	指导患者屈肘臂过胸，夹紧体温计，测量5~10分钟				
读取数值	取出体温计，手不得触碰体温计的水银端				
	用纱布擦拭体温计				
	一手拿住体温计尾部，眼与体温计保持同一水平				
	正确读取数值，告知患者测量结果并给予解释				

操作步骤	要点解析	评价			
		A	B	C	D
体温计浸泡消毒	将体温计浸泡于消毒液中做消毒处理				
综合评价					

【案例分析】

案例1　患儿，男，5岁，两日前骑平衡车玩耍，身上出汗后脱衣。次日早上起来感觉头晕，头重，流清涕，鼻塞严重，咳嗽白天还好，下半夜尤其厉害，体温38.5℃，痰少，白色水样痰。

问题：1. 课外拓展，调查市场常用的感冒药品名称、作用、用法、不良反应及用药注意事项，完成实训表10-2、实训表10-3和实训表10-4的内容。

实训表10-2　含有对乙酰氨基酚或布洛芬的小儿感冒药任务表

药品名称	作用	用法	不良反应	注意事项

实训表10-3　西药感冒药任务表

药品名称	作用	用法	不良反应	注意事项

实训表10-4　中西药配伍用的感冒药任务表

药品名称	作用	用法	不良反应	注意事项

2. 根据以上调查内容，请你为该患儿推荐合适的感冒药，并为患儿家属提供用药指导和健康教育。

（提示：每类感冒药至少调查五种，课前完成）

案例2　患者，女，26岁，出租车司机，有生育要求。体温38.6℃，头胀痛、面红目赤、口干、咽喉痛、流黄浓鼻涕，咳嗽白天较轻，夜间加重，自行服用了藿香正气水两支，无明显效果，到药店购药。

问题：1. 中医认为常见感冒一般可分为哪几种类型？

2. 该患者用药有什么不妥？如何正确选用感冒药？

3. 根据患者的职业、生育要求等，为患者拟一用药方案，并为患者提供用药指导及健康教育。

案例3　一位顾客进入药店。

店员：您好！请问需要些什么？

顾客：我感觉头痛，头胀，全身乏力，想买点感冒药和治疗腹泻的药。

店员：请问治疗腹泻的药也是您用吗？

顾客：是的，我肚子不舒服，腹泻得很厉害！

店员：是吃坏肚子了吗？

顾客：应该不会，这两天我都是在家吃饭，家里其他人都没事。

店员：请问您还有哪些主要症状，有鼻涕吗？有没有发热？

顾客：鼻涕倒是没有，好像有点发热，而且有点恶心，在家还吐了两次。

店员：哦，那您的体温是多少度？

顾客：刚才进入你们药店时工作人员让我扫码测温，测得体温是36.9℃，但是我在家没有自己测量体温，因为我家的体温计摔碎了。

店员：体温计摔碎了以后，您是怎么处理的？

顾客：我听人说，水银有毒，就拿报纸把玻璃碎片和水银一起卷起来扔掉了。

店员：您这样做是很危险的，水银易挥发产生汞蒸气，如果不及时开窗通风，吸入后可能会中毒，还有，您把水银当垃圾扔掉还会造成环境污染。

顾客：您这么说，我还真后怕，幸亏当时是夏天，我家的窗户和门都是开着的，我本来还打算再买一支体温计的，现在也不敢买了。

店员：不用那么担心，只要知道正确的处理方法，不会有什么危险的。

顾客：我还是不买了，家里还有小孩子，当心点好！

店员：哦，是这样，那您家里更得备一支体温计了，小孩子感冒发热是常有的事。我们店里最近有一款电子体温计搞活动，价位不高，因为里面不含水银，安全性高，最适合您这种家里有小孩子的家庭，而且使用也很方便，我拿给您看看。

顾客：电子产品，使用比较麻烦吧？

店员：一点也不麻烦，这款电子体温计，您只要知道开关在哪里，使用方法跟水银体温计一样简单，而且眼神不好的老年人也不用担心看不清刻度，您看，这里是温度显示区，数字很大，很多老年人反映，他们不戴老花镜也能看清。

顾客：是吗？这么方便，您给我拿一个吧，我先试试。

店员：既然您目前的体温是36.9℃，不属于发热，无需使用解热镇痛药，您刚才所说的症状都是什么时候开始的？

顾客：是今天午饭过后开始的，中午我还吃了半盘红烧肉。

店员：哦，依您目前的症状应该属于暑湿感冒。

顾客：那我该吃些什么药呢？

店员：您在家服用过药物吗？

顾客：我在家喝了2支双黄连口服液，想好得快些，您再给我选些感冒药和止泻药！

店员：双黄连口服液不适合您，您这种感冒属于暑湿感冒，因常伴有胃肠道症状，所以也称之为胃肠型感冒，腹泻也属于这类感冒的症状之一，不需要特意服用止泻药，您可以选用藿香正气水或胶囊。

顾客：这两种药哪个起作用更快一些？

店员：藿香正气水的味道有些特别，如果您不介意的话，应该起效快一些。

顾客（拿着药仔细看了看）：就它吧！我想好得快些，还有其他需要注意的吗？

店员：如果您平时有消化不良的症状还可以服用健胃消食药……

顾客：好的，我会注意的，谢谢。

顾客拿着开药单据去收银台付款后取走了药品和电子体温计。

问题：1. 该患者用药有什么不妥？请给该患者做合理解释。

2. 药店店员给患者推荐的药品合理吗？店员成功的关联销售，对你有什么启发？

3. 患者接受了药品推荐方案，如果你是店员，请进一步为患者提供用药指导和健康教育。

（吴　洋）

实训 11　缺铁性贫血顾客的药品推荐

【任务描述】

1. 实训地点　模拟药店。

2. 任务　接待自行购买治疗缺铁性贫血药的顾客，合理推荐药品，并进行用药指导和健康教育。

【任务分析】

1. 能熟练运用所学知识，为自行购买治疗缺铁性贫血药的顾客推荐恰当的药品。

2. 能为顾客提供合理的用药服务，并进行恰当的健康教育。

【任务流程】

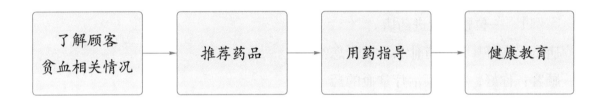

【相关知识】

1. 基础知识　引起缺铁性贫血的病因、临床表现、常用铁剂、用药注意事项及健康教育。

2. 法律法规　处方药必须凭执业医师或执业助理医师处方才可调配、购买和使用。

【任务实施】

角色扮演，情景对话。

要求每组6~8人，2人为一个小组合，进行情景模拟演练，角色分别为药店店员和顾客。

【质量评价】

根据学生上交的任务表（实训表11-1），找出情景对话过程中所涉及的知识点，要求药品推荐合理、用药指导正确无误、健康教育合理，教师根据学生表现进行评价。

实训表11-1　缺铁性贫血的药品推荐任务评价表

步骤	内容	评价			
		A	B	C	D
顾客贫血相关情况					
推荐药品					
用药指导					
健康教育					
综合评价					

【案例分析】

案例1　一位顾客走进药店。

店员：您好！请问有什么可以帮您？

顾客：你好，我要买治疗贫血的药。

店员：是您自己用，还是给家人买？

顾客：我自己用。

店员：您是怎么知道自己贫血的？有什么症状吗？

顾客：没什么感觉，是前段时间体检，体检报告上说有贫血，我就想来买点药。

店员：那体检报告上诊断是什么贫血？

顾客：缺铁性贫血。

店员：那需要补充铁剂，建议您用多维铁口服液，1次1支，1天2次，您可以先买2盒，一盒喝10天。

（边说边拿药给顾客看）

顾客：这药有没有什么副作用？

店员：没有严重的不良反应，就是对胃肠有一定刺激作用，所以需在饭后半小时喝；服用这个药会出现黑便，这是正常现象，您不必紧张。再就是可能出现便秘，所以您需要多吃一些粗纤维食物。

顾客：好。

店员：您以前有没有得过胃炎、胃溃疡等疾病？

顾客：没有，肠胃方面一直都挺好。

店员：嗯。如果您在用药期间感觉到胃疼，一定及时去医院检查，千万不要随便用药哦。

顾客：好，我知道了。

店员：这药喝的时候最好用吸管，喝完后用清水漱口。

顾客：这是为什么？

店员：这药容易让牙齿、口舌着色，所以喝完药得及时用清水漱口，每天也得认真刷牙。对了，您家里有维生素C吗？有的话和这个药一起用，效果更好。

顾客：家里没有维生素C，你给我拿1盒吧。

店员：好的。平时在饮食上可适量吃些动物肝脏，如猪肝、羊肝等，或是多吃黄豆、黑豆等豆类；还有像葡萄、樱桃、龙眼、猕猴桃等水果都可以多吃点，这些水果中不仅含有铁，还富含维生素C，既可以补铁，还可以有效促进铁的吸收。

顾客：好，我记住了。

店员：您平时喜欢喝咖啡或者茶吗？

顾客：不喝咖啡，有时喝点茶。

店员：茶会阻碍铁的吸收，降低疗效，用药期间先不要喝茶了。还有牛奶、钙片也不可以和铁剂一起服用，因为钙也会阻碍铁吸收。如果您在补钙，建议错开时间，间隔6~8小时服用比较好。

顾客：好的，知道了，谢谢你！说得很详细。

店员：不客气！请到收银台付款。（开单据给顾客）

（顾客拿着单据付钱）

店员：（收单据，药品扫码）一共××元。

（顾客扫码付钱）

店员：您的药品，请拿好！用完这2盒药，记得去医院复查，看看是否好转。

顾客：好的，谢谢！

店员：不客气，祝您早日康复！请慢走！

问题：1. 简述口服铁剂的用药指导。

2. 对缺铁性贫血的顾客应如何进行健康教育？

案例2 王女士，33岁，近3个月月经量明显增多，并出现面色苍白、乏力、头昏、眼花、心悸、气促、食欲缺乏等症状。既往体健，无胃肠病史，无药物过敏史，平时进食正常，睡眠好，体重无明显变化，尿色无异常，无便血及黑便，今到药店购药咨询。

问题：参考案例1，以对话的形式对案例2的顾客完成问症荐药，结合病人的实际情况，进行合理的药品推荐和用药指导，并给予健康宣教。

案例3　李女士，26岁，妊娠28周，近期皮肤黏膜苍白、头晕、乏力、食欲缺乏、指端苍白，指甲脆裂呈勺状，余正常。既往体健，无胃肠病史，无药物过敏史，实验室检查：Hb 51g/L，RBC 2.4×10^{12}/L，WBC 9.7×10^9/L，PLT 131×10^9/L，红细胞呈小细胞低色素，诊断为缺铁性贫血。其家人今来药店为其买药。

问题：参考案例1，以对话的形式对案例3的顾客完成问症荐药，结合病人的实际情况，进行合理的药品推荐和用药指导，并给予健康宣教。

（秦晓婷　王　心）

实训 12 高血压顾客的用药指导

【任务描述】

1. 地点 模拟药店。

2. 任务 为前来买药的高血压顾客进行用药指导和健康教育；为购买电子血压计的顾客提供正确使用指导。

【任务分析】

1. 熟练掌握和正确运用所学知识对不同的高血压顾客进行合理的用药指导和健康指导。

2. 正确指导高血压顾客使用电子血压计进行血压监测。

【任务流程】

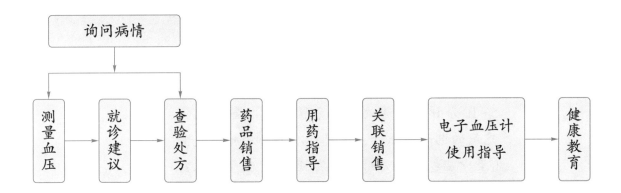

【相关知识】

1. 基础知识 ①高血压疾病简介；②血压监测的重要性；③常用药物治疗原则及注意事项；④饮食、运动等非药物治疗指导；⑤防治并发症及做好相关监测。

2. 拓展知识 电子血压计的正确使用。

3. 法律法规 处方药必须凭执业医师或执业助理医师处方才可调配和出售。

【任务实施】

1. 角色扮演，情景对话。

2. 正确使用电子血压计并能详细解释注意事项。

要求：2人一组进行情景模拟，角色扮演。将对话内容记录下来并作为评价依据。

【质量评价】

1. 评价用药指导及健康教育是否合理，完成高血压的用药指导任务表（实训表12-1），教师根据学生表现进行评价。

实训表 12-1　高血压的用药指导任务表

步骤	内容	评价			
		A	B	C	D
顾客基本情况					
用药指导					
健康教育					
综合评价					

2. 正确使用电子血压计测量血压。完成实训表12-2，教师根据学生表现进行评价。

实训表 12-2　电子血压计的操作步骤与要点解释

操作步骤	要点解析	评价			
		A	B	C	D
测量前准备	受检者测量前1小时内应避免进行剧烈运动，测量前30分钟应排空膀胱，正式测量前安静休息5~10分钟，尽量放松避免紧张；准备好电源充足的电子血压计，使用标准大小的袖带气囊（至少应包裹80%的上臂），取坐位测量，暴露上臂（上臂式）或手腕（腕式）与心脏在同一水平位置，手掌向上，手指自然状态（不紧握，不伸直）				
包扎袖带	将上臂式血压计的袖带包绕上臂中部，下缘应在肘弯上2cm，置于肘窝肱动脉搏动最明显处，松紧以能放入两指尖为宜；腕式血压计的袖带应把袖带置于手腕内侧离手掌心1cm处，显示屏向上，系上袖带				
血压测量	按开始键，自动充气、完全放气，读取显示屏血压数据，记录。记录数据后，按压电源键，血压计将完全放气并自动关闭，取下血压计袖带，整理存放				
血压计的维护	电源不足时及时充电；为了保证测量的准确性，电子血压计应每年检测和维修一次				

【案例分析】

案例 1　顾客来药店购买抗高血压药。

店员：您好，请问您要买什么药？

顾客：哦，我想买抗高血压药。

店员：那您是买给自己还是帮别人买？

顾客：自己。

店员：您以前用过什么抗高血压药吗？

顾客：有，1个月前查体时，发现患了高血压。医生给我开了硝苯地平缓释片，可是我服用后老是觉得头痛、头晕（硝苯地平不良反应），就没再继续吃。平时也没什么症状，昨天我去医院测血压仍高，医生又给我开的马来酸依那普利片这个药（拿出处方）……

店员：（仔细查验处方后）嗯，我们药店有这种药。

顾客：我想问一下，服用马来酸依那普利片这药时有什么注意的吗？

店员：有，我得先了解一下您的一些情况，才能正确指导您用药。您查体时和昨天测的血压有多高？有没有什么其他病？

顾客：查体时是165/105mmHg，昨天测血压是160/100mmHg，查体医生说我有点动脉硬化、轻度心肌缺血和高血脂。

店员：那您是属于中度高血压。那我还得问一下您的家族史（父母等直系亲属有无高血压病史）、饮食习惯（是否喜欢烟、酒或吃咸的东西）、生活习惯（经常锻炼或参加娱乐活动）。

顾客：父母都有高血压，平时饮食偏咸，抽烟30余年，每天约10支，不饮酒，平时活动量较少，基本不锻炼身体。

店员：现在麻烦您跟我到这边量一下血压……还是160/100mmHg，您的血压仍没有控制好。根据您这种情况，有些注意事项您必须要清楚，高血压是中老年人的常见病、多发病，如不积极治疗，可导致心、脑、肾、眼等多器官功能损害，甚至死亡，所以您一定要按医嘱规律服药。医生给您开具的马来酸依那普利片这个药，按照医嘱是1次1片，每日1次，餐前、餐后服用均可，最好在每天同一时间如早餐前服用，不要随意换药、停药，避免血压忽高忽低，给心、脑血管带来损害。在服用此药期间可能会出现刺激性干咳这个不良反应，如果引起的干咳您不能耐受，感觉影响正常生活的话，请及时就医，按照医嘱更换药物。服药期间要注意定期监测血压，刚开始可以每天测量2次，以便通过疗效及时调整药物剂量，等后面血压平稳后就可逐渐减少测量次数。要是测量不方便，可以购买电子血压计在家自行测量，刚才给您用的这款就是我们店的畅销款。

顾客：哦，那你拿个血压计给我看看。

（店员展示电子血压计并演示如何应用）

店员：电子血压计在家庭里面应用很方便，可以随时检测自己的血压。

顾客：确实挺方便，那我一起买一个吧。

（店员引导顾客按流程购买药物及血压计）

店员进行健康教育：嗯，刚才给你介绍的是用药注意事项，为方便用药，我把用法用量写在药盒上了。医生说你有动脉硬化、轻度心肌缺血和高血脂，您要注意一下您的生活习惯。饭菜要清淡些，少放盐，每天盐量不要超过6g，如果太咸的话可导致血压升高。您可以多吃点蔬菜水果，比如芹菜、菠菜、白菜等，具有辅助降血压和降血脂的食疗作用，少吃油腻辛辣刺激性食物。同时您应该戒烟，而且应该增加一下您的运动量，坚持锻炼身体，比如散步、慢跑、练习太极拳、骑自行车等都可以，但不要做太剧烈的运动。其中太极拳使人心境坦然，全身肌肉放松，有利于血压的下降。

顾客：好的，我记住了，谢谢。

店员：如果用药过程中出现什么问题，请您随时过来咨询。

问题：1. 高血压的药物治疗和非药物治疗各有哪些内容？

2. 这个成功的案例提示大家应如何做好药店店员？

3. 自行设置情景，小组演练治疗1周后顾客再次来到药店和店员沟通的情况。

案例2 顾客，男，56岁，个体老板。发现高血压5年，最高血压180/120mmHg，顾客体态肥胖，不喜欢活动，喜欢吃肥腻食物，饮白酒20余年，每天约6两，吸烟20余年，每天约20支，自发病以来未接受过正规的饮食运动指导，近1周来因生意忙碌劳累，经常熬夜，导致头疼加重求治。到医院就诊前正在服用复方降压胶囊2粒，每天3次，血压在170~160/120~100mmHg范围波动，查尿常规有蛋白尿。诊断为高血压3级（极高危）。医生给予治疗方案：阿司匹林肠溶片100mg，每天1次；缬沙坦胶囊80mg，每天1次；氢氯噻嗪片12.5mg，每天1次；硝苯地平缓释片10mg，每天2次。顾客带处方来我药店买药。

问题：请分析医生为该顾客制订该治疗方案的用药依据，并说出该顾客用药期间需要注意哪些问题？对其生活方式应进行哪些调整？自行设置药店情景，小组演练店员和顾客沟通的情况。

案例3 顾客，男，47岁，高血压6年。长期服用卡托普利片25mg，每天2次早晚服用；尼群地平片10mg，每天1次早晨服用。每天8点左右平均血压约为140/95mmHg，16点左右平均血压约为135/90mmHg，20点平均血压约为125/75mmHg，血压波动较大。顾客来药店买药并同时向店员询问注意事项。

问题：请分析顾客为什么血压波动较大？需如何处理？自行设置药店情景，小组演练店员和顾客沟通的情况。

（孔祥交）

实训 13　糖尿病顾客的用药指导

【任务描述】

1. 地点　模拟药店。

2. 任务　为前来买药的糖尿病顾客做健康教育；为购买血糖仪的顾客作正确使用指导。

【任务分析】

1. 熟练掌握和正确运用所学知识对不同的糖尿病顾客进行合理的用药指导和健康指导。

2. 正确指导糖尿病顾客使用血糖仪做好血糖监测。

【任务流程】

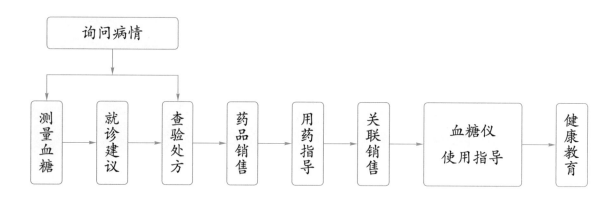

【相关知识】

1. 健康教育　①健康教育的必要性；②血糖监测的重要性；③饮食治疗指导；④运动治疗指导；⑤防治并发症及做好血脂、血压等监测。

2. 血糖仪的正确使用

（1）使用流程：取试纸并做好校对→手卫生→取血→加压取血部位→读取数值→记录血糖值。

（2）操作注意事项：①试纸保持干燥，不过有效期，与血糖仪代码一致；②用75%酒精消毒皮肤，待消毒部位干燥后方可测定；③选择手指侧面采血，刺破皮肤后请勿用力挤压以免组织液混入血样。

【任务实施】

1. 角色扮演，情景对话。对糖尿病顾客做健康教育。

要求：2人一组进行情景模拟，角色扮演。角色为药店店员和顾客。将对话内容记录下来并作为评价依据。

2. 分成大组，每组6~8人。每组测定一位同学的血糖，做好操作记录。

【质量评价】

1. 评价健康教育记录，完成糖尿病的用药指导任务表（实训表13-1），根据学生上交的谈话记录给予评价。

实训表13-1　糖尿病的用药指导任务表

项目	内容	评价			
		A	B	C	D
健康教育	1.				
	2.				
	3.				
	4.				
	5.				
	综合评价				

2. 血糖测定。完成实训表13-2，教师根据学生表现进行评价。

实训表13-2　血糖仪的操作步骤与规范

操作步骤	规范	评价			
		A	B	C	D
安装校对试纸	打开血糖仪指示灯亮后将试纸插入血糖议内				
	检查code号码与机器显示是否相同				
采血	将顾客手洗干净，晾干				
	温暖轻柔顾客手指，也可将采血手下垂片刻				
	用75%酒精消毒指尖侧面皮肤范围5cm				
	用采血笔在指尖侧面刺破皮肤				
	轻挤出血样，稍触试纸吸血口，自动吸附				
止血	用无菌棉签按压采血点				

操作步骤	规范	评价			
		A	B	C	D
读取数值	正确读取数值				
	综合评价				

【案例分析】

案例1 张某，男，65岁。诊断为糖尿病2个多月。医生建议服用格列吡嗪缓释片进行治疗。顾客持医生处方来药店购买此药。因为需要长期服用此药遂向店员咨询服用该药需要注意哪些事项。

问题：店员应针对格列吡嗪缓释片从哪些方面进行指导？如何指导？完成格列吡嗪缓释片的用药指导任务表（实训表13-3），教师根据学生表现进行评价。

实训表13-3 格列吡嗪缓释片的用药指导任务表

服药时间	不良反应	禁止合用的药物	生活指导

综合评价	A	B	C	D

案例2 王某，女，70岁。患有糖尿病12年。近5年伴发高血压和高脂血症，近期医生建议使用吡格列酮片治疗。顾客来药店购买此药。

问题：这位顾客应该做哪些用药指导？请根据提示写出相应答案。

（提示：①给药方法；②药物的不良反应；③用药期间监测的项目；④血糖、血脂、血压的目标值；⑤推荐使用本店的降血脂药和抗高血压药。）

案例3　请认真阅读下列对话，回答问题。

店员：大爷，您好！请问您需要什么？

顾客：我想买瓶碘伏，小瓶的。

店员：好。请问您是自己用吗？

顾客：是。我剪脚趾甲时不小心剪破了皮肤，感染了，有一个月了，一直不好。

店员：您最近喝水多吗？

顾客：多。尿也多，吃饭也多，就是不长肉。

店员：大爷，您最近查过血糖吗？

顾客：没有。

店员：店里有血糖仪，给您免费测一下？

顾客：好，谢谢！

店员：大爷，您的餐后血糖为8mmol/L，超过了正常值，建议您再去医院做一个详细的检查，您可能患有糖尿病。检查后您若还有其他需求或者帮助的话可以再来找我。

顾客：我父亲患糖尿病多年了，我真有可能也有糖尿病，谢谢你们的提醒，后续需要用药的话我还会考虑来你们店的！

两天后，顾客持医生处方来本店购买了血糖仪和口服降血糖药盐酸二甲双胍缓释片。对药店店员及时发现他的疾病和给予的帮助表示感谢。

问题：1. 店员是通过哪种症状发现了顾客可能患有糖尿病？

2. 这个成功的案例提示大家应怎样才能成为一名优秀的药店店员？

（孔祥交）

实训 14　高脂血症顾客的用药指导

【任务描述】

1. 地点　模拟药店。

2. 任务　为前来买药的高脂血症顾客进行用药指导和健康教育。

【任务分析】

熟练掌握和正确运用所学知识对不同的高脂血症顾客进行合理的用药指导和健康指导。

【任务流程】

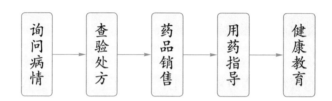

【相关知识】

1. 基础知识　①高脂血症顾客血脂监测的重要性；②常用调脂药物不良反应及注意事项；③饮食、运动等生活方式治疗指导；④防治并发症及做好相关监测。

2. 法律法规　处方药必须凭执业医师或执业助理医师处方才可调配、购买和使用。

【任务实施】

角色扮演，情景对话。2人一组进行情景模拟，角色扮演。将对话内容记录下来并作为评价依据。

【质量评价】

评价用药指导及健康教育是否合理。完成高脂血症的用药指导任务表（实训表14-1），教师根据学生表现进行评价。

实训表 14-1　高脂血症的用药指导任务表

步骤	内容	评价			
		A	B	C	D
用药指导					
健康教育					
综合评价					

【案例分析】

案例1　张某，52岁，男性。顾客来药店买调脂药物。

店员：您好，请问您要买什么药？

顾客：我要买点降血脂的药。

店员：嗯，您有医生开具的处方吗？

顾客：有，这是医生给我开的药方。

店员：医生给您开的药是辛伐他汀胶囊，我们药店有这种药物，您之前服用过这种药物吗？

顾客：没有。

店员：辛伐他汀胶囊这个药物一般是每天晚餐后服用，因为晚上是血脂形成时间；辛伐他汀胶囊除了有药品常见的胃肠道不良反应外，它的特殊不良反应是肝功能损害和肌肉毒性。在服用本类药物时应定期检查肝功能和肌酸激酶，如出现全身性肌肉疼痛、僵硬、乏力，应警惕横纹肌溶解症的发生，虽然该不良反应发生率很低，但是一旦出现上述症状一定要立即停药，并尽早就医。

顾客：噢！说得我都有点不敢吃这个药了。还有其他注意事项吗？

店员：嗯！高脂血症不能仅依靠调脂药物治疗，还需要你养成良好的生活习惯，让我了解一下您现在的生活方式，看看有没有需要调整的地方。

顾客：呵呵，我生活习惯很多不好的地方，肯定需要调整，你问吧。

店员：您平时吸烟、饮酒吗？

顾客：吸烟比较厉害，每天1包左右，偶尔喝点白酒，不怎么多。

店员：吸烟会加重动脉粥样硬化，甚至出现心脑血管并发症，建议您必须戒烟。

顾客：嗯，知道了，回去一定戒烟。

店员：还有您的饮食也需要控制了，您知道相关知识吗？

顾客：就是不要吃油腻食物是吧？

店员：不光如此，高血脂的病人需要低盐、低脂、低糖、高纤维饮食，具体来说，低盐是每天食盐不要超过6g（1小勺），低脂不仅是指不要吃油腻食物，还要强调的是，进食的油类要以植物油为主如花生油、大豆油等，少吃动物油。低糖是指控制含有碳水化合物的食物，像馒头、米饭、薯条等。高纤维素是指多吃一些富含纤维素的蔬菜，如芹菜、油菜、白菜、蘑菇、木耳、冬瓜等，您记住了吗？

顾客：哦，还有这么多要求啊，学习了，我会尽力遵守的。

店员：这是您的购药小票，请到那边收银台缴费。

顾客：好的。

（店员引导顾客按流程购药）

店员：这是你买的药，我把用法给您写在药物盒子上。这样的话您先吃这种药看看，如果没有什么不良反应发生，就1个月复查一次肝功能和肌酸激酶，如果服药期间有什么不舒服的随时回来咨询或者去医院就诊。

顾客：好的，非常感谢。

店员：不客气，祝您早日康复。

问题：1. 高脂血症的药物治疗和非药物治疗各有哪些内容？

2. 这个成功的案例提示大家应如何做好药店店员？案例中存在什么问题，可以如何改善？

3. 针对上述情景，自行创设情景小组，演练治疗1个月后顾客再次来到药店和店员沟通的情况。

案例2　顾客李某，女，60岁，1周前在医院查体诊断为高脂血症，以甘油三酯升高为主。自述1周来曾服用非诺贝特胶囊治疗，因出现恶心、腹胀不良反应已自行停用，来药店咨询，值班店员与其交流后，建议其改服烟酸缓释胶囊，并对其进行详细的用药指导和健康教育，顾客满意答复，购药后离开。

问题：1. 贝特类和烟酸类降血脂药的不良反应和注意事项有哪些？

2. 请结合案例特点创设情景角色扮演顾客和店员的沟通情况，并为顾客提供正确的用药指导和健康教育。

案例3　小张的父亲平时喜欢吃肥腻食物，嗜烟好酒20余年，每天饮白酒约半斤，每天吸烟30余支。近期他在医院查体进行血脂检查时诊断为高胆固醇血症，小张带医师开具的处方来药店购药。处方上有洛伐他汀胶囊和非诺贝特胶囊两种药物。值班店员向小张解释两种药物不能同时服用，需间隔开用药。小张刚开始不理解，店员给予解释后，小张对解释满意并购药。随后店员详细介绍了这两种药物的不良反应及注意事项，并建议小张对其父亲转告一下健康教育的内容。

问题：1. 洛伐他汀胶囊和非诺贝特胶囊两种药物的不良反应和用药注意事项有哪些？

2. 请结合案例特点创设情景角色扮演顾客和店员的沟通情况，并为顾客提供正确的用药指导和健康教育。

请为顾客提供正确的用药指导和健康教育，完成实训表14-2。

实训表 14-2　洛伐他汀胶囊和非诺贝特胶囊两种药物用药指导任务表

药品名称	作用	用法	不良反应	注意事项
洛伐他汀胶囊				
非诺贝特胶囊				
综合评价	A	B	C	D

（孔祥交）

实训 15 支气管哮喘顾客的用药指导

【任务描述】

1. 地点 模拟药店。

2. 任务 为前来买药的支气管哮喘顾客进行用药指导和健康教育。

【任务分析】

熟练掌握和正确运用所学知识对不同的支气管哮喘顾客进行合理的用药指导和健康指导。

【任务流程】

【相关知识】

1. 基础知识 ①哮喘不同时期的用药原则；②治疗支气管哮喘常用药物的不良反应及注意事项；③饮食、运动等生活方式治疗指导；④防治并发症及做好相关监测。

2. 法律法规 处方药必须凭执业医师或执业助理医师处方才可调配、购买和使用。

【任务实施】

角色扮演，情景对话。2人一组进行情景模拟，角色扮演。将对话内容记录下来并作为评价依据。

【质量评价】

评价用药指导及健康教育是否合理。完成支气管哮喘患者的用药指导任务表（实训表15-1），教师根据学生表现进行评价。

实训表15-1 支气管哮喘患者的用药指导任务表

步骤	内容	评价			
		A	B	C	D
用药指导					
健康教育					
	综合评价				

【案例分析】

案例 1　张某，60 岁，男性。顾客来药店买平喘药。

店员：您好，请问您要买什么药？

顾客：我想买点平喘的。

店员：嗯，您有医生开具的处方吗？

顾客：有，这是医生给我开的药方。

店员：医生给您开的药是硫酸沙丁胺醇吸入气雾剂，我们药店有售这种药物，您之前用过这种药物吗？

顾客：没有。

店员：那这个药有一些注意事项我给您说一下，硫酸沙丁胺醇吸入气雾剂仅用在哮喘发作期，是用于控制哮喘急性发作症状的药物。该药物使用时，每次 0.1~0.2mg，必要时每 4 小时重复 1 次，但 24 小时内不宜超过 8 次。使用时应掌握正确的吸入方法，喷药后即做深而慢的吸气，然后屏气片刻，有利于气雾在呼吸道内充分沉积。如果应用本药疗效不佳时，可在医师指导下更换其他类平喘药物，不可随意增加用量。长期或反复应用可产生低敏感性或引起气道反应性增高，使哮喘发作加重，故避免长期大剂量单独应用，可有计划地与其他类型的平喘药交替使用。

顾客：好，知道了。这个支气管哮喘有办法根治吗，我几乎每年秋冬换季的时候都会发作一次。

店员：支气管哮喘一般不能根治，但是通过药物一般可以很好地控制症状或者预防哮喘的发生。

顾客：那怎么能预防哮喘的发生呢。

店员：您平时吸烟吗？饮食上有没有什么偏好？平时喜欢什么运动？

顾客：吸烟比较厉害，每天 1 包左右；饮食上没有什么特殊偏好，就是喜欢吃肉；不怎么运动，顶多饭后遛遛弯。

店员：吸烟是个非常不好的生活习惯，长期吸烟很容易诱发气管、支气管的慢性炎症，对于您而言也是诱发、加重哮喘的主要因素，因此建议您一定要戒烟。除此之外，饮食上少吃海鲜、蛋类等容易诱发哮喘的高蛋白食物。平时您可以适当做一些类似于太极拳这种比较温和的体育运动来增强体质。冬天的时候，做好保暖工作，外出的话佩戴好口罩，避免冷空气对气管的刺激，以上这些都可以预防哮喘的发作。

顾客：要预防还有这么多细节需要注意啊！

店员：是啊，哮喘还是重在预防，长期哮喘引发的一些并发症也是比较严重的。

顾客：好吧，为了健康，我还是尽力改变生活习惯吧。

店员：是啊，健康才是最宝贵的。这是您的购药小票，请到那边收银台缴费。

顾客：好的，我去交钱。

（店员引导顾客按流程购药）

店员：这是您买的药，我把用法给您写在药物盒子上。在使用期间您有什么不适还请立即到医院就诊。

顾客：好的，我知道了，谢谢。

店员：不客气，祝您生活愉快。

问题：1. 支气管哮喘的预防用药、急性症状用药、长期治疗药物分别有哪些？

2. 这个成功的案例提示大家应如何做好药店店员工作？案例中存在什么问题，可以如何改善？

3. 针对上述情景，自行创设情景小组演练治疗1个月后顾客再次来到药店和店员沟通的情况。

案例2 顾客唐某，于10余年前无明显诱因出现发作性喘憋，以呼气性呼吸困难为主，可自行缓解或服药后缓解，未系统诊治。近5年来喘憋发作频繁，闻刺激性气味如花粉、油烟味以及吸入冷空气后可诱发，3天前患者闻油烟味后喘憋发作，于医院就诊后，诊断为"支气管哮喘"，医生开具了盐酸环仑特罗缓释片和色甘酸钠吸入气雾剂，但使用注意事项不清楚，故来药店咨询，值班店员与其交流后，并对其进行详细的用药指导和健康教育，顾客感到满意，购药后离开。

问题：1. 盐酸环仑特罗缓释片和色甘酸钠吸入气雾剂的不良反应和注意事项有哪些？

2. 请结合案例特点创设情景角色扮演顾客和店员的沟通情况，并为顾客提供正确的用药指导和健康教育。

案例3 小张的父亲有10年慢性支气管炎病史，近1周因感冒出现咳嗽、喘息、胸闷等症状，去医院检查诊断为支气管哮喘，医生给开具了茶碱缓释片和噻托溴铵粉吸入剂两种药物。小张带医师开具的处方来药店购药。值班店员向小张解释两种药物不能同时服用，需间隔开用药。小张刚开始不理解，店员给予解释后，小张对解释满意并购药。随后店员详细介绍了这两种药物的不良反应及注意事项，并建议小张对其父亲转告一下健康教育的内容。

请结合案例特点创设情景角色扮演顾客和店员的沟通情况，并为顾客提供正确的用药指导和健康教育，完成实训表15-2。

实训表15-2　茶碱缓释片和噻托溴铵粉吸入剂两种药物用药指导任务表

药品名称	作用	用法	不良反应	注意事项
茶碱缓释片				
噻托溴铵粉吸入剂				
综合评价	A	B	C	D

（孔祥交）

实训 16　特殊人群的用药指导

【任务描述】

1. 实训地点　模拟药房。

2. 任务　帮助小儿家长计算儿童的给药剂量；为驾驶员推荐治疗感冒的药物。

【任务分析】

1. 掌握计算儿童的用药剂量的简单方法。

2. 指导驾驶员正确选择药物。

【任务流程】

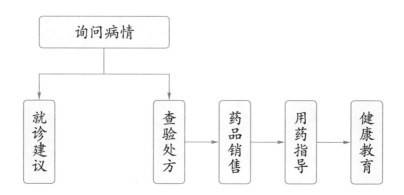

【相关知识】

1. 儿童用药的剂量与成年人有较大差别。剂量的大小与体重、年龄等因素有关。我们应该了解一些剂量计算的常识，正确指导用药。常用的几种计算方法如下。

（1）根据体重计算

儿童剂量＝成人剂量×儿童体重（kg）/70kg　　实训式（16-1）

这种方式对于偏胖或偏瘦的小儿要做相应的调整。

（2）根据体表面积计算

儿童剂量＝成人剂量×儿童体表面积（m^2）/1.73m^2　实训式（16-2）

儿童体表面积（m^2）＝体重（kg）×0.035+0.1

10岁以上的儿童，体重每增加5kg体表面积增加0.1m^2，这种方法计算给药剂量比较准确和合理。

2. 驾驶员应该慎用有眩晕、嗜睡、幻觉、视物模糊、定向力障碍和多尿、多汗等不良反应的药物。

【任务实施】

1. 剂量计算

（1）案例：患儿14个月，体重15kg，患上呼吸道感染，医生处方为阿莫西林克拉维酸钾颗粒。

（2）药品：药店里现有的制剂规格，每小袋375mg（阿莫西林250mg，克拉维酸125mg）。

说明书标明用量：①新生儿与3月以内婴儿，按阿莫西林计算，每12小时15mg/kg，较重感染每12小时45mg/kg，或每8小时40mg/kg，以上均根据病情轻重而定。疗程7~10天。其他感染剂量减半。②40kg以上的儿童可按成人剂量给药。

（3）问题：请你帮助患儿家长计算一下服药剂量，并设计出给药方案，对所用药物作简单的用药指导。

2. 用药指导

（1）案例：药店里来了一位男性司机，因出现怕冷、头疼、打喷嚏、流眼泪、鼻塞症状购买感冒药。

（2）药品：药店里现有治疗普通感冒药物有感冒灵颗粒、氨咖黄敏胶囊、美息伪麻片（白加黑感冒片）、复方盐酸苯丙醇胺缓释胶囊（康泰克胶囊）、维C银翘片、酚麻美软胶囊、对乙酰氨基酚片（泰诺林）。

（3）问题：请根据他的症状和职业特点，合理推荐药物，并作用药指导。

【质量评价】

1. 剂量计算　计算患儿用药剂量，给予评价。

2. 用药指导

（1）请完成驾驶员慎用药的用药指导任务表（实训表16-1），要求写出下列复方制剂中至少一种驾驶员慎用的药物成分，教师根据学生表现给予评价。

实训表16-1　驾驶员慎用药的用药指导任务表

药物	驾驶员慎用的成分药	评价			
		A	B	C	D
氨咖黄敏胶囊	氯苯那敏				
美息伪麻片（白加黑感冒片）					
白片					
黑片					

药物	驾驶员慎用的成分药	评价			
		A	B	C	D
复方盐酸苯丙醇胺缓释胶囊（康泰克）					
对乙酰氨基酚片（泰诺林）					
维C银翘片					
酚麻美软胶囊					
综合评价					

（2）完成常见的可缓解感冒症状的药物任务表（实训表16-2）中药物缓解的感冒症状填写，教师根据学生表现给予评价。

实训表16-2　常见可缓解感冒症状的药物任务表

药物	缓解的感冒症状	评价			
		A	B	C	D
对乙酰氨基酚	发热、头痛、肌肉酸痛				
伪麻黄碱					
马来酸氯苯那敏					
咖啡因					
苯海拉明					
右美沙芬					
苯巴比妥					
综合评价					

（3）指导这位男性驾驶员购买药物。（提示：推荐药物和用药指导）

【案例分析】

案例1　王女士来药店为4岁的儿子购买药物。要求购买的药物有：驱虫药、助消化药、铁剂、抗过敏药。请你帮助王女士推荐相应的药物并在给药时间上给予正确指导，完成小儿用药服药时间任务（实训表16-3），教师根据学生表现给予评价。

实训表 16-3　小儿用药服药时间任务

药物	药物名称及服药时间	评价			
		A	B	C	D
助消化药					
铁剂					
抗过敏药					
驱虫药					
综合评价					

案例2　刘女士，29岁，有一个5个月的儿子，正处于哺乳期。因为经常扁桃体发炎，嗓子疼，到药店咨询一下在哺乳期，哪些抗菌药能够使用，哪些不能使用。作为店员的你，应该作怎样的答复？

参考资料：少数药物乳汁中分泌量较高，如氟喹诺酮类、四环素类、大环内酯类、氯霉素、磺胺甲噁唑、甲氧苄啶、甲硝唑等。青霉素类、头孢菌素类等β-内酰胺类和氨基糖苷类等在乳汁中含量低。无论乳汁中药物浓度多少，对乳儿均有潜在的影响，出现不良反应，如氨基糖苷类抗生素可导致乳儿听力减退；氯霉素可致乳儿骨髓抑制；磺胺甲噁唑等可致核黄疸、溶血性贫血；四环素类可致乳儿牙齿黄染、骨骼发育减慢和畸形。因此哺乳期顾客应避免选用氨基糖苷类、喹诺酮类、四环素类、氯霉素、磺胺类药。

要求：认真查阅柜台中现有的抗菌药的药品说明书，找出刘女士能够使用的药物，并做出用药指导。

（秦晓婷　王　心）

参考文献

1. 国家药品监督管理局.中华人民共和国药品管理办法 [EB/OL]. [2019-09-15]. https://www.nmpa.gov.cn/xxgk/fgwj/flxzhfg/20190827083801685.html

2. 国家药品监督管理局执业药师资格认证中心.药学综合知识与技能 [M]. 8 版.北京：中国医药科技出版社，2020.

3. 国家卫生健康委员会，国家中医药管理局.关于加快药学服务高质量发展的意见 [Z]. 2018-11-21.

4. 李大魁.临床药学 [M].北京：中国协和医科大学出版社，2018.

5. 王培玉.健康管理学 [M].北京：北京大学医学出版社，2012.

6. 张庆，陈达林.药理学 [M].北京：人民卫生出版社，2015.

7. 孟月丽，曹文元.临床医学概要 [M].北京：人民卫生出版社，2015.

药店零售与服务技术课程标准

（供药剂、制药技术应用专业用）

一、课程任务

药店零售与服务技术是中等卫生职业教育药剂、制药技术应用专业一门专业核心课程，是学生必修的专业课程。课程内容以零售药店工作过程为依据，着重讲解药店零售的基本知识和基本技能。旨在培养学生具备按照药店管理要求独立完成药店各项常规操作、协助完成药店常规管理、能对常见病作出基本鉴别和判断、正确介绍医药商品并对顾客进行基本用药安全指导的岗位工作能力，具有较强的知识运用能力。为学生今后适应岗位工作，进一步学习相关专业知识和技能，培养个人可持续发展能力奠定基础。本课程的先修课程包括实用医学基础、药事法规、医药商品基础、药理学，与医药市场营销技术、医药商品基础等课程密切相关。

二、课程目标

（一）知识目标

1. 掌握零售药店的工作流程。

2. 掌握零售药店店员应具备的职业素养、知识技能。

3. 掌握门店请货、药品验收、药品陈列、药品销售、药品盘点、药学服务与健康管理、非处方药的药品推荐、处方药的用药指导、特殊人群用药指导的基本规范和具体内容。

4. 熟悉门店请货、药品验收、药品陈列、药品销售、药品盘点、药学服务与健康管理、非处方药的药品推荐、处方药的用药指导、特殊人群用药指导的基本原则和技巧。

5. 了解零售药店相关指标的核算、结果分析。

（二）技能目标

1. 熟练掌握药品的分类、验收、陈列、销售、售后服务和盘点的工作流程与规范；熟练掌握常见症状、疾病、特殊人群的用药推荐和健康管理。

2. 学会常见疾病和症状的用药指导；学会开展健康教育；学会零售药店相关经济指标核算。

（三）职业素质和态度目标

1. 具备牢固的专业思想、正确的学习目标和良好的学习态度。

2. 具有良好的药学服务职业道德和行为规范。

3. 具有严谨求实、认真负责的工作态度和团队协作精神。

4. 具有人文关怀精神，关心、尊重顾客。

三、教学时间分配

教学内容	学时数		
	理论	实践	合计
模块一　零售药店			
项目一　走进零售药店	2		2
项目二　零售药店商品管理	2	2	4
模块二　药店零售技术			
项目三　门店请货与药品验收	2	2	4
项目四　药品陈列	2	2	4
项目五　药品销售	10	6	16
项目六　药品盘点与门店核算	2	2	4
模块三　药店药学服务技术			
项目七　药学服务与健康管理	4		4
项目八　常见症状的药品推荐	4	2	6
项目九　常见疾病的药品推荐	4	4	8
项目十　常见疾病的用药指导	8	8	16
项目十一　特殊人群的用药指导	2	2	4
合计	42	30	72

四、教学内容与要求

单元	教学内容	教学要求	教学活动（参考）	学时（参考）理论	实践
模块一 零售药店					
项目一 走进零售药店	任务1-1 认识零售药店		项目教学	2	
	一、开办零售药店	掌握	案例教学		
	二、零售药店的分类	熟悉	情境教学		
	三、零售药店的发展	了解	小组合作		
	任务1-2 管理零售药店		同步评价		
	一、零售药店质量管理与职责	掌握			
	二、零售药店人员管理	熟悉			
	三、零售药店设施与设备管理	熟悉			
项目二 零售药店商品管理	任务2-1 零售药店商品分类		项目教学	2	
	一、零售药店常见药品类别	掌握	案例教学		
	二、批准文号辨别商品类别	掌握	情境教学		
	三、药品追溯码	了解	小组合作		
	四、零售药店商品分区	掌握	同步评价		
	任务2-2 学习药品基本知识				
	一、药品的名称、剂型和用法	熟悉			
	二、药品的注册商标、包装、标签和说明书	掌握			
	三、处方	掌握			
	实训1 认识零售药店、药品和处方	熟练掌握	技能实践 案例分析		2

单元	教学内容	教学要求	教学活动（参考）	学时（参考）	
				理论	实践
模块二　药店零售技术					
项目三 门店请货与药 品验收	任务3-1　门店请货		项目教学	2	
	一、门店请货规范	熟悉	案例教学		
	二、门店请货流程	熟悉	情境教学		
	任务3-2　学习药品验收知识		小组合作		
	一、认识药品验收	掌握	同步评价		
	二、药品验收的依据	熟悉			
	任务3-3　验收药品				
	一、验收人员及环境要求	熟悉			
	二、药品验收流程	掌握			
	三、药品验收内容	掌握			
	四、药品验收记录	熟悉			
	五、药品验收注意事项	熟悉			
	六、不合格药品的处理	掌握			
	实训2　验收药品	学会	技能实践 案例分析		2
项目四 药品陈列	任务4-1　学习药品陈列知识		项目教学	2	
	一、认识药品陈列	熟悉	案例教学		
	二、药品陈列原则	掌握	情境教学		
	任务4-2　陈列药品		小组合作		
	一、药店通道设计	熟悉	同步评价		
	二、药品陈列技巧	掌握			
	三、主要位置的陈列要求	掌握			
	四、药品陈列方法	掌握			
	五、药品陈列注意事项	掌握			

单元	教学内容	教学要求	教学活动（参考）	学时（参考）理论	实践
项目四 药品陈列	任务4-3　药店促销广告				
	一、认识卖点广告	熟悉			
	二、卖点广告的种类与运用	掌握			
	三、卖点广告运用注意事项	熟悉			
	实训3　药品分类与陈列	学会	技能实践 案例分析		2
项目五 药品销售	任务5-1　接待药店顾客		项目教学	10	
	一、顾客接待流程	了解	案例教学		
	二、顾客接待礼仪	熟悉	情境教学		
	三、顾客接待基本能力	熟悉	小组合作		
	四、顾客接待方法与技巧	掌握	同步评价		
	五、顾客异议的处理	掌握			
	任务5-2　学习销售知识				
	一、销售促进	熟悉			
	二、关联销售	熟悉			
	三、达成销售目标	熟悉			
	任务5-3　实施销售				
	一、药品销售准备	熟悉			
	二、药品销售实施	掌握			
	三、药品销售后工作	熟悉			
	任务5-4　售后服务				
	一、退换药品处理	掌握			
	二、顾客投诉处理	熟悉			
	三、药品不良反应报告	掌握			
	实训4　接待药店顾客	学会	技能实践		6
	实训5　处理顾客异议	学会	案例分析		
	实训6　销售药品	熟练掌握			

单元	教学内容	教学要求	教学活动（参考）	学时（参考） 理论	学时（参考） 实践
项目六 药品盘点与门店核算	任务6-1 药品盘点		项目教学 案例教学 情境教学 小组合作 同步评价	2	
	一、学习药品盘点知识	熟悉			
	二、实施药品盘点	掌握			
	任务6-2 药品门店核算				
	一、认识门店核算	熟悉			
	二、门店核算方法	熟悉			
	三、销售差错率指标的核算	熟悉			
	四、核算资料归档	了解			
	实训7 药品盘点	学会	技能实践 案例分析		2

模块三 药店药学服务技术

项目七 药学服务与健康管理	任务7-1 药学服务		项目教学 案例教学 情境教学 小组合作 同步评价	2	
	一、认识药学服务	了解			
	二、药学服务对象	熟悉			
	三、药学服务人员的要求	掌握			
	四、药学服务内容	掌握			
	任务7-2 健康管理			2	
	一、认识健康管理	了解			
	二、健康管理的基本步骤	熟悉			
	三、健康管理的服务流程	熟悉			
	任务7-3 健康教育				
	一、认识健康教育	了解			
	二、健康促进	熟悉			
	三、用药教育	掌握			

单元	教学内容	教学要求	教学活动（参考）	学时（参考）理论	实践
项目八 常见症状的药品推荐	任务8-1　发热的药品推荐		项目教学	4	
	一、认识发热	熟悉	案例教学		
	二、常用解热镇痛药	掌握	情境教学		
	三、常用解热镇痛药的用药指导	掌握	小组合作		
	四、健康教育	掌握	同步评价		
	任务8-2　头痛的药品推荐				
	一、认识头痛	熟悉			
	二、常用缓解头痛药品	掌握			
	三、常用缓解头痛药品的用药指导	掌握			
	四、健康教育	掌握			
	任务8-3　咳嗽的药品推荐				
	一、认识咳嗽	熟悉			
	二、常用镇咳药	掌握			
	三、常用镇咳药的用药指导	掌握			
	四、健康教育	掌握			
	任务8-4　消化不良的药品推荐				
	一、认识消化不良	熟悉			
	二、常用助消化药	掌握			
	三、常用助消化药的用药指导	掌握			
	四、健康教育	掌握			
	实训8　咳嗽顾客的药品推荐	熟练	技能实践		2
	实训9　消化不良顾客的药品推荐	掌握	案例分析		

单元	教学内容	教学要求	教学活动（参考）	学时（参考）理论	学时（参考）实践
项目九 常见疾病的药品推荐	任务9-1 感冒的药品推荐		项目教学 案例教学 情境教学 小组合作 同步评价	4	
	一、认识感冒	熟悉			
	二、常用感冒药	掌握			
	三、常用感冒药的用药指导	掌握			
	四、健康教育	掌握			
	任务9-2 晕动病的药品推荐				
	一、认识晕动病	熟悉			
	二、常用防治晕动病药品	掌握			
	三、常用防治晕动病药的用药指导	掌握			
	四、健康教育	掌握			
	任务9-3 过敏性鼻炎的药品推荐				
	一、认识过敏性鼻炎	熟悉			
	二、常用治疗过敏性鼻炎药品	掌握			
	三、常用治疗过敏性鼻炎药品的用药指导	掌握			
	四、健康教育	掌握			
	任务9-4 缺铁性贫血的药品推荐				
	一、认识缺铁性贫血	熟悉			
	二、常用铁剂	掌握			
	三、常用铁剂的用药指导	掌握			
	四、健康教育	掌握			
	实训10 感冒顾客的药品推荐	熟练	技能实践 案例分析		4
	实训11 缺铁性贫血顾客的药品推荐	掌握			

| 单元 | 教学内容 | 教学要求 | 教学活动（参考） | 学时（参考） ||
				理论	实践
项目十 常见疾病的用 药指导	任务10-1　高血压的用药指导		项目教学 案例教学 情境教学 小组合作 同步评价	8	
	一、认识高血压	熟悉			
	二、常用抗高血压药与用药指导	掌握			
	三、健康教育	掌握			
	任务10-2　糖尿病的用药指导				
	一、认识糖尿病	熟悉			
	二、常用降血糖药及用药指导	掌握			
	三、健康教育	掌握			
	任务10-3　高脂血症的用药指导				
	一、认识高脂血症	熟悉			
	二、常用降血脂药与用药指导	掌握			
	三、健康教育	掌握			
	任务10-4　支气管哮喘的用药 指导				
	一、认识支气管哮喘	熟悉			
	二、常用平喘药与用药指导	掌握			
	三、健康教育	掌握			
	实训12　高血压顾客的用药指导	熟练 掌握	技能实践 案例分析		8
	实训13　糖尿病顾客的用药指导				
	实训14　高脂血症顾客的用药 指导				
	实训15　支气管哮喘顾客的用药 指导				

单元	教学内容	教学要求	教学活动（参考）	学时（参考）理论	学时（参考）实践
项目十一 特殊人群的用药指导	任务11-1　儿童用药指导		项目教学 案例教学 情境教学 小组合作 同步评价	2	
	一、婴幼儿的合理用药	熟悉			
	二、儿童的合理用药	掌握			
	任务11-2　老年人用药指导				
	一、老年人疾病分类	了解			
	二、老年人疾病特点	熟悉			
	三、老年人的药动学特点	了解			
	四、老年人用药注意事项	掌握			
	任务11-3　妊娠期和哺乳期妇女用药指导				
	一、妊娠期妇女用药指导	熟悉			
	二、哺乳期妇女用药指导	熟悉			
	任务11-4　肝肾功能不全者用药指导				
	一、肝功能不全者用药指导	熟悉			
	二、肾功能不全者用药指导	熟悉			
	任务11-5　驾驶员的用药指导				
	一、驾驶员慎用药品	掌握			
	二、驾驶员用药注意事项	掌握			
	实训16　特殊人群的用药指导	熟练掌握	技能实践 案例分析		2

五、课程标准说明

（一）教学安排

本课程标准主要供中等卫生职业教育药剂、制药技术应用专业教学使用，第四学期开设，总学时为72学时，其中理论教学42学时，实践教学30学时。学分为4学分。

（二）教学要求

1. 本课程对理论部分教学要求分为掌握、熟悉、了解3个层次。掌握，指对基本知识、基本理论有较深刻的认识，并能综合、灵活地运用所学的知识解决实际问题。熟悉，指能够领会概念的基本含义，指导实践操作。了解，指对基本知识、基本理论能有一定的认识，能够记忆所学的知识要点。

2. 本课程重点突出以岗位胜任力为导向的教学理念，在实践技能方面分为熟练掌握和学会2个层次。熟练掌握，指能独立、规范地完成零售药店的各项操作程序。学会，指在教师的指导下能初步认识药店，并进行简单的门店核算。

（三）教学建议

1. 本课程依据零售药店岗位的工作任务、职业能力要求，强化理论实践一体化，突出"做中学、做中教"的职业教育特色，根据培养目标、教学内容和学生的学习特点以及职业资格考核要求，提倡项目教学、案例教学、任务教学、角色扮演、情境教学等方法，利用校内外实训基地，将学生的自主学习、合作学习和教师引导教学等教学组织形式有机结合。

2. 课程教学全过程采用分组的方式完成具体任务，每个小组模拟开办一个零售连锁药店门店，竞选店长，店长全面负责药店营业场所管理、人员管理、业务经营、质量管理等工作，其他成员进行角色分工（角色可互换、调整）。教师采用情境教学法，营造出真实或仿真情境的教学环境，以药店各种真实的货架、柜台、分区分类标识、药品、表格、GSP企业管理软件等为载体，向学生下达具体工作任务。

3. 教学评价，应体现评价主体的多元化，评价过程的动态化，评价方式的多样化。评价内容不仅关注学生对知识的理解和技能的掌握，更要关注学生零售药店服务知识在运用与解决实际问题中的能力水平，重视药店店员职业素质的养成。可通过案例分析、模拟药店实操和理论考试等多种形式对学生的职业素养、专业知识和技能进行综合考评。同时探索将标准化病案应用于评价过程的可行性。学生以小组为单位完成各项目各任务，每个任务完成过程中和结束后进行考核，考核包括学生个人考核和团队考核，考核过关后方可进入下一个任务。